高等职业院校国家技能型紧缺人才培养培训工程规划教材·汽车运用与维修专业

汽车市场营销

（第2版）

陈　聪　窦肖菲　主　编

丁在明　吴新晓　副主编

電子工業出版社

Publishing House of Electronics Industry

北京 • BEIJING

内 容 简 介

全书共 11 章，内容注重理论联系实际，强调知识的系统性及实用性。本书从两个方面进行了内容的组织：一是从汽车营销基本理论出发，分别讲述“汽车市场营销原理”、“汽车市场营销分析”、“汽车市场营销战略”和“汽车市场营销策略”四部分内容，全面系统地阐述了汽车市场营销基本理论、汽车市场营销环境、汽车市场分析、汽车市场消费者分析、汽车市场营销战略、汽车市场营销策略及汽车电子商务与网络营销等基础知识；二是从汽车 4S 店的汽车销售工作出发，分别介绍了汽车销售人员的基本要求和展厅销售流程。通过本书的学习，可使学生比较系统而完整地掌握汽车市场营销的基本原理和策划方法及汽车 4S 店的销售工作内容等。

本书可作为高职院校汽车技术服务与营销专业、汽车检测与维修专业的教材，也可供相关专业及从事汽车营销的人员参考。

图书在版编目（CIP）数据

汽车市场营销 / 陈聪，窦肖菲主编. —2 版. —北京：电子工业出版社，2015.1
高等职业院校国家技能型紧缺人才培养培训工程规划教材. 汽车运用与维修专业
ISBN 978-7-121-25340-9

Ⅰ. ①汽…　Ⅱ. ①陈…　②窦…　Ⅲ. ①汽车－市场营销学－高等职业教育－教材　Ⅳ. ①F766

中国版本图书馆 CIP 数据核字（2014）第 312624 号

策划编辑：陈　虹
责任编辑：陈　虹
印　　刷：北京虎彩文化传播有限公司
装　　订：北京虎彩文化传播有限公司
出版发行：电子工业出版社
　　　　　北京市海淀区万寿路 173 信箱　邮编：100036
开　　本：787×1 092　1/16　印张：14.5　字数：371.2 千字
版　　次：2009 年 1 月第 1 版
　　　　　2015 年 1 月第 2 版
印　　次：2020 年 8 月第 5 次印刷
定　　价：31.00 元

凡所购买电子工业出版社图书有缺损问题，请向购买书店调换。若书店售缺，请与本社发行部联系，联系及邮购电话：（010）88254888，88258888。

质量投诉请发邮件至 zlts@phei.com.cn，盗版侵权举报请发邮件至 dbqq@phei.com.cn。

本书咨询联系方式：chitty@phei.com.cn。

前　　言

我国汽车工业取得了举世瞩目的成绩，汽车工业已成为我国国民经济的支柱产业之一。汽车尤其是轿车已渗入到家庭中，成为最重要的交通工具，汽车销量呈跨越式增长。汽车市场的高速发展，为各汽车厂家的市场营销提供了广阔的发展空间：价格战、品牌战、服务战、促销战……各种汽车营销手段层出不穷，为我们展现了一幅幅精彩绝伦的营销图景。汽车市场已不仅仅是汽车产品之间的简单交易，更成为了汽车厂家竞相展示各自品牌和实力的舞台。

汽车市场的激烈竞争，使我国汽车市场原有的汽车市场营销体系不断发生着变化，这些变化也为我国汽车市场营销体系注入了新的元素，推动了我国汽车营销的发展，同时也衍生了对汽车营销人才的大量需求，加快汽车营销人才的培养、提升汽车营销人才的专业水平，已成为我国高等院校开设汽车技术服务与营销专业的主要任务。

在本书的编写过程中，我们主要注意到了以下几点。

（1）注重理论的完整性。本书共 11 章，从两个方面进行内容的组织：一是从汽车营销基本理论出发，分别讲述“汽车市场营销原理”、“汽车市场营销分析”、“汽车市场营销战略”和“汽车市场营销策略”四部分内容；二是从汽车 4S 店的汽车销售工作出发，分别介绍了汽车销售人员的基本要求和展厅销售流程。

（2）注重内容的实用性。首先，本书的编写着重理论与实践相结合，有针对性地精选了一些汽车市场营销案例来说明对应的汽车市场营销理论，让学生在学习汽车市场营销理论的基础上提高应用能力；其次，本书围绕目前汽车 4S 店的汽车销售岗位，对岗位的相关要求和工作内容进行了介绍，使学生能更全面系统地了解汽车 4S 店的汽车销售岗位，提高销售技能。

（3）注重教材的适应性。本教材可以作为高职院校汽车检测与维修专业、汽车技术服务与营销专业的教材，也可以作为汽车生产、销售和维修等企业培训材料，还适合一般读者自学、研究之用。

本书由潍坊职业学院陈聪、窦肖菲任主编，第 1、2、3 章由烟台职业学院吴新晓、马兴民编写，第 4 章由荷泽家政职业学院郑胜利编写，第 5、7、9 章由山东交通职业学院丁在明、于敬、曹海琳编写，第 6、8、10、11 章由潍坊职业学院陈聪、窦肖菲、王锐、谭敬、马珀编写。

在编写过程中，电子出版社的领导和编辑给予了很多支持与帮助，汽车行业的许多同人提出了不少很好的建议，同时作者参阅了大量的文献资料与专著，在此一并表示衷心的感谢！

鉴于编者的水平有限，书中难免有不妥之处，敬请广大读者批评指正。

编　　者

目　　录

第 1 章

概　　论

【本章重点】

- 汽车市场营销的基本概念
- 汽车市场营销观念的发展
- 当代营销观念
- 汽车市场营销的研究对象

【本章难点】

- 汽车市场营销的研究方法

1.1　我国汽车工业与汽车市场的发展

1.1.1　我国汽车工业的发展

20 世纪初，国外汽车开始进入我国，有了汽车维修业，但我国汽车制造工业是在新中国成立之后逐步发展起来的，特别是改革开放之后，汽车工业突飞猛进地发展，我国汽车工业的产销系统由封闭转为开放，汽车生产的市场导向取代了计划指导。多渠道、高效率的汽车商品市场流通体系已初步形成。

从 1953 年第一汽车制造厂开始建设、发展至今，我国汽车工业的发展经历了三个阶段。

1. 创建阶段

我国汽车工业这一阶段是在高度集中的计划经济体制下运行的。国家集中力量先后建成了第一汽车制造厂和第二汽车制造厂等主机厂，为我国汽车工业的发展奠定了基础。当时的产品主要是中型载货汽车，全部由国家计划生产、计划销售。国家对汽车工业实行计划管理，汽车工业缺乏竞争机制，在长达近 30 年的时间内，由于种种原因，汽车工业发展比较缓慢。

2. 发展阶段

这一阶段是从 1979 年到 1993 年。随着国家经济体制改革的不断深入，我国汽车工业的单一计划经济模式被打破，市场逐步成为配置资源的主要机制，汽车工业内部的竞争不断强化。与此同时，汽车企业之间的协作和专业化生产得以发展，打破了“小而全、大而全”的发展模式，开始走联合发展的道路，形成了一些汽车企业集团。这一阶段，在消费市场需求巨大的拉动下，中央与地方政府的积极参与，形成了我国第三次大办汽车工业的热潮。汽车生产能力迅速增长，从 1978 年到 1993 年汽车生产保持年均 15.4%的增长速度，1992 年产销量首次突破 100 万辆大关，一跃成为世界汽车生产大国。

这一阶段，我国汽车工业也开始走出自我封闭的发展模式，走上了与国际汽车工业合作发展的道路。十余年间，我国汽车工业有重点、有选择地引进国外先进技术100多项。这些技术涉及汽车、特种车、专用车、零部件和相关配套工业等各个方面。通过KD生产方式、技术引进、消化吸收和建设改造，整个汽车工业有了明显进步。不仅汽车产量增加迅速，而且汽车产品结构也由单一的中型货车变为中型与重、轻、微型货车等多品种商用汽车同时发展的新局面。基本上改变了商用汽车“缺重、少轻”的面貌。特别值得一提的是，这一期间以上海轿车工业的大规模建设为标志，拉开了我国现代化轿车工业建设的历程，并先后在全国形成无数个轿车生产基地。轿车生产量从1986年的1.3万辆发展到1993年的23万辆，轿车产量占汽车总产量的比例迅速上升。

但是，我国汽车工业在这一阶段的发展也暴露出一些问题，汽车工业的面貌表现为“散、乱、低、差”。“散”和“乱”是指汽车工业的生产布局存在严重的分散、重复、乱投资和乱上项目的现象。据不完全统计，1993年全国共有整车（主机）制造厂家126个，客车、专用车厂家650个，零部件厂家多达3000个。汽车厂家数目之多，在全世界也绝无仅有。其中轻型汽车最为分散，生产集中度最低，绝大多数产品没有明显差别，产品重复严重。“低”和“差”是指汽车工业的整体能力低，包括汽车工业的技术开发能力低，先进科技成果的吸收能力低，以及零部件工业、基础制造业和相关工业对汽车工业的支撑能力低，这将直接导致汽车产品性能和产品质量差，尤其在经济性、排放性和可靠性等指标上，我国汽车产品明显落后于同期国际水平。

3. 与国际接轨的过渡阶段

第三阶段自1994年开始至2006年，是我国汽车工业与国际接轨的准备阶段。我国全面进入市场经济建设和1994年国家颁布实施的《汽车工业产业政策》标志着我国汽车工业进入了新的发展阶段。其基本背景是我国经济全面实现“两个转变”（国家经济体制向市场经济体制转变、企业经营从粗放经营向集约化经营转变），中国经济开始全面参与国际经济大循环（以2002年12月11日中国正式加入WTO为标志）。至2006年，中国的汽车进口管理已完全达到加入WTO的发展中国家的平均水平，开放汽车市场，我国汽车工业面临着更广泛的国际合作与竞争。

这一阶段，我国汽车工业已经表现并将继续表现出这样一些特点：一是汽车工业的质量素质提高。如汽车厂家数目增加的趋势得以遏制，2001年整车厂家名义上虽然还有114家，但事实上有一半的企业处于停产状态，中小企业纷纷加入大型企业集团，甚至大型企业之间也在走向联合或合并，汽车工业的“散乱”现象得到初步扭转；汽车产量基本集中在前20家，汽车工业的生产集中度进一步提高；汽车产品的质量性能持续提高，新技术的装车率不断增加，汽车的车型品种迅速丰富，结构趋于合理。二是汽车生产数量平稳上升，增长速度合理。1994年我国的汽车总产量为135.3万辆，2006年的汽车总产量为720万辆。在这一阶段汽车产量保持平稳增长态势，不像前一阶段那样大起大落。三是汽车工业的投资在保持外资大幅增加的同时，以浙江吉利集团为代表的民营资本或私人资本首次进入整车（轿车）项目，丰富了汽车工业的投资主体，私人资本表现出较强的生命力。四是汽车工业和汽车市场正在实现“两个转变”（汽车工业整体由以载货汽车工业为主向以轿车和汽车零部件工业为主转变、汽车市场从单一的公费购车向多元化市场结构转变），私人购车比例迅速上升。有资料显示，我国轿车市场快速发展的原因主要在于私人购车比例不断增加。目前私人购买轿车的比例已经增加到 77%左右，2006 年私人购买的轿车已接近 300 万辆。而小排量经济型轿车也成为私人购车的主要方向，在 2006 年全国完成的 720 万辆汽车产销中，仅 1.0 排量到 1.6 排量的车型就占据了销售总量的 54%，成为小排量车销售增长最明显的一年。五是汽车工业企业积极寻找对策措施，为同国际接轨积蓄力量。这些措施包括新一轮的企业重组，新一轮的对外深度合作（如东风集团与法国雷诺、PSA 和日本日产公司的合作），以及加强修炼企业内功（如降成本、上质量、拓品种、增实力）等。

总之，我国汽车工业经过 60 多年的建设发展，始终坚持开放与加快自主发展相结合，加快产品结构调整和升级；以大企业集团为基础，优化产业组织结构；发挥比较优势，参与国际分工。现在已形成产品门类齐全，产品质量和技术具有一定水平，企业实力迅速提升的新局面。预计它将在今后得到快速、持续和健康发展，汽车工业将真正成为我国国民经济的支柱产业。

1.1.2 我国汽车市场的形成与发展

我国汽车市场的建立与发展经历了从计划经济到市场经济的过程，并经历了一个“双轨制”运行时期，目前，多渠道、少环节的汽车商品市场流通体系已初步形成。

1. 汽车计划供销体制

改革开放之前，我国对物资实行集中管理、整体平衡的分配制度。汽车属一类物资，执行严格的计划控制下的分配制度。其分配过程如下：国家计划部门编制分配计划，下达给主管汽车生产的部门，由主管部门组织召开汽车产品供需订货会，按分配的指标签订供货合同，汽车生产企业负责汽车产品的生产和供货。汽车产品的需用单位按照行政隶属关系申请指标，获批准后列入国家指令性计划分配供应。

2. 计划供销与市场经济“双轨制”运行

改革开放之初，国家将一定的生产自主权下放给地方和企业，汽车生产企业在完成国家下达的指令性计划后，可自行安排生产，地方和企业可支配的汽车数量有了较大的增长。1976 年由地方支配的汽车达 3 万辆，约占全国产量的 1/4。20 世纪 80 年代，国家指令性计划指标进一步缩小。到 1984 年，国家指令性计划分配的汽车占汽车资源的比重由 1980 年的 92.7%下降到 58.3%。企业产销自主权不断扩大。

由于企业自主权不断地扩大，有一部分汽车产品就要进入市场。针对当时汽车产品供求矛盾十分突出的状况，经销商便采取在价格上层层加码的对策来转手获取利润。物资部门为了规范这部分汽车市场，规定只有汽车贸易中心和汽车销售服务公司才能从事汽车交易活动，各地投放到市场的汽车和汽车生产企业的自销车必须进入上述市场进行交易，销售的汽车发票必须经工商局验证盖章，据此办理汽车行驶执照。

1985 年 2 月，国家经委、物资部联合下发了《关于向市场投放汽车和建立汽车贸易中心的通知》，决定先在北京、上海、沈阳、武汉、重庆、西安 6 个中心城市建立汽车贸易中心，由所在城市的省市机电公司、机电产品贸易中心和国家物资部所属的机电产品管理处联合组成，并受国家物资部的委托负责国家指令性汽车计划分配，同时也经营进口汽车业务。

1988 年，国家又成立了中国汽车贸易总公司，上述 6 个汽车贸易中心改为汽车贸易分公司，加上天津、广州两家公司，全国共有 8 个汽车贸易分公司，并在全国成立了 1000 多家汽车销售网点，基本形成了一个全国性的汽车贸易主干网络。这一阶段，汽车流通中出现了指令性计划、指导性计划、市场自由流通、实物交易等几种形式，形成了计划内价格、计划外价格的双重价格体制。

3. 主体多元化的汽车营销体制

随着改革开放的不断深入，社会主义市场经济的建立与不断完善，汽车产品流通体制进入了突破性发展阶段，“双轨制”运行的汽车营销体制也逐步向以市场为主的体制运行，市场机制开始成为汽车产品流通的主要运行机制。各种灵活多样的汽车营销形式纷纷出现。在一些城市，出现了汽车超级市场、露天市场、自选市场、4S 汽车专卖店、汽车交易市场、汽车贸易城等。汽车生产企业也采取“以销定产”的策略，即按订单组织生产，或实行产品外包销售。消费者购车，可以货比三家，双方议价，权衡利弊，自由选购。政府部门购车，也实行公开招标的方式，由政府采购中心组织实施，购车部门拟好标书，公开发布，投标、开标、评标、定标按规定程序公平、公开、公正地进行。经营主体多元化的汽车营销体制已逐渐形成。

1.1.3 我国汽车市场的特点及影响因素

1. 我国汽车市场的特点

自改革开放以来，市场机制在资源配置中日益发挥出基础性作用，我国汽车市场逐渐得到培育与发展。这一时期的汽车市场发展几起几落。

1980 年至 1981 年的改革开放之初，国民经济处于恢复时期，汽车市场出现了停滞状态。1982 年开始逐步回升。到了 1985 年，国家基本建设规模迅速增大，工业生产建设速度过快，信贷失控，消费膨胀，出现了过热的汽车需求。1985 年汽车销售量达到了 60 万辆，是自新中国成立以来汽车销售的第一个高峰年。1986 年我国国民经济进入调整时期，大部分汽车企业处于停产或半停产状态。到了 1987 年，汽车市场又呈现出回升趋势，1987 年、1988 年连续出现两年旺销。但从 1989 年开始，连续两年汽车产量下滑，市场疲软，1989 年生产汽车 50.9 万辆，较上年下降了 11.8%，汽车销售量下降了 8.4%。这是国家“七五”期间汽车产销两次大波动。

汽车工业在“八五”初期又出现了连续三年的高速增长。在 1992 年，我国汽车生产首次突破 100 万辆大关。但从 1993 年 7 月至 1994 年，汽车市场又出现了一次波动，汽车产销量继续回落，库存车辆增加，汽车企业处于低速度、低效益运行状态。尽管产量处于低谷，但汽车生产呈增长趋势，产销量仍保持相当水平。从“八五”期末到“九五”期初，我国汽车产销量又出现一次波动。1996 年的汽车产销量与 1995 年持平，增长极其缓慢。

1996 年上半年，我国汽车市场进入低谷，汽车销量自 3 月起连续 4 个月出现负增长，汽车价格，尤其是轿车价格普遍下降。轿车价格与年初相比，下降 4.9%；与 1995 年同期相比，下降 12.9%。此次汽车市场的波动，既有经济大环境的影响，也有汽车产业尚未完全进入市场机制的良性循环、产品结构还不适应市场需求等因素的影响。

1993 年以后，汽车产销量基本处于比较平衡的发展时期，1995 年、1996 年，为了抑制经济过热，实行经济软着陆，汽车产销量增幅很小，随后又受到东南亚经济危机的影响，增幅一直比较平稳。1997 年我国汽车产量只有 158.3 万辆，轿车占的比例很小。2001 年全国汽车产量达到 233.4 万辆，其中轿车产量仅为 69.5 万辆，轿车在全部汽车产量中所占的比例不到 30%。

近年来，我国汽车产销量保持了快速增长的发展势头。2002 年是我国加入世界贸易组织后的第一年，我国汽车产销开始出现“井喷”行情。当年我国汽车产量一举超过 300 万辆大关，达到 325.1 万辆，增长 38.8%。轿车产量更是增长了 52.8%，首次突破百万辆大关，达到 106.2 万辆，轿车比重达到 32.7%。进入 2003 年，这一“井喷”行情得以持续。当年生产各类汽车 444.4 万辆，销量 439.1 万辆。其中轿车的增长更是令人吃惊。2003 年轿车产量达到 201.9 万辆，销量达到 197.2 万辆。2003 年销量超过德国成为世界第三大汽车销售国。2009 年销量达 1364.5 万辆，中国成为世界第一汽车生产和消费国。2010 年汽车销量达 1806.2 万辆，刷新世界汽车产销纪录。2011 年销量达 1850.5 万辆。2012 年销量达 1927.2 万辆。2013 年销量达 2198.4 万辆。

2. 我国汽车市场变化的影响因素

我国汽车市场变化的影响因素包括以下两方面：一方面是国民经济发展的宏观状况对汽车市场的变化影响极大，另一方面是汽车市场的状况反过来对国民经济宏观运行情况也有一定的影响。

（1）国民经济主要运行参数直接影响汽车市场变化，汽车市场的变化与国民经济的运行大体同步。根据统计资料分析，汽车增长速度高于工业生产增长速度 5%～10%。当工业增长速度的落差接近 5 个百分点时，汽车市场运行状况就有所恶化，而落差接近 10 个百分点时，汽车市场将会出现大幅回落。

（2）首先，国家宏观调控措施对汽车市场变化有直接影响。银行信贷及利率直接影响到企业的购车能力，银行信贷宽松，利率水平低，可降低生产厂和销售企业的成本，利润就会上升。我国在 1997 年后，连续几次降低存贷款利率，使企业大为受益，这与汽车市场的平稳发展不无关系。其次，税费和关税的调整也直接影响汽车市场。增值税实施，收费项目增加，消费者的负担加重，成本增加，汽车销售量就会下降。相反，费改税收费项目减少，刺激了消费，汽车销售量就会上升。另外，降低关税，进口车价格也会相应降低，同时迫使国产汽车价格下调，有利于提高汽车销量。

（3）社会经济结构的发展变化对汽车市场也有较明显的影响。由于国家大力发展乡镇企业和第三产业，积极鼓励三资企业和民营企业的发展，因而这些企业对汽车的需求增加，特别是第三产业的发展，拉动汽车消费。此外，随着城乡人民生活水平的提高，私人购车越来越多，将来的轿车市场将逐步向家庭购车方面转移。轿车大量进入家庭以后，汽车市场将更加平稳增长，不会因国家压缩集团购买力和国营企事业单位汽车需求量减少而使汽车市场急剧波动。所以，社会经济结构的发展变化，将为汽车提供更为广阔的市场。

汽车产业的发展在国家工业化和城市化的进程中起到极大的推动作用，而工业化和城市化就是社会进步与文明的标志。2011 年 GDP 位居全世界前三甲的美国、中国、日本都是汽车生产和消费大国，其汽车产量的排名分别是第 2 位、第 1 位和第 3 位，汽车保有量的排名分别是第 1 位、第 2 位和第 3 位。日本近 1/3 的从业人员从事与汽车产业相关的工作。这就是汽车为什么会引起全社会极大关注的原因。2012 年世界主要生产国的汽车产量如图 1.1 所示。

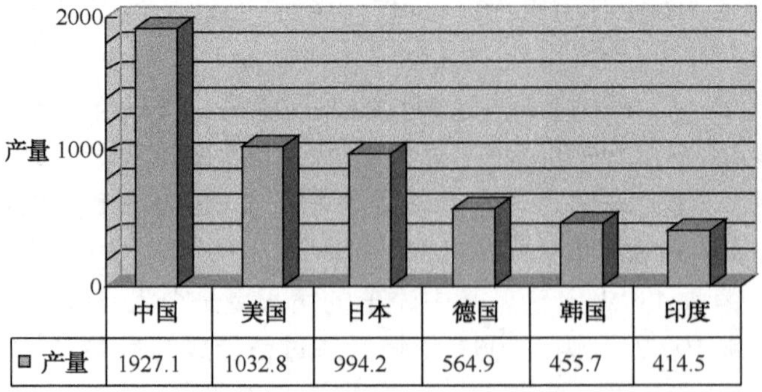

图 1.1　2012 年世界主要生产国汽车产量（单位：万辆）

支撑如此强大的汽车拥有量的另一个原因是我国的公路事业发展很快，已经有一个良好的用车环境，最近几年的公路与高速公路通车里程如图 1.2 所示。

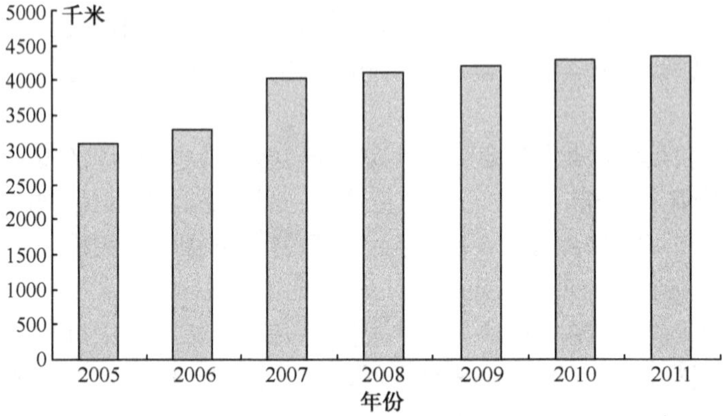

图 1.2　近年我国高速公路通车里程

1.2　汽车市场与汽车市场营销

市场营销是现代企业的重要职能之一，只有通过市场营销活动，在市场上实现交换，企业才能在满足客户需求的过程中获取利润，才能完成其所承担的社会分工职能，才能体现出企业的社会存在价值。正因为如此，市场营销受到了广大企业的高度重视。市场竞争越是向纵深发展，企业所面临的环境就越复杂，市场营销的作用就越重要。因此，企业必须全面深入地分析市场与市场环境的现状、特点，把握市场变化的趋势，通过市场营销活动参与市场竞争。市场营销能力与水平决定着企业在市场经济大潮中的兴衰命运。

1.2.1　市场的概念

市场是商品经济的产物。随着生产力的发展，社会出现分工，产生了商品生产和商品交换，交换的需要又使市场得以产生与发展。市场的含义随着商品经济的发展也在不断地发展着，其内容也得到了不断丰富和充实。一般可以从以下三个方面来理解市场的含义。

1．市场是商品交换的场所

在商品经济初期，商品交换很不发达，人们总是在某个时间、某个地点聚集在一起进行商品交换，市场更多地强调交换空间与地理的含义。因而，市场被看作买卖双方进行商品交换的场所。这种市场的形式至今仍很普遍，如建材市场、农贸市场、汽车交易市场等。这种理解也十分普遍。

2．市场是商品交换关系的总和

市场的作用在于使产品转换为商品，促进商品交换。它实际上反映了商品供求关系，如买卖双方、卖方与卖方、买方与买方、买卖双方与各自的中间商、中间商与中间商之间，等等，这些关系已经渗透到了社会生活的各个方面，市场代表着各种商品交换关系的总和，反映着商品交换关系和商品供求关系。同时，市场的含义还包括供给和需求在数量上的统一，即供求是否平衡。

3．市场是消费者对商品的总需求

随着社会生产力的发展，商品日益丰富，更多的商品处于供大于求的状态。在商品交换关系中，买方的需求成为商品交换的决定性因素，在商品交换关系中居于主导地位。因此，对于生产企业来说，更为重要的任务是研究企业如何通过整体市场营销活动来适应并满足消费者的需求，促进商品的交换，以实现经营目标。市场营销就是在这个意义上来理解和运用市场概念的。

市场就是指消费者对某种商品的总需求，包括现实购买者与潜在购买者需求的总和。市场包含三个因素：有某种需要的人、为满足这种需要的购买力和购买欲望，也就是：市场=人口+购买力+购买欲望。

市场中的这三个因素是相互制约的，三者结合起来才能决定市场的规模与容量。比如，尽管一个国家或地区人口总数大，但人均收入低，购买能力有限，则不能构成大容量的市场；或是虽然人均收入高，平均购买能力很大，但人口少，同样也不能构成大容量的市场；只有人口基数大，收入高，平均购买能力强，才能成为一个有较大潜力的大市场。但是，如果产品不能引起广大消费者的注意，不能激发他们购买的欲望，对于企业来说，仍然不能成为现实需求的市场。所以，市场应该是人口、购买力和购买欲望三个因素的统一。

1.2.2　市场营销的含义

1．市场营销的概念

市场营销是由英文 Marketing 一词翻译过来的，它包含两层意思：其一是指一系列的经营销售活动；其二是指一门研究市场营销问题的经济学科。菲利普·科特勒认为：营销是个人和集体通过创造，提供并同他人交换有价值的产品，实现其需求和欲望的一种社会与管理过程。美国市场营销协会（AMA）将市场营销定义如下：市场营销是关于构思、货物和劳务设计、定价、促销和分销的规划与实施过程，目的是创造能实现个人和组织目标的交换。

市场营销的中心是交换，是买卖双方为了实现各自的目标而进行的交换过程。这是综合性的商业活动，包括：市场调研、市场分析与预测、目标市场选择、产品开发设计、价格制定、销售渠道选择、销售促进、售后服务等活动。

2. 认识市场营销的出发点

从市场营销学的产生和发展可以看出，市场营销的概念具有动态特征。认识市场营销要在市场中去体会，不能超时空抽象地去理解，应当从市场营销实践中去把握它的内涵。占有市场并从市场中获取利益是市场营销确立的基本思想。但在不同的环境条件下如何去领会这一基本思想，存在差别是肯定的。因此，市场营销的内涵也必然会发生很大变化，企业的经营者只有及时地捕捉这些变化，调整自己的认识与观念，才能促进企业在市场竞争中健康发展。

在卖方市场状态下，企业处于市场交易的主导地位，这时，不是没有营销问题，而是经营者很难从本质意义上体会市场营销的内涵。有些企业没有及时地调整经营观念，这就为企业以后的市场竞争埋下了失败的种子；在进入买方市场之后，消费者处于市场的主导地位，企业要千方百计地将产品卖出去，否则，生产越多，赔得越多。这时企业自然重视销售工作，但往往会简单地将市场营销理解为卖东西，正是由于受这样的观念影响，不少企业聘用大量素质低下的人员承担市场营销工作，严重制约了企业的进一步发展。当前，市场经济体制逐渐完善，市场经济迅速发展；产销矛盾进一步加剧，市场已经从企业末端走到了企业的前端，不是生产出来再去卖，而是生产之前就要考虑消费者的需求，企业营销必须按照消费者的需求变化来调整策略，这应当是企业把握市场营销的基本出发点。企业市场营销活动过程实质上是企业不断适应消费者需求变化、适应市场营销环境变化的动态过程。

在市场营销实践中，没有一成不变的、万能的具体方法，任何营销方法要实用而有效，就必须根据企业所处的具体营销环境来调整操作方式，而不能简单重复。从这一意义上来看，营销无定式，虽然营销没有固定不变的模式，但却有着共同的规律。营销方式越是千变万化，所体现的基本规律就越深刻。而人们越是从深刻意义上把握住市场营销的基本规律，就越能有效地驾驭竞争激烈、瞬息万变的市场，就能更加灵活地运用各种市场营销方法，而且还能不断地创造出新的营销方式与方法。所以，在市场营销方法的研究中，要特别重视对典型案例的收集整理与分析研究，通过不断地总结经验，去理解并把握市场营销的基本规律。

1.2.3 市场营销的形成与发展

市场营销学是作为系统研究市场问题的一门独立学科，是在资本主义工业革命以后才出现的。由于生产迅速发展，生产效率大为提高，生产能力增长速度超过市场需求增长的速度，商品交换处于供过于求状态。一些企业开始重视商品推销和刺激需求，一些经济学者开始注重对推销和广告的研究，着手从理论上探讨产品的销售问题，从而开启了市场营销学研究领域之河。

具有基本理论框架的市场营销学是在20世纪50年代以后发展起来的，第二次世界大战结束后，以美国为代表的发达资本主义国家，将战争期间用于军事的设备与技术转向生产民品，生产力水平大大提高，经济实力迅速发展。商品生产供过于求的矛盾加剧，卖方之间的竞争愈加激烈，买方处于可以选择和左右市场的主导地位。原有的建立在卖方市场基础上以研究商品推销术为主体的旧的市场销售理论和方法面临严峻的挑战。于是，销售在理论研究上发生了重大变革，研究的范围突破了流通领域，逐渐与企业生产经营的整体活动密切结合起来，许多市场营销学专家和企业家从不同的角度提出了以消费者为中心的新的市场理论，研究的重点转变为买方市场条件下的企业经营活动，形成了以市场需求为中心的现代营销观念及其指导下一系列现代企业经营战略与方法。把市场作为生产过程的起点，以市场为导向来组织企业的生产经营活动，这是市场营销学上的“市场学革命”。60 年代以后，反映这些市场营销理论的研究成果相继问世，特别是美国市场营销学家麦卡锡（E.J.McCarthy）的《市场学基础》和菲利普·科特勒（Philip Kotler）的《营销管理》两本论著，全面介绍了现代市场营销理论，强调了市场营销的管理导向作用，把市场营销学发展成为指导企业经营决策的科学，形成了现代市场营销学的概念、方法与理论体系。到了 70 年代以后，市场营销学又进一步与经济学、社会学、组织行为学、心理学、公共关系学等学科相互渗透，成为了一门边缘应用科学。

在我国，由于长期受到“左”的思想的影响，把商品经济同计划经济对立起来，将竞争看成资本主义的经济现象，把市场看作滋生资本主义的“温床”，否定了与商品经济相关的科学与方法。在新中国成立后的 30 年时间里，使得市场问题成为我国经济科学的“禁区”。加之，我国长期处于产品供不应求的状态，人们不重视对市场营销学的研究。现代市场营销理论只是在改革开放之后才传入我国，特别是自 90 年代以来，我国的市场营销理论研究取得了十分迅速的发展。随着国内经济结构的变化，买方市场逐渐形成，市场竞争加剧，强化营销和营销创新成为企业研究的重要课题。我国的汽车企业也是在这一时期才真正认识到运用现代市场营销理论的重要性，逐渐学会运用营销理论成果的。

1.3 汽车市场营销观念

汽车市场营销观念是汽车企业对于汽车市场的根本态度和看法，是一切汽车经营活动的出发点，是贯彻企业生产自始至终的一切活动的基础，是企业生存的根本。它随着汽车市场的形成而产生，并随着汽车市场的发展而逐步演变。当竞争不激烈的时候，人们只要生产就能挣钱；当竞争稍微激烈的时候，人们就提高质量，走出去推销；当竞争程度加剧的时候，人们就采取了市场营销的观念，考察消费者到底需要什么产品。进行较深层次的研究，分析怎样做才能吸引消费者，才能把产品销售出去，有最小的库存，把生产的投资挣回来。

一般来说，汽车市场营销观念的发展大致经历 4 个阶段，即生产阶段、质量阶段、推销阶段、营销阶段。这只是人为的进行区分，事实上，有时没有严格界限，特别是一种方式向另一种方式转变时，过渡阶段是很长的，这些活动都是交叉进行的。

1.3.1 汽车市场营销观念的演变

1. 生产观念

生产观念是一种最古老的经营思想，20 世纪 20 年代在西方发达国家占支配地位。当时由于生产效率还很低下，产品供不应求，基本上是“卖方市场”。例如，当时轿车产量很少，价格昂贵。企业不关心市场需求问题，而把营销管理的重点放在抓生产、抓货源上，争取多获利润，即以生产观念为导向。

生产观念也叫生产导向。这种观念认为企业的一切经营活动应以抓生产为中心，企业能生产什么就生产什么，市场也就卖什么，即所谓“以产定销”。

在这一经营观念指导下，企业经营要解决的中心课题是生产问题，表现之一就是如何扩大产品品种和降低产品成本。其基本经营理念是产量扩大，成本和价格就会下降，于是客户就会增多，从而又支持产量扩大，形成良性循环。这种观念似乎很有道理，但不能脱离具体条件，如果某种商品的确因生产规模小、价格高而影响销路，企业坚持这种观念一定会取得成功。反之如果价格不是影响客户购买的主要因素，产品的用途、功能不能满足客户需要，即便是免费派送也未必能够赢得客户。应当看到的是，随着现代社会生产力的提高，传统产业企业的实力越来越接近，市场竞争日益加剧，企业在规模和成本上的竞争空间已越来越小（受最小极限成本制约），因而这种生产观念作为指导企业经营的普遍观念已逐步退出历史舞台。

案　例

老福特的缺点

美国汽车大王福特曾先后于1899年和1901年与别人合伙经营汽车公司，但均因产品（高价赛车）不适合市场需要，无法经营而失败。福特汽车公司创办于1903年，第一批福特汽车因实用、优质和价格合理，生意一开始就非常兴隆。1906年福特又重蹈覆辙，面向富有阶层推出豪华汽车，结果大众都买不起，福特车的销售量直线下降。1907年福特总结了过去的经验教训，及时调整了经营指导思想和经营战略，实行“薄利多销”，于是生意又魔术般回升。当时，美国经济衰退已露头角，许多企业纷纷倒闭，唯独福特汽车公司生意兴隆。到1908年年初，福特按照当时百姓（尤其是农场主）的需要，做出了明智的战略性决策：致力于生产规格统一、品种单一、价格低廉、大众需要又买得起的“T型车”，并且在实行产品标准化的基础上组织大规模生产。此后十余年，由于福特车适销对路，销售迅速增加，产品供不应求，获得了巨大的商业成功。到1925年，福特汽车公司一天就能造出9109辆“T型车”，平均每10秒钟生产一辆。在20世纪20年代前期的几年中，福特汽车公司的年利润竟高达6亿美元，成为当时世界最大的汽车公司。到20年代中期，随着美国经济的增长，人们收入及生活水平的提高，形势又发生了变化。公路四通八达，路面大大改善，马车时代坎坷泥泞的路面已经消失，消费者也开始追求时髦。可是，简陋而千篇一律的“T型车”，虽然价格低廉，但已不能招徕客户，因此福特“T型车”销量开始下降。面对这种现实，福特仍自以为是，一意孤行，坚持其生产中心观念，置客户的需求变化于不顾，诚如他宣称：“无论你需要什么颜色的汽车，我只有黑色的。”他这种生产中心观念，体现得多么淋漓尽致。1922年，他在公司推销员全国年会上听到关于“T型车”需要根本改进的呼吁后，静坐了两个小时后说：“先生们，依我看，福特车的唯一缺点是我们生产得还不够快。”就在福特固守他那种陈旧观念和廉价战略的时候，通用汽车公司（GM）却时时刻刻注视着市场的动向，并发现了良机，及时地做出了适当的战略性决策：适应市场需要，坚持不断创新，增加一些新的颜色和式样的汽车，即使因此须相应提高销售价格也在所不惜。于是，“雪佛兰”车开始排挤“T型车”。1926年，“T型车”销量陡降。到1927年6月，福特不得不停止生产“T型车”，改产“A型车”。这次改产，福特公司不仅耗资1亿美元，而且在这期间，通用汽车公司乘虚而入，占领了福特市场的大量份额，致使福特汽车公司的生意陷入低谷。后来，福特公司虽力挽狂澜，走出了困境，但福特公司从此失去了车坛霸主地位，永远让通用汽车公司占据了车坛的首席宝座。

2．产品观念

如果说上述生产观念是注重以量取胜的话，那么另一种观念则表现为以质取胜。也有人将这种观念称作产品观念。其基本理念是企业经营的中心工作是抓产品质量，只要产品质量过硬，经久耐用，就会客户盈门，企业就会立于不败之地。这种观念同样不能脱离具体条件，如果产品确实有市场，但因质量太差而影响销路，企业坚持这种质量第一的观念就会大有作为。但是，其他因素不能满足客户需要，即使质量再好的产品也不会畅销。在现代市场经济高度发达的条件下，这种生产观念也是不适宜的。因为现代市场需求的层次是不断提高的，能够更好地满足市场需求的产品层出不穷，如果企业的产品不能及时满足市场的更高要求，质量再好的老产品也不可能持久地占领市场。

产品观念也是一种较早的企业经营观念。产品观念认为，在市场产品有选择的情况下，消费者会选择质量最优、性能最好和特点最多的产品。因此，企业应该致力于制造质量优良的产品，并经常不断地加以改造和提高。但事实上，这种观念与生产观念一样，无视消费者的需求和欲望。所谓优质产品往往是一群工程师在实验室里设计出来的，这些产品在上市之前从来没有征求过消费者的意见。

由此可见，产品观念在市场营销上至少有两个缺陷：其一，企业技术人员在设计产品时并不知道消费者对其产品的价值衡量标准，结果生产出来的产品很可能低于或不符合消费者的预期价值，从而造成滞销；其二，一味追求高质量往往会导致产品质量和功能的过剩。高质量多功能往往附带着高成本，消费者的购买力并不是无限的，如果产品质量过高，客户就会拒绝承担为这些额外的高质量所增加的成本，从而转向购买其他企业产品。

案　例

劳斯莱斯的豪华理念

被誉为世界豪华车之王的英国劳斯莱斯汽车，从诞生之日起就是名贵身份与地位的象征。

最初的劳斯莱斯与其竞争对手相比具有两大特点：制造工艺简单、行驶时噪声极低，这两大优势很快就成为劳斯莱斯的经典。第一辆真正的传奇之作“银色幽灵”（silver ghost）诞生于1906年，它首次露面于巴黎汽车博览会，其金色钟顶形散热器非常引人注目，直到今天这一造型依然是劳斯莱斯不可替代的设计元素。除了独特的外观外，“银色幽灵”还拥有领先于时代的技术：强制润滑；7升六缸发动机输出功率可达48马力；最高车速达110千米／小时，这在当时绝对是一项世界纪录。

劳斯莱斯一直在追求自己的豪华，其豪华不仅体现在价格方面，也实实在在地体现在其质量上和工艺上。全新的劳斯莱斯更是集经典劳斯莱斯与21世纪高科技于一身，在细节上苛求极致的完美。

同时因手工艺的繁多和客户的个性预订要求，劳斯莱斯几乎不可能生产两辆一模一样的车。而为了迎合车主的尊贵感，劳斯莱斯还严格控制新车的供给量，使想购车的美国人要在预订半年甚至更长时间后才能拿到车。

在广告方面，劳斯莱斯广告成功地抓住了上层阶层重面子、好显示自己的成功、地位和身份的欲望，触到了他们的痒处，其尊贵的形象，怎能让他们不动心?

该公司在英国的广告强调“买辆劳斯莱斯犒赏自己多年来的辛勤工作”，一语击中了那些事业有成，家庭和睦，辛苦了半辈子以后欲享受生活，显示身份地位的成功者的心。

在美国，广告则套用了亨利•詹姆士的名言“尽情享受，这是一个不能不犯的错误”，恰与当时美国社会重享乐的风气契合。

3．推销观念

推销观念产生于 20 世纪 30 年代初期，西方主要工业国家经济持续发展，生产规模扩大产量增加，大批产品供过于求，销售困难，卖方竞争加剧，生产企业面临的问题不是如何扩大生产规模和提高生产率，而是生产销路的问题。因而推销技术特别受到企业的重视，并逐步形成了一种推销经营哲学。其基本理念是企业经营中的工作不再是生产问题，而是销售问题。抓销售就必须大力施展推销和促销技术，激发客户的购买兴趣，强化其购买欲望，努力扩大销售。促销的基本手段就是广告和人员推销。

推销观念以推销为重点，通过开拓市场，扩大销售来获利。从生产中心观念转变为推销导向是指导思想上前迈进了一大步，但它基本上仍没有脱离以生产为中心、“以产定销”的范畴。因为它只是注重对既定产品的推销，至于客户需要什么，购买产品后是否满意等问题，则未给予足够的重视。因此，在经济进一步发展、产品更加丰富、竞争更加激烈的条件下，推销观念就不合时宜了。但推销观念对后来市场营销观念的形成奠定了基础，正是由于推销人员和营销管理人员发现只是针对既定产品的推销，其效果越来越有限，才转入对市场需要予以足够重视和加以研究，并将营销活动视作企业经营的综合活动（不是单项活动）。

4．市场营销观念

随着生产力与科学技术的迅速发展，缩短了产品更新换代的周期，市场产品日新月异，供应量大大增加；人民生活水准提高，使市场需求变化日益加快；产品供大于求，市场由卖方市场变成为买方市场；企业的产品由以往的地区性销售发展到全国，甚至国际性行销，国内外企业的市场竞争更加激烈，不少企业的产品虽经推销，销量仍下降，失去市场份额，影响企业的生存和发展。因此，很多企业在形势逼迫下逐渐领悟到企业的生产必须适应环境的变化，满足客户需求，以增强企业在市场上的竞争力，求得企业的生存和发展。从而使企业不得不改变过去的营销观念，转变和接受市场营销观念。

市场营销观念或市场主导观念，是一种全新的经营哲学，它是一种以客户需要为导向、“一切从客户出发”的观念。它把企业的生产经营活动看作一个努力理解和不断满足客户需要的过程，不仅仅是生产或销售产品的过程；是“发现需要并设法满足之”，而不是“将产品制造出来并设法推销之”的过程；是“制造适销对路的产品”，而不是“推销已经制造出来的产品”的过程。因此“客户至上”、“客户是上帝”、“客户永远正确”等口号，才成为现代企业的座右铭。

市场营销观念是企业经营思想上根本性的变革。这种观念是近几十年才形成的新的先进观念，它引起了企业组织、管理方法和程序上的一系列变革。在市场营销观念指导下的企业应该明确以下几个方面。

（1）不是以生产为中心，而是以客户为中心，确定企业的经营方向。

（2）企业：满足目标客户的需求和欲望是企业的责任；口号是“以需定产”、“客户至上”、“客户第一”。

（3）企业中各部门与营销（或销售）部门的管理活动协调一致，开展整体营销活动——生产适销对路的产品；制定适宜的价格；采用适当的促销方式和手段；利用适合的分销渠道，达到在满足客户需求和利益的基础上，获取企业的合法利润的目的。

（4）企业营销部门已不是单纯地在产品制成后从事销售性事务，而是参与到企业经营管理活动的全过程，是企业经营管理的重要组成部分。

“二战”后，西方资本主义企业逐渐接受市场营销观念。例如，美国皮尔斯堡面粉公司，为适应战后美国生活方式的变化，改变只生产面粉的宗旨，生产和销售多种面粉加工食品和半成品，还研究客户需求趋势，开发新产品。美国福特汽车公司接受生产和销售单一的黑色轿车致使公司濒临倒闭的教训，以客户需求为中心，制造多种颜色、型号的汽车，满足客户需求，重新打开销路，扭转了被动局面。

市场营销观念有四个主要支柱：市场中心、整体营销、客户满意和盈利率。它从选定的市场出发，通过整体营销活动，实现客户满意，从而提高盈利率。市场营销观念的产生及其被广泛应用以及技术进步的作用，为战后资本主义的经济发展做出了不可估量的贡献。市场营销观念对企业营销实践具有重大的指导意义。国际上一些大公司如国际商用机器公司 IBM 公司、克莱斯勒公司、国际收割机公司等的成功就是很好的例子。

5. 社会营销观念

近 20 年来，随着社会经济的发展和人口不断增加，能源短缺，生态环境遭到破坏，环境污染日益严重，通货膨胀，忽视社会服务等，严重威胁着社会公众的利益和消费者的长远利益，威胁着人类生活水准和福利的进一步提高，也威胁着经济的可持续发展。这种情况表明，现代市场营销活动有很多副作用，而市场营销观念又不能将其抑制或消除。因为只要企业从客户需要出发，产品适销对路，就是符合市场营销观念的，这就要求修正市场营销观念，从而产生了人类观念、理性消费观念、生态消费观念等，其共同点就是注重社会公众利益，故统称为社会营销观念。

市场营销观念摆正了企业与客户的关系，但在实际执行过程中，企业往往自觉不自觉地在满足客户需求的同时，与社会公众利益发生矛盾，导致损害社会利益。例如，氟利昂的生产，满足了家电行业的需要，但它破坏臭氧层，危害人类健康。因此，要求修正市场营销观念，提出了社会市场营销观念，以重视社会公共利益。

所谓社会市场营销观念是以客户需求和社会利益为重点，采取整体营销活动，在满足客户需要和欲望的同时，考虑到消费者自身和整个社会公众的长远利益，达到谋求企业利润的目的。所以，社会市场营销观念的实质是在市场营销观念的基础上，综合考虑客户、企业、社会三者利益的统一，达到最佳营销。

以上五种观念的形成和发展，都是与社会经济发展水平、市场供求和竞争等情况相适应的，是在商品经济不断发展和市场营销实践经验不断积累的基础上逐步发展、完善起来的，企业应本着本国经济发展的具体情况适当应用。

分析以上五种营销观念可以看出，前三种观念属于生产观念范畴，都是以产品为中心，企业首先考虑的是产品，不是客户，然后通过推销，去出售已经生产出来的产品，要求客户的需求符合企业的供给，把市场作为生产和销售过程的终点；后两种观念是以客户为中心，企业首先考虑的是客户需求，不是产品，然后根据客户需要，设计、生产市场需要的产品，并对市场营销因素进行合理有效的组合，制定出既满足需求又有利于企业长期发展的营销策略。所以传统的营销观念和现代营销观念的营销活动、程序、手段都不相同。现代营销观念创造利润的过程是建立在满足客户需求，兼顾客户和社会的长远利益基础上，使客户、企业、社会三者利益协调一致，这就标志着营销观念已从“唯我”到“唯他”，从“局部”到“整体”的转变，故两类观念有质的区别。

1.3.2 几种市场营销观念的比较

市场营销观念，是企业开展市场营销实践、指导企业营销活动的基本思想。科学的企业经营思想与企业中的人、财、物一样，也是企业的一种资源，而且是能动的、活跃的、更为宝贵的资源。汽车企业在不同的市场观念下，其营销活动的表现不同，几种不同的市场营销观念的比较如表1-1所示。

表1-1 几种市场营销观念的比较

市场观念	出发点	方法	目标	汽车企业的表现
生产观念	产品产量	降低成本，提高生产效率	在销量增长中获利	我只生产黑色的汽车
产品观念	产品质量	生产高质量、多功能产品	用高质量的产品推动销售量增长	我要生产最好的汽车
推销观念	产品销售	加强推销和宣传活动	在扩大市场销售中获利	重视广告和人员推销活动，服务的主动性增强
市场营销观念	客户需求	运用整体营销策略	在满足客户需求中获利	生产的汽车花色品种多，以迎合消费者的需求
社会营销观念	社会利益	运用整体营销策略	满足消费者需求，同时维护社会长远利益	生产污染小、低油耗、安全性好的环保型汽车

1.3.3 当代营销观念的创新

随着人类社会进入21世纪和新经济时代，世界经济正以势不可挡的趋势朝着全球市场经济一体化、企业生存数字化、商业竞争国际化、竞争对手扩大化等方向发展。国际互联网、知识经济、高新技术特征明显，企业的经营进一步打破了地域阻隔的限制，如何在全球贸易体系中占有一席之地，如何赢得更大的市场份额和更广阔的市场前景，如何开发客户资源和保持相对稳定的客户队伍，已成为影响企业生存和发展的关键问题。在这样的背景下，新型营销理念层出不穷，例如，基于健康发展的绿色营销，基于整合各种营销要素的整合营销，基于协调各种营销关系的关系营销，基于客户关系管理的营销（如一对一营销、直接营销等），以及基于现代网络技术的网络营销、电子商务等。总的来看，这些理念是对现代营销观念及其指导下的营销方法的继承和发展，中心仍然是围绕客户满意，并注重营销道德。

1. 客户满意

通过满足需求达到客户满意，最终实现包括利润在内的企业目标，是现代市场营销的基本精神。然而在具体的实践工作中，真正落实客户满意却并非易事，还需要不断强化利润是“客户感到满意而给予企业的回报”的观念。

客户满意既是客户本人再购买的基础，又是影响其他客户购买的要素。对企业来说，前者关系到能否保持老客户，后者关系到能否吸引新客户。使客户满意是企业赢得客户，占领和扩大市场，提高效益的关键。研究还表明，吸引新客户要比维系老客户花费更高的成本。因此，企业必须十分重视提高客户的满意度，争取更多高度满意的客户，建立高度的客户忠诚。

客户满意，是客户的一种主观感觉状态，是客户对企业的产品和服务满足其需要程度的体验和综合评估。影响客户满意的因素主要是客户购买后实际感受到的价值是否与其期望得到的价值相符，或者说是客户得到的总价值与其付出的各种成本相比是否令人满意，通常可以用客户的让渡价值去研究客户满意问题。

客户让渡价值是指客户与企业的交往过程中，客户从企业那里获得的总价值与客户支付的总成本的差额。客户获得的总价值指客户购买企业的产品或服务所期望获得的一组利益，它包括产品价值（产品的功效价值）、服务价值（产品的附加价值）、人员价值（营销和服务人员的素质和工作质量带给客户的价值）、形象价值（产品的精神价值）等。客户支付的总成本指客户为购买企业的产品或服务所支付的货币资金、耗费的时间、精力及体力等成本的总和。

企业为了争取客户，战胜竞争对手，巩固或提高企业产品的市场占有率，往往容易采取客户让渡价值最大化策略。但追求客户让渡价值最大化常常会增加成本，减少利润。因此，在市场营销实践中，企业应掌握一个合理的度，而不是片面强调客户让渡价值最大化，以确保实现客户让渡价值所带来的利益超过因此增加的成本费用。换言之，企业客户让渡价值的大小应以能够实现企业的经营目标为原则。

2. 绿色营销

绿色营销具有广义和狭义两个概念。广义的绿色营销，是指企业营销活动中体现的社会价值观、伦理道德观，充分考虑社会效益，既自觉维护自然生态平衡，又自觉抵制各种有害营销。而狭义的绿色营销，主要指企业在市场营销活动中，谋求消费者利益、企业利益与人类环境利益的协调。实施绿色营销的企业，对产品的创意、设计和生产，以及定价与促销的策划和实施都要以保护生态环境为前提，力求减少环境污染，保护和节约自然资源，维护人类社会的长远利益，实现经济的可持续发展。

案　例

F3DM 的绿色形象工程

2008 年 6 月，国家《促进新能源汽车消费的支持政策》出台，新能源遂成为当下汽车行业最热门的话题，同时也昭示着汽车行业未来的发展趋势。比亚迪作为国内最早开始研制电动车的企业，早在政策公布天下前便开始研发具有划时代意义的 F3DM 双模电动车。比亚迪的绿色环保营销，其成功之处就在于，在恰当的时机，顺理成章地将用户对品牌的定位升级——不仅仅局限在产品性价比的竞争意义上，而是进一步提高品牌的价值与形象。

环保营销正是巴菲特青睐比亚迪的重要原因。当郭台铭质问巴菲特是否敢开着比亚迪 F3DM 上下班时，巴菲特就去试驾了比亚迪电动车，还有比这更好的宣传吗？

3. 整合营销

整合营销是一种更注重营销要素整体作用的观念。它比营销组合观念更强调营销因素（比组合要素更多）的整体作用，要求各种营销因素方向一致，形成合力，共同为企业的营销目标服务。整合营销观念改变了将营销活动作为企业经营管理的一项职能的观点，它要求企业把所有的活动都整合和协调起来，努力为客户的利益服务。同时，强调企业与市场之间互动的关系和影响，努力发现潜在客户和创造新市场，注重企业、客户和社会的共同利益。

整合营销除了整体性特征外，还具有动态性特征和客户关怀特征。企业把与客户之间交流、对话、沟通放在特别重要的地位，并形成以客户为中心的新的“4C 营销组合”。

4. 关系营销

关系营销指企业在主要合作伙伴间——如供应商、客户、经销商和员工等之间，构筑、发展和维护长期的有成本效益的交换，从而谋求共同发展。它是将建立与发展同所有利益相关者之间的关系作为企业营销的关键变量，把正确处理这些关系作为企业营销的核心，因而企业经营管理的对象也就不仅仅是内部可控因素，其范围扩展到外部环境的相关成员。企业和这些相关成员包括竞争者的关系并不是完全对立的，其所追求的目标存在相当多的一致性。关系营销的目标也就在于建立和发展企业和相关个人及组织的关系，取消对立，成为一个相互依赖的事业共同体。

关系营销是以协同和沟通为基础，是一种双向的信息沟通过程，是以双赢互利为出发点的。它更为注意的是维系现有客户，认为丧失现有客户无异于失去市场，失去利润的来源。有的企业推行“零客户背离”计划，目标是让客户没有离去的机会。这就要求企业要及时掌握客户的信息，随时与客户保持联系，并追踪客户的动态。因此，仅仅维持较高的客户满意度和忠诚度还不够，还必须分析客户产生满意感和忠诚度的根本原因。只有找出客户满意的真实原因，才能有针对性地采取措施来维系客户。满意的客户会对产品、品牌乃至公司保持忠诚，忠诚的客户会重复购买某一产品或服务，不为其他品牌所动摇，且会购买企业的其他产品，同时客户的口头宣传，有助于树立企业的良好形象。此外，满意的客户还会参与和介入企业的营销活动过程，为企业提供广泛的信息、意见和建议。

案 例

东风汽车的大订单

东风汽车公司一次性接到军车订单 20000 辆，这在我国汽车行业中绝无仅有。其之所以取得如此丰硕的成果，与汽车质量有关，同时也是东风汽车公司 20 年拥军的奖励。20 年中，东风汽车公司不仅免费提供军车配件超亿元，培养军地两用人才近 23000 人，而且长期坚持为部队办实事、办好事。近 10 年中，公司为烈属、军属、老红军等优抚对象解决户口 4000 多人，调整住房 500 多户，逢年过节还走访慰问，赢得了驻军和军属的广泛好评，并被评为“全国拥军优属先进单位”，因此赢得订单也就理所当然。

5. 客户关系营销

客户关系营销，又被称为客户关系管理。它源于关系营销，但又不同于关系营销。客户关系营销认为客户是企业最重要的资源，在越来越激烈的市场竞争中，高质量的客户关系正在成为企业唯一重要的竞争优势。所以客户关系营销比关系营销更注重企业与客户的关系，它借助现代数据库和管理信息系统等手段，以客户价值（客户对企业的价值）和客户让渡价值为核心，通过完善的客户服务和深入的客户分析来满足客户的需求，在使客户让渡价值最大化的同时，实现企业的价值。这是一种基于现代“双赢原则”的营销理念。

客户关系营销既是一种营销管理思想，又是一套管理企业与客户关系的运作方法体系。一方面，客户关系营销要求以“客户为中心”来构架企业，追求信息共享，完善对客户需求的快速响应机制，优化以客户服务为核心的工作流程，搭建新型管理系统；另一方面，客户关系营销实施于企业与客户相关的所有业务领域，使企业与客户保持一种卓有成效的“一对一”关系，建立客户驱动的产品/服务设计和向客户提供更快捷、更周到的优质服务，以吸引和保持更多的客户资源。所以客户关系营销是新型的商业驱动器，是信息社会中厂商的竞争利器，它与 ERP（Enterprise Re-sources Planning，企业资源计划）、SCM（Supply Chain Management，供应链管理）并称为现代企业提高竞争力的三大法宝。

6. 网络营销与电子商务

随着数字社会和 e 时代的到来，网络技术已渗入当今社会和经济的各个方面，电子商务、虚拟现实等网络技术已经走向实际应用。网络营销，是企业营销实践与现代信息通信技术、计算机网络技术相结合的产物，是指企业以电子信息技术为基础；以互联网为媒介进行的各种营销活动的总称。这些营销活动包括网络调研、网络广告、电子商场、网络新产品开发、网上定价、网络促销、网络分销、网络服务等。网络营销符合客户主导、成本低廉、使用方便、充分沟通的要求，也可以使得企业的营销活动始终和三个流动要素（信息流、资金流和物流）结合并流畅运行，形成企业生产经营的良性循环。

电子商务主要是指将销售业务借助计算机网络系统完成商品交易的形式。其中计算机网络系统包括企业网络门和互联网络门，网上完成的商务内容包括网上商品资源查找、网上定价、在线谈判、网上签约、网上支付等具体与商品销售环节相关的手续。电子商务不能等同于网络营销，电子商务虽然在形式上有时依靠互联网络，但它只是网络营销的部分业务。无论网络营销，还是电子商务都需要物流配送的支撑，才能最终完成有形商品的实物交割。

网络营销和电子商务丰富了营销或销售的形式，其意义主要不是在于营销观念的变革，而是在于它们促进了营销方式和手段的创新。

案 例

网络营销助悦悦“起死回生”

悦悦是一款因为超前的设计而导致滞销的车，江淮汽车大胆采用网络营销战略，将悦悦直接放到网上进行直销，前 11 个月，江淮悦悦销量达到 11437 辆，同比增长 328.2%。悦悦实实在在地在网店“起死回生”了。

与以往出现的网络售车模式不同，江淮悦悦是国内第一款真正在网络上进行常态销售的车型。据了解，江淮汽车已经确定将江淮悦悦完全在网络上销售，线下 4S 店的职能转变为专注对客户进行服务，并通过增值服务来实现客户价值。

网络直销减去了中间经销商的利润，使汽车售价大大降低，不仅提升了销量也赚足了人气，悦悦网络销售的“起死回生”标志着汽车网上营销时代的开始。

案 例

奔驰的非传统网络销售

奔驰 smart 流光灰 2012 特别版选择电商平台，采用在线销售形式，149888 元的价格和诱人的大礼包使 300 辆奔驰 smart 在 89 分钟内销售一空，几千个销售线索在活动中被收集并交给到经销商，平均每 18 秒钟卖出一辆的速度创造了网络销售汽车的奇迹。

奔驰选择网上销售，采用刺激营销：限时限量、特价、大礼包等刺激消费者的神经。首先是电视户外网络预热，借用微博线上活动寻找“灰”常 smart 男为活动造势、线下院线活动将 smart 开进 5 个重要销售城市影院展出、借助电视优势传播等线上线下整合营销传播方式极大地提高了奔驰的关注度。

奔驰 smart 借助电商平台，跳出传统销售模式，成功实现汽车网络销售，并且取得惊人效果——300 辆奔驰 smart 在 89 分钟内销售一空，几千个销售线索在活动中被收集并给到经销商，再一次证明了汽车营销的多样性。

7．营销道德

营销道德是调整企业与所有利益相关者之间关系的行为规范的总和，是客观经济规律及法制以外的约束。目前，我国的营销道德问题值得引起重视，应当减少或消除经济生活中的不公平、不真实、资源过分浪费、强制推销、污染环境、不正当竞争等现象的发生。

树立良好的营销道德虽不是朝夕之功，但离不开政府、司法和广大消费者，特别是广大企业的参与。企业界要切实地以先进的营销观念为指导，自觉端正企业的经营态度和营销行为。同时也要加强法制建设，建立健全法制体系，完善消费者权益保护机制，加大消费者权益保护的力度，认真解决信息不对称问题，提高消费者在商品交易中的地位。

案　例

靠对政策的透彻研究找到进口国政策的空白点

过去日本出口到中国的双排座小卡车（在我国叫“皮卡”）也是对中国市场十分到位的研究发明，他们经过研究发现，中国的进口目录允许进口卡车，这种双排座的卡车有和轿车差不多的性能，价格比轿车还贵，很多人进口的目的不是为了载货用，而是为了坐车出行用，前后排总共能坐 5 人，单排座的这种小卡车除司机外只能坐 1 人，单纯为了载货物而购买此车的客户很少，没有人为了载 2 人而买这相当昂贵的单排座卡车。所以，日本发明的双排皮卡在中国打开销路，后来我国发现了问题，在进口目录里将此车也列为禁止进口车，今天我国自己生产的单排小皮卡相当的多，而且非常实用，价格也不高。

因为日本企业对中国政策的研究到位，使得其生产的汽车能在夹缝中找到生存的空间，实现销售。

本章小结

本章是整本书的导论，通过分析汽车市场营销的各方面，说明我国搞好汽车市场营销的重要性，同时也说明了今后我国汽车市场营销将面临的机会和挑战并存的局面。为了能应对这样的挑战，必须确立正确的汽车市场营销观念，认识新的汽车市场营销特点，探索新的汽车市场营销规律，创造新的汽车市场营销方法，开展新的汽车市场营销活动，促进汽车市场及汽车市场营销活动的发展。

思考题

1．说明汽车工业在国家的地位。
2．分析汽车营销发展的不同过程。
3．汽车营销的研究方法都有哪些？

实践训练

1．内容

教师指定几个目标市场，将学生分组，每一组学生选择一个目标市场。学生对对应的目标市场的发展情况进行调研，可以利用各种媒体的相关报道资料、网络的各种信息，以及对市场的实地调研等方式。

2．目的

（1）了解目标市场近几年的汽车销量情况，以及每一年各汽车品牌的销售情况。
（2）了解目标市场的汽车营销观念。

3．要求

每一组学生成员将调查情况以报告的形式记录下来，并在课堂上进行各自的调查交流，通过交流讨论，达到教学目的。

第 2 章

汽车市场营销环境分析

【本章重点】

- 汽车市场营销环境的概念和特点
- 宏观环境对汽车市场营销的影响
- 微观环境对汽车市场营销的影响

【本章难点】

- 区分宏观环境和微观环境对汽车市场营销环境的影响

2.1 汽车市场营销环境概述

汽车的市场营销活动是在不断发展、变化的环境下进行的。这个环境包括宏观环境和微观环境，它既对汽车市场产生影响，又对汽车营销造成制约。汽车企业要发展就必须不断地研究国际和国内的形势，分析外部环境的变化以使企业更好地适应宏观环境。分析内部微观环境的变化同样也可使企业充分利用资源，搞好资源配置，达到利润最大化。

汽车市场营销环境分析的目的如下。

（1）找到汽车市场环境中影响汽车营销的主要因素及变化趋势。

（2）研究这些因素对汽车市场的影响和对汽车营销的制约。

（3）发现在这样的环境中的机会与威胁。

（4）善于把握有利机会，避免可能出现的威胁，根据自己的特长与环境的特点，制定相应对策，达到企业的目标。

2.1.1 汽车市场营销环境概念

汽车生产厂家是社会经济活动的基本单位，具有相对独立性，但它同时也是整个社会活动的有机组成部分，其原材料、动力供应、劳动力、资金等与社会有着千丝万缕的联系。企业作为社会的经济细胞，其营销活动不可避免地受到企业内外部因素的影响，这些因素构成了市场营销活动的前提。所谓的汽车市场营销环境就是指那些对汽车企业的营销活动产生影响的全部因素。按照这些因素对企业营销活动的影响不同，市场营销环境可以分为市场营销宏观环境和市场营销微观环境。

宏观环境是指那些对企业营销活动产生重要影响而又不为企业的营销职能所控制的全部因素，是一个国家与地区的大环境，包括国家政治与法律制度、经济水平、人口数量等。这些因素对企业产生影响而企业又无力改变，只能适应。所以，对企业来说，宏观环境具有强制性、不确定性和不可控性的特点。宏观环境是所有企业面临的共同问题，但是因为企业的文化不同、经验不同，处理起来结果也会不同。

微观环境就是企业自身经营的内外部环境，是指企业的内部因素和企业外部的活动者等因素。也就是企业自身经营的问题，是企业可以控制的因素，也是企业水平的体现，企业文化的体现。营销环境与企业营销活动之间的关系如图 2.1 所示。

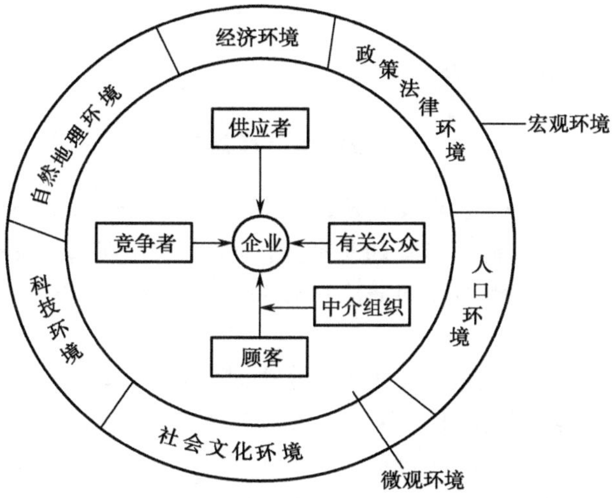

图 2.1　营销环境与企业营销活动之间的关系

由图 2.1 可以看出，市场营销活动是企业的基础，但是要做好市场营销活动就必须熟悉当地的文化、经济、政治等环境因素。

2.1.2　汽车市场营销环境的特点

汽车市场营销环境有其特殊性，所以具有以下特点。

1．不可控性

因为客观的存在一个不可改变的市场营销宏观环境，该环境是市场外部环境的总和，是不以人的意志为转移的，发展变化如上所说的在某种程度上是不可控制的，如国家人口是不可控制的，国家的文化也是千百年来人类文明的结晶，也是不可控制和改变的，等等，不可控制的因素很多，所以，外部宏观环境是不可控制和改变的。

2．动态变化性

汽车市场营销环境是在不断发生变化的，而且变化的速度呈加快的趋势。过去，一款新车从开发到上市要经过三年多的时间，而现在，经过 8 个月就能把新车推向市场，这种速度是前所未有的，这主要得益于市场发展的要求和计算机技术的应用。越来越激烈的竞争迫使厂家加快换代速度，计算机技术的发展也使得汽车的设计速度和工艺准备速度加快。同时由于计算机的应用使得前驱动横置发动机的汽车得以普及。过去，用传统的方法设计前驱动横置发动机汽车，因为设计过于紧凑，对技术水平要求高而用很长时间才能完成，甚至有的低水平的公司设计不出来前驱动横置发动机的车。现在都能设计了，而且设计的时间大大缩短了。过去，自动挡的变速器因为用纯液压控制而油耗过高，不能很好地普及，现在用电子控制自动变速器，油耗下降了，而且可靠性提高了，这都是营销环境的动态变化性。最近，在大众新车上的双离合器技术，使大众公司又高高地坐上世界自动变速器老大的位置，双离合器自动变速器比传统型的自动变速器节约燃油，这样就使得大众汽车在竞争激烈的世界汽车市场上又多了一件夺取胜利的武器，比同行又“起得早了”。所以环境的变化是绝对的、永远的，汽车市场营销活动也要随着环境的变化而改变。

案 例

“特斯拉”风暴

2013年，全球股市再迎牛市，美股更是连创历史新高。但若要论最牛、最受关注的个股，美股市场的特斯拉无疑是全球最为瞩目的明星股。事实上，特斯拉正在全球掀起新一轮的“科技旋风”。一个陌生的美国高科技公司正在一步步地为国人所知晓，再次引发了人们对于纯电动汽车发展前景的关注。

据国外新闻报道，2013年第一季度电动车制造商特斯拉旗下Model S纯电动轿车以4750辆的累计销量一举超过沃蓝达与聆风，成为北美市场最畅销的纯电动轿车。该公司公布的2013年一季度财报也显示公司创立以来首次盈利，资本市场也掀起一股“特斯拉”风潮。这家成立仅10年的新能源汽车公司的市值已经超过了菲亚特等许多百年历史的老牌汽车厂商。并从股权债券中筹集了4.518亿美元资金，提前9年偿清美国能源部4.65亿美元贷款。

但我国国内对于这家汽车公司的了解仍然十分有限。特斯拉(Tesla)汽车公司成立于2003年，总部设在美国加州的硅谷地带，特斯拉汽车集独特的造型、高效的加速、良好的操控性能与先进的技术于一身，从而使其成为公路上最快且最为节省燃料的车子。

当然除了特斯拉以外，在美国还有如CODA、菲斯科和GTA等其他独立的纯电动汽车公司，不过这些公司的发展现状和前景却与特斯拉相比十分迥异。此外，在美国主销的还有通用沃蓝达和日产聆风等传统汽车厂商旗下的纯电动车型。

3．关联性

企业市场营销环境各因素都不是孤立的，而是相互联系、相互依赖、相互作用的。如国家宏观政策的变化，市场物价的上涨，合资企业对方的国家政治经济的变革、政权的更迭等，经济和政治本身也是相互联系的。

4．差异性

尽管企业所面临的环境从宏观上来看是一致的，但是因为企业的文化不同、规模不同、营销水平不同、认识问题方法的不同、企业的上级机关不同等，各个企业直接面对的具体环境又有明显的差异性，而且在同一种环境因素变化时，由于不同企业所采取的应对措施不一样，结果给企业造成的影响程度也不一样。对营销环境把握得好，就可以采取相应的营销策略主动适应营销环境的变化。因此，这就要求企业认真分析自身所处的环境特点，制定切合实际的营销策略。

5．可利用性

营销环境的变化是不以企业的意志为转移的，但却可以被企业所利用。当环境因素发生变化时，企业要对其影响进行及时的分析，积极主动地调整市场营销战略，所以企业环境的变化可以说既是机遇又是挑战。只要企业能主动地把握营销环境的变化趋势，就能抓住有利的市场机遇得以发展。

2.1.3 汽车市场营销环境的分析

1．市场营销环境的分析的程序

环境的变化对企业的影响有积极和消极两个方面，积极的称为机遇，消极的称为风险。机遇和风险都是不以企业的意志为转移的。中国古人有“塞翁失马，焉知非福”的说法，就是任何一件事都有好的一面和坏的一面，都要一分为二地看待，营销环境的变化对企业的影响何曾不是这样？当全世界的燃油紧张时，小排量车的优点就凸显出来，反应快的公司就设计、生产小排量车，也有的设计生产混合动力车，这都是应对营销环境变化的手段。中国的比亚迪是一个新进入的汽车企业，它的汽车设计与研究能力与那些大的跨国公司相比可能存在差距，因为它毕竟历史短、经验少，但是它是一个以生产电池而闻名世界的企业，它的电池技术在世界上是最好的，这就使得它在开发电池汽车上走在世界的前列。这就是比亚迪利用营销环境因素变化做出的反应。市场营销环境的分析可以按照下面的程序进行。

（1）用市场情报和市场调研等科学的方法收集关于营销环境的信息。

（2）用定性和定量相结合的方法对环境因素的变化趋势及不连续变化的转折做出科学预测。

（3）进一步分析环境变化可能对企业造成的影响，从而预测企业在未来一个时期可能受到的威胁及可利用的机会。

（4）结合企业现状，提出营销环境分析的结论及企业适应未来环境变化的设想，为企业制定营销战略，提供有价值的参考性意见。

2．汽车市场营销环境分析的意义

（1）市场营销环境分析是汽车企业市场营销活动的立足点。汽车工业在一个国家中有着很重要的地位，汽车企业的市场营销活动是在一个复杂与变化的环境中进行的。因为其产品的广泛性，与营销环境有着直接的关系。营销环境的各方面因素都会影响着汽车企业的生产经营活动，影响着企业的市场营销决策，左右着汽车企业的发展。

案 例

日本丰田最先把混合动力车推向市场

现实的混合动力并没有什么新技术和新概念，就是对发动机的运行状态进行分析。当发动机运行时，计算机会发出指令，让其始终在最经济点进行工作。我们知道，当发动机在经济点时，其油耗是非经济区油耗的 1/3，甚至是 1/5，所以发动机是否在经济区工作对整车油耗有很大影响。混合动力的汽车当计算机发现车的运行不需要大功率时，就进行电力驱动，或者用发动机驱动，但是把一部分动力用来发电，在电池内存起来，这就是考虑了发动机的油耗在不同的负荷率时是不同的，对这一点，所有的内燃机技术人员都懂得。用的东西就是发电机、电动机与蓄电池。但是，别的公司的人员没有发现其商机，最先是日本丰田技术人员把其应用于产品上。丰田投放的普瑞斯混合动力车用 1.5 升排量的发动机，动力性能却能

达到 2.0 升以上的发动机水平，动力性能不低，而比较相同大小的普通发动机车油耗却是很低的。目前丰田又生产了雷克萨斯 600 混合动力车。

（2）汽车市场营销环境分析使汽车企业发现经营机会，避免环境威胁。汽车企业通过对市场营销环境的分析，在经营过程中发现机会，取得竞争优势；避免环境威胁就是避免汽车营销环境中对企业不利的因素。如果没有适当的反应与应变措施，就有可能导致产品滞销，对于产品品种多的企业可能“这山不转那山转”，而产品品种少的企业就可能因此而消亡。

案 例

福田的成功崛起是汽车界的奇迹

总部设在北京的福田公司在创业之初是山东诸城的一个生产农用三轮车的小厂，后来，该厂和北京的汽车厂联营，生产 1 吨多的小卡车，可以说质量上没有什么新的突破，但是价格却有突破，在山东诸城制造成本低是优势，产品价格很便宜，该车特别适合我国当时的实际情况，农民需要运输农产品的车辆，手里又没有多少钱，车价格高了买不起。因为有价格的优势，该车先从农村打开了销路。当时的福田可以说质量上和国产与进口的高端产品有点小差距，但是福田有过硬的体制优势，可以在全国范围内寻找优秀的专业人才，不惜重金聘请，从创立之初，福田就有市场需要什么就生产什么的观念，一切出发点就是“客户需求的就是我们要生产的”这种观点。国内有个别的同行企业领导人嘲笑说：“没有见过这样的卡车厂，五大总成（发动机、变速器、前后桥、车架、驾驶室），自己一件也不生产，还叫什么汽车厂。”当时，福田是没有能力生产和制造这些部件，都是在国内购买成熟的配套件组装，自己制造一些小的部件，当时福田的五大总成确实是购买的，因为技术实力不足，资金也不足，但有的大公司也不一定都自己制造，一般都制造几样，也有的老厂有实力全部都自己制造，这个社会讲究专业化分工，现在仍然有很多厂不能生产发动机，也不能生产变速器。福田有的是良好的机制和市场观察力，今天，你看到在各地奔跑的福田车时，你还能怀疑福田的能力吗？当时的福田在中国汽车业是什么位置？今天的福田在中国汽车业又是什么位置？福田后来利用台湾的设计，生产了自己的驾驶室，也生产了自己的帕金斯发动机，走进中国汽车业的第一阵营，而且靠这种体制，发展得很好，后劲充足。现在，小到 125 毫升排量的三轮摩托车，大到几十吨的卡车、蒙派克 MPV、12 米客车都能制造，同时又与德国奔驰合资制造奔驰卡车，而且还生产收割机、挖掘机、四轮驱动拖拉机等。福田的成功再一次证明了只有对市场营销环境进行深入细致的研究，找到适销对路的产品，才能成功。没有失败的行业，只有失败的工厂。

福田发现了低档次农用汽车的空白，成功地进入汽车行业，靠的是敏锐的观察力，在一个看似饱和的市场找到了不饱和的空间，从而获得了成功。可以这样说，后进入行业的不一定就比早进入的做得差。

（3）汽车市场营销环境分析使汽车企业经营决策更具有科学依据。对营销环境的分析数据是汽车企业进行经营决策的依据。经营就是把产品按照市场需要制造出来再销售出去获得利润。企业只有通过分析找出自己的优势和缺陷，发现由此给企业带来的有利条件和不利因素，才能使企业做出正确的经营决策，取得较好的经济效益。

2.2　汽车市场营销宏观环境分析

宏观环境对企业市场营销来说十分重要，企业对宏观环境因素只能适应，不能改变，因为它对企业的营销活动具有强制性、不确定性和不可控制性。宏观环境的状况和变化对汽车企业有着重大的影响。只有对宏观环境的分析和判断透彻了，才能够规避风险。因此，宏观环境分析是汽车企业发展的基本要求。

宏观环境包括政治法律环境、经济环境、自然环境、人口环境、社会文化环境、科技环境等方面。也就是说，宏观环境是客观存在着的现实世界。

2.2.1　政治法律环境

政治法律环境是指国家的政治制度、法律政策等。政治形势是国际国内的政治大的态势与走向，政治形势与法律环境正在越来越多地影响着企业的市场营销，从一定意义上说，市场经济就是法律经济。但是，市场经济并不是完全自由竞争的市场，因而在企业的宏观管理上主要靠经济手段和法律手段。

政治稳定是企业市场营销活动的必备条件，很难想象在一个动荡的国家能很好地进行生产和销售产品。零件的进口也是如此，当国家之间产生摩擦时，零件的进口肯定要受到影响。

我国从 1980 年开始实施全国性的“汽车使用年限、汽车报废制度”。根据当时的政策，国家设定的目标是：“花 10 年时间废弃 50 万辆旧车，修缮 80 万辆私家二手车。”到了 1985 年，我国政府产业部门正式发表了“汽车废弃标准”，汽车废弃制度的标准是按使用年限来决定“是否要废弃”。这个制度很大程度上是抑制个人消费的要因，因为随着汽车生产技术的进步，汽车的品质越来越好，再加上道路状况日趋完善，汽车的使用寿命比以往大大延长了，只根据使用年限来决定汽车的废弃对于商用车的用户是很不合理的。2012 年 1 月 14 日，商务部、发改委、公安部、环境保护部四部委联合下发了 2012 年第 12 号《机动车强制报废标准规定》，新规自 2013 年 5 月 1 日起施行，而《关于调整汽车报废标准若干规定的通知》等规定将同时废止，新规将私家车报废上限提高到了 60 万千米，并且私家车将不受报废年限的限制。

政治与法律环境对市场营销的影响主要表现在以下几方面。

1．法律对工商业的限制和保护

（1）法律对工商业的限制。近几年来，全世界各国有关工商业的立法稳步增长，覆盖竞争、公平交易行为、环境保护、产品安全、广告真实性、包装与标签、定价及其他重要领域。在我国有一些生产汽车的地方有地方保护主义和腐败行为，外省的车辆很难在当地销售，这里有当地政府的扶持和保护，当然可能还有一些其他原因，如某些汽车产地的出租车市场就是当地政府经常操控保护的。

案　例

政策对购车者的影响

国家的汽车相关政策对消费者的购车有很大影响。《汽车产业政策》、《个人汽车贷款管理办法》、《汽车消费政策》、《汽车金融机构管理办法》等利好政策的出台有效地规范了汽车产业的发展。2008年在金融危机中国家出台的购车政策，提高大排量乘用车的消费税税率，排量在3.0-4.0L（含4.0L）的乘用车，税率由15%上调至25%，排量在4.0L以上的乘用车，税率由20%上调至40%；降低小排量乘用车的消费税税率，排量在1.0L（含1.0L）以下的乘用车，税率由3%下调至1%。购买经济型小排量汽车优惠政策的出台，有效地促进了人们的汽车消费，使得2009年汽车销量达到1364.5万辆，成为世界第一消费大国。

发达国家在企业市场营销方面的立法主要有三种类型。

① 保护企业相互之间的利益，维护公平竞争的立法。这种立法的目的是要说明何为不公平竞争，以及如何防止不公平竞争。国际上较为著名的此类法律有美国于1890年通过的旨在禁止垄断行为的《谢尔曼反托拉斯法》；1914年通过的旨在反对不正当竞争的《联邦贸易委员会法》；1936年通过的旨在禁止价格歧视的《白特曼法》；1950年通过的有关企业兼并的《反吞并法》等。

② 保护消费者利益免受不公平商业行为损害的立法。这种立法的核心在于防止企业以欺骗性广告或包装招徕客户，或以次品低价引诱客户的行为，否则将对其进行法律制裁。美国等发达国家的此类立法尤多，比如《消费者公平信贷法》、《消费品定价法》、《广告法》等。

③ 保护社会公众利益的立法。这种立法是指为保护环境、防止经济发展与生活水平反向变化现象出现，以及避免企业在生产过程中造成的负担，制定的旨在约束企业行为的立法。这方面的立法有各种专门的国际公约，各国也有具体的立法，比如美国的《国家交通安全法》、《国家环境政策法》等。

无论法律的具体类型如何，都会对企业的市场营销活动构成某种约束。从这种意义上说，企业的市场营销人员必须掌握关于环境保护、消费者利益和社会利益方面的法律。一般来说，早期的法律重心多为保护竞争，创造公平的竞争环境。而现代法律的重点则已经转移到了保护消费者。把握这一点对于企业开展市场营销业务尤为重要。不过，在企业立法方面一直存在着一个国际性的争论，即何处才是管制成本与管制利益的均衡点。而且，立法的公正性与执法的公正性远不是一回事，这是法律经济学上的难题，也是市场营销活动中所要经常面对的问题。

另外，立法与执法是相同意向的前后相连的两个过程，它们的承载主体各不相同。这些机构的行为状况对企业的市场营销行为与营销过程的影响作用不会完全相同。但这里却存在着一个具有国际普遍性的难题，即在立法机构与执法机构之间，真正熟知营销业务的人员在水平上并不完全对等。因此，企业市场营销人员如果缺乏与其打交道的技巧，往往极易丧失机会与市场。

（2）国家政策和法律对工商业的保护。法律和政策将随新的经济形势的变化而不断变化。企业管理人员在制定产品及其营销计划的时候，必须注意这些变化。

中国在加入WTO以后，国家的产业政策、税收政策以及国家的进出口管理政策发生了重大调整。

以产业政策为例，国家出台了对幼稚产业的保护政策和战略性贸易政策。所谓对幼稚产业的保护政策是指对那些经济发展后起步的国家，必须选择某些具有潜在比较优势和发展前景的产业（幼稚产业）给予适当的、暂时的关税保护，以便逐步扶持其参与国际竞争的能力。加入WTO以后，农业、汽车产业、金融服务业等被国家定为幼稚产业。到2006年，我国汽车整车的进口关税已降至 25%，汽车零部件的平均进口关税降至 10%，汽车进口配额也已取消，国产汽车的价格优势荡然无存。

案　例

日本汽车在中国遭遇“蔬菜门”事件

在中国汽车产业发展的萌芽阶段，市面上没有几种可以选择的车，中国国内对于外国进口汽车的限制日渐严格，进口许可证的买卖相当红火。就在这个时期，一场针对汽车市场的政策风暴席卷而来。报纸上有这样的消息：“从当月起，即将实施进口汽车的 100%高额关税制度。”

这是一则简短的消息，但是，它的出现却不是偶然的，是有很多原因的。原来，之前日本对于中国的蔬菜进口实行了严格的关税控制，导致中国很多菜农在经济上受到了很大损失。这是一场蔬菜和汽车的较量，从经济层面上看是简单的经济事件，其实这是一个不折不扣的涉及政治经济关系的典型案例。从这一事件上看，汽车市场的营销环境对销售量是起决定性作用的，毫无疑问，日本汽车厂经受不了这样的打击，很快降低了蔬菜进口的关税。

2．社会规范和商业道德对市场营销的影响

形成文字的法律法规不可能覆盖所有可能产生的市场弊端，法律是道德的底线，而且，现有法律也很难全部执行，除法律和规章以外，企业也要受社会规范和商业道德的约束。大量出现的商业丑闻使人们重新重视商业道德问题。因此，许多行业和专业贸易协会提出了关于道德规范的建议，许多公司制定了关于复杂的社会责任问题的政策和指导方针。

另外，公众利益团体，如那些保护消费者利益方面的团体，像消费者协会、动物保护组织、妇女权益组织等迅速崛起，他们会游说政府官员、呐喊、左右舆论导向，给企业的市场营销活动带来极大的影响。如果企业营销人员缺乏相应的斡旋技巧，就难免给原有的目标市场造成威胁。

案　例

设计不好导致车毁人伤通用汽车被判赔偿 49 亿美元

美国公民安德逊太太及其 4 名孩子、1 位朋友在一宗“追尾”的交通意外中，因所乘汽车的油箱设计在车的尾部，被撞后着火爆炸，安德逊太太等因而受重伤，安德逊太太将通用公司告上法庭。陪审团裁定他们可得到 1.07 亿美元的补偿性赔偿和 48 亿美元的惩罚性赔偿。通用汽车公司表示会提出上诉，法律专家则认为判决将会被推翻。律师在通用公司找到了证据，工程师早就发现该问题，通用汽车公司多年来都知道该型号汽车的油箱设计有问题，发生碰撞容易着火，但是，出于降低成本的考虑而没有进行更改该设计，最终导致了这笔美国历史上有关产品责任问题的最大笔赔偿。如果再上诉通用输官司的话，损失将是无法弥补的。该笔赔偿足以让一个经济状况一般的公司倒闭。

2.2.2　经济环境

经济环境是指企业营销活动所面临的外部社会经济条件，其运行状况和发展趋势会直接或间接地对企业营销活动产生影响。

在加入 WTO 之后，中国人也有可能花相对较少的钱购买质优价廉（相对低一点儿）的欧、美、日汽车产品了。没有加入 WTO 之前，我国的汽车要征收巨额关税，价格也相对较高；在加入 WTO 之后，加入的国家必须在今后的实际中，按照加入时的承诺执行，所有不符合承诺的法规都会遭到相关利益国的反对。

案 例

美日关于汽车贸易的纠纷案

1995 年 5 月 16 日，美国政府单方面宣布，根据美国 1974 年《综合贸易与竞争法》第 301 节、304 节（单边报复制度的“301 条款”）的规定，将对来自日本的豪华轿车征收 100%的关税。美国称：1993 年 7 月日本曾经同意谈判解决汽车市场的问题，但实际上一直拒绝与美国谈判，美国并不谋求固定的市场份额，而是要日本向全世界的汽车商开放市场，它不想迫使日本企业购买外国汽车部件，而是要日本的汽车市场在透明度和真正竞争的状态下运转。据统计，日本汽车在美国市场占有 25%的份额，而美国汽车在日本市场只有 1.5%的份额，在汽车零部件贸易上，美国对世界其他国家有 51 亿美元的顺差，而对日本却有 128 亿美元的逆差。

日本政府于 1995 年 5 月 22 日向 WTO 提出磋商请求。日本政府指出，美国政府的决定已经给日本造成了以下影响：1.08 亿美元的货物停止装运或改运其他国家，减少了 933 万美元的生产计划。日本认为美国的决定违反了 GATT 第 1 条、第 2 条和第 23 条。美国宣布的税率大大高于美国关税减让表承诺的汽车 2.5%的约束关税率。日本指出，双边谈判之所以没有取得成果，是由于美国坚持要求固定的市场份额。日本指出，它的汽车市场是开放的，1995 年前 4 个月，其汽车进口量比 1994 年同期增加了 42%，美国汽车的问题是其制造商没有制造出符合日本汽车市场需要的车辆。

双方经过两轮谈判，于 1995 年 6 月 28 日达成谅解，1995 年 7 月 19 日通知 WTO，双方协议的基本内容如下：美国取消对日本汽车征税的决定，日本政府采取措施保证日本商人能自由销售外国汽车，鼓励外国汽车制造商在日本谋求市场份额；采取措施扩大日本汽车制造商购买外国产的汽车部件的机会；在维持机动车辆安全和环境保护标准的同时，放松管制以改善外国汽车部件在日本汽车售后市场的准入；对上述措施实施情况的评价应根据客观的标准，该标准不是给未来的交易规定具体的数字，而是衡量过去进展的标准。两国将每年就此举行磋商。

出于对美国单边报复制度的不满，1998 年 11 月 25 日，欧盟根据 WTO 中的规定起诉了美国，认为“301 条款”与 WTO 的相应规定不符，造成了欧盟利益丧失或受损，也损害了关税及贸易总协定和世界贸易组织的目标。对此案件，世界贸易组织争端解决机构的专家组最终裁决，美国不可以在世界贸易组织争端解决机构做出决定之前单方面确定制裁措施，但“301 条款”并不违反世界贸易组织和关税及贸易总协定的有关规定。这一裁决，使得美国事实上仍然可以运用“301 条款”对其他国家实行贸易制裁和威胁，尤其是对世界贸易组织的非成员国进行单方的制裁。

经济环境包括那些能够影响客户购买力和消费方式的因素，也包括消费者现实居民收入、商品价格、居民储蓄及消费者的支出模式等。

1. 消费者实际收入状况

消费者收入包括工资、奖金、退休金、红利、租金、赠给性收入等，但由于受通货膨胀、风险储备、个人税负因素的影响，实际收入经常低于货币收入。实际收入只是货币收入扣除通货膨胀、风险储备、税收因素影响后的收入。可能成为市场购买力的消费者收入，还有“可支配的个人收入”与“可随意支配的个人收入”之分。前者是指货币收入扣除消费者个人各项税款（所得税、遗产税等），以及交给政府的非商业性开支（学费、罚款等）后可用于个人消费、储蓄的那部分个人收入，这是影响消费者购买力和消费者支出的决定性因素；后者则是指再扣除消费者个人基本生活用品支出（食物、衣服等）和固定支出（房租、保险费、分期付款、抵押借款等）后的那部分个人收入。因此，企业市场营销人员必须注意经常分析消费者收入的变动状况，以及消费者对其收入的分配情况。一般情况下，可随意支配的个人收入主要用于对奢侈品的需求。

经济环境上，我国是个发展中的国家，经过 30 年的改革开放，人民生活水平才有所提高，生产力才有所改善。当生存的基本保障有了以后，人们才考虑购买汽车这样昂贵的产品。另外，我国经济发展很不均衡，东部沿海的经济很好，西部和北部的经济相对落后，这都是现实存在的购买力差异。汽车厂商在制定销售指标时，会根据地区的实际情况和经验制定比较符合实际销售的指标，因为他们都十分熟悉当地的经济状况，例如，尽管都是地区级城市，北方的一个地级市可能不如南方的一个富裕的大镇有购买力，这是现实存在的问题。经济总量有天壤之别。

2. 消费者储蓄与信贷状况

在消费者实际收入为既定的前提下，其购买力的大小还要受储蓄与信贷的直接影响。从动态的观点来看，消费者储蓄是一种潜在的未来的购买力。在现代市场经济中，消费者的储蓄形式有银行存款、债券、股票、不动产等，它往往被视为现代家庭的“流动资产”，因为它们大都可以随时转化为现实的购买力。在正常状况下，居民储蓄同国民收入成正比变动，但在超过一定限度的通货膨胀的情况下，消费者储蓄向实际购买力的转变就极易成为现实。消费者信贷是指消费者以个人信用为保证先取得商品的使用权，然后分期归还贷款的商品购买行为。它广泛存在于西方发达国家，是影响消费者购买力和消费支出的另一个重要因素。在西方国家，消费者信贷主要有四种形式：日常用品的短期赊销、购买住宅时的分期付款、购买耐用消费品时的分期计息贷款及日益普及的信用卡信贷。因此，研究消费者信贷状况与了解消费者储蓄状况一样，都是现代企业市场营销的重要环节。

3. 消费者支出模式的变化

所谓消费者支出模式，其内容是指消费者收入变动与需求结构变动之间的关系。其变化状况主要受恩格尔定律的支配，即随着家庭收入的增加，用于购买食物的支出比例将下降，用于住宅家务的支出比例将大体不变，用于服装、交通、娱乐、保健、教育及储蓄等方面的支出比例将大大上升。除此之外，消费者支出模式变化还要受另外两个因素的影响：一个是家庭生命周期，另一个则是消费者家庭所处的地点。显然，同样的年轻人，没有孩子的家庭与普通家庭的消费方式差异较大。家庭所处的位置也会构成家庭支出结构的差异，居住在农村与居住在城市的家庭，其各自用于住宅、交通以及食品等方面的支出情况也必然不同。从经济学的角度来看，居民收入、生活费用、利率、储蓄和借贷形式都是经济发展中的主要变量，它们直接影响着市场运行的具体情况。因此，注意研究消费者支出模式的变动走势，对于企业市场营销来说，具有重大意义，它不仅有助于企业未来时期内避免经营上的被动，还有助于企业制定适当的发展战略。

案 例

掌握市场发展动向的金龙联合客车公司获得成功

厦门金龙联合客车公司是我国知名的客车企业。当初，市场上缺少高档次的豪华后置发动机的客车，于是，国内几个知名车企联合投资了该厂，他们经过分析认为，高速公路的发展一定需要高档次客车，于是就开发、生产后置发动机高档次客车。可是，生产出来后却销售不力，第一年没有卖上几辆，因为该车价格高，而国家给运输部门定的票价是根据普通车定的，所以购买后因为不能按照高等级车定价，车主当然不愿意购买。当时我国高速公路的发展已经很好了，但是，跑在上面的仍然是那种前置发动机的客车，是用普通的卡车底盘改造的，舒适性差。而且，大部分也没有空调，又不是空气悬挂。金龙开始没有想到有这样艰难的销售结果，但是他们坚信，这种豪华客车在中国是有很大的市场空间的。后来，交通部颁布了一个条例，将豪华客车按照车辆配置的硬件条件进行了分类（就是有后置发动机、空调、ABS、空气悬挂等），分为高一级、高二级和高三级，上高速公路的客车必须是高一级以上。该条例颁布后，国家当时能生产这种车的厂仅有厦门金龙联合公司一家，于是该厂的订单源源不断，仅仅几年的时间，该厂就壮大起来，后来经过持续几年的大发展，现在，该厂已成为国家制造豪华客车的最大厂家之一，产品出口到世界很多国家。直至今日，该厂产品仍然十分畅销。国家同时规定，高等级客车在公路上运行每三年降低一个等级，就是说，高一级的车三年后不允许上高速公路，这个持续的购买力是很大的，车辆在运行一定时间后，要持续更新，所以该厂的订单一直很多。因为豪华客车的进入门槛高，同时该厂在有了资金后在国内外聘请了大批高级技术人员，使得开发速度和设计水平在国内都是一流，因此产品在市场上占有绝对优势。

2.2.3 自然环境

自然环境是指影响社会生产的自然因素，主要包括自然资源和生态环境。

从自然环境上看，我国幅员辽阔，东西长5200千米，南北长5500千米，人们要想出行，需要行驶几天才能从一端到另一端。如从山东威海到新疆西部，从黑龙江的同江到海南的三亚。但是另一方面，我国的人均资源占有量相当低。因此，对生产汽车这种耗能高的工业品来说，要一分为二地看待。

同时，我国历史悠久的古城比较多，城市道路大规模地改善是经济条件所不允许的，这就造成交通堵塞严重，所以，解决城市交通的基本手段是公共交通这一原则不会变，事实也证明靠公共交通解决出行效果最显著。

2.2.4 人口环境

人口环境是指一个国家和地区的人口数量、人口质量、家庭结构、人口年龄分布及地域分布等因素的现状及其变化趋势。

人口环境对企业的市场需求规模、产品的品种结构、档次，以及用户购买行为等市场特征具有决定性影响。例如，供老年人使用的汽车就应在安全、方便、舒适等方面满足老年人的需求，而不必过于强调汽车的最高车速、扭矩和设计上的标新立异。同时，老年人口的增多，也意味着适合老年人消费的汽车市场规模将会扩大。

汽车市场营销人员在分析研究人口环境时，应当注重区别人口环境对国际、国内两个汽车市场的不同影响。如对西方发达国家而言，由于汽车尤其是轿车已经作为耐用消费品广泛地进入家庭，对于这样的汽车市场，营销人员就应更加重视研究目标市场的人口环境特点，以便展开正确的营销活动；对国内汽车市场而言，由于汽车尚未广泛地进入家庭，营销人员在进行家用轿车市场的人口环境分析时，应着重分析高收入阶层的人口数量、职业特点、地理分布等因素的现状及其发展变化。

同时，营销人员还必须注意到我国人口众多，是世界人口超级大国，随着生活水平的日益提高，汽车特别是轿车作为耐用消费品正广泛地进入中国家庭，人们对交通的需要迅速增加的事实，维持如此庞大的人群出行是需要很大的交通量的，当然也会消耗很多能量。因而，汽车企业应加强对我国人口环境因素具体特点的研究，充分做好各项营销准备，以抓住不断增加的营销机会。

2.2.5　社会文化环境

社会文化环境是指一个国家、地区或民族的传统文化（如风俗习惯、伦理道德观念、价值取向等）。它包括核心文化和亚文化。核心文化是人们持久不变的核心信仰和价值观，它具有世代相传，并由社会机构（如学校、教会、社团等组织）予以强化和不易改变等特点。亚文化是指按民族、经济、年龄、职业、性别、地理、受教育程度等因素划分的特定群体所具有的文化现象，它根植于核心文化，但比核心文化容易改变。

社会文化环境对汽车营销的影响包括：它影响着人们的行为（包括购买行为），对企业不同的营销活动（如产品设计、造型、颜色、广告、品牌等）具有不同的接受程度。例如，某些性能先进、国际流行款式、深受外国人喜爱的“溜背式”轿车，在推向中国市场时却遇到了销售不畅的麻烦，其原因就在于中国的集团消费者认为它“不气派”，生意人认为其“有头无尾”（不吉祥）。结婚者认为其“断后”（断“香火”）等。总之，这种车型被认为“不符合国情”，使得有很多企业必须更改在国际市场十分畅销的设计来适应中国市场的需要，这就是用户就是上帝的真正体现。否则用户不可能从口袋里把钱掏给你。在中国，官车一般是黑色的，大排量的车一般也是黑色的，这是不成文的规矩。过去劳斯莱斯公司的车不够级别的人他们是不卖给你黑色车的，他们把它看成是贵族身份的象征，但是，为了适应客户的需求，如今的劳斯莱斯也在不断地改变自己。因为历史告诉它们，只为几个贵族服务，那样的结局就是灭亡，劳斯莱斯的易主就是个证明。

案　例

狮子和霸道

中国汽车市场曾发生过一则涉及汽车的政治事件，这就是大家熟知的“狮子和霸道”广告事件。这一事件后来被汽车界评价为危机公关处理的典型成功案例。整个事件的发生着实让事件的主人公一汽丰田胆战心惊。

事情起源于厂家刊登的一则广告，其主体内容是为了配合两款SUV车型（陆地巡洋舰和霸道）的上市销售，在报纸上有人看到了如下内容的广告：两只石狮子蹲在路边，其中一只伸出爪子向迎面驶来的霸道车做招手致礼状。画面一旁写着：“霸道，你不得不尊敬。”另外一幅广告画是一辆强悍的丰田陆地巡洋舰拖着另一辆军绿色的载货车。首先，在中国的传统文化中，狮子常常被作为中华民族的象征，特别是敏感的卢沟桥上有狮子，作为中国人都知道其蕴含的深层次意义，在中国人的印象中狮子的威严是不可动摇的，象征着中国人民的威严和尊重。而另一张广告画就更加让人觉得可气，绿色的载货车在我国常常是指军车，被丰田的陆地巡洋舰拖着走，很失尊严。结果这次广告策划引起了中国公众的极强烈的反感，在互联网上也是帖子不断，都是抨击之语。媒体争相报道此事，就连工商部门也表示关注。对此，一汽丰田马上做出了反应，成功化解了危机。具体采取了如下的措施：其一，面对全国经销商，紧急公布撤下印有此则广告的宣传物，并且要求各地经销商及时反馈各地事态的进展。其二，紧急对应媒体，丰田汽车的中国总代表部也参加了媒体恳谈会。时任合资汽车厂家的一汽丰田总经理的古谷俊男代表厂家公开向媒体和公众道歉。其三，马上停止广告投放，并在全国多家媒体上刊登致歉信，以缓解民愤。

这一事件的发生，在中国汽车产业发展的历程中，留下了一则生动的教案。它清楚地告诫所有的汽车厂家，在发展汽车经济的同时，必须充分地了解中国的国情，避免陷入被动。尤其是日本汽车企业，在处理商品设计、市场推广、公共关系、劳资关系等方面要懂得历史、文化和中国人民的情感，否则，再好的产品中国人民也不买账。

从此次事件中可以看到日本企业对中国社会文化环境的不了解，也看到了他们的公关水平和速度是相当高的、快的。企业要想健康地生存和发展，最好避免出现诸类问题，如果不幸遇到的话，应尽快全面出动，在最短时间内，最大化地缩小事件带来的负面影响。

案　例

两厢车的市场变迁

东风和雪铁龙的合资公司神龙公司是中国最早的三家生产小汽车的公司之一，当时投产的是两厢富康车。富康车是属于“老三样”产品，但是，在当时一直没有达到桑塔纳和捷达的辉煌销售量，究其原因，就是当时的中国人对两厢车不喜欢，觉得三厢车才是正统的“轿车”，而两厢车不是。富康因为“两厢”而影响了其销售量，造成销售不力。所以，富康车后来又生产了三厢车弥补当时产品线的不足。当中国人的消费观念逐渐成熟的时候，发现两厢车同样有优良的性能和质量，于是改变了对两厢车的错误认识，如今在大街上可以看到大量的两厢车，而且在中小型车里，两厢车逐渐占据主流位置，比例在逐步加大。

案　例

“Cricket”和“Avengex”

美国一家汽车公司生产了一种牌子叫“Cricket”（奎克脱）的小型汽车，这种汽车在美国很畅销，但在英国却不受欢迎。其原因就在于语言文字上的差异。“Cricket”一词有蟋蟀、板球的意思（美国人喜欢打板球），所以一提到“Cricket”就想到了蟋蟀，汽车牌子叫“Cricket”，意思是其个头小、跑得快，所以很受欢迎。但在英国，人们不喜欢玩板球，所以一说“Cricket”

就认为是板球。后来，美国公司把其在英国的产品改名为“Avengex”，意思是复仇者。因为这个名称说明它很有力量，结果很受欢迎，销量大增。

2.2.6 科技环境

科技环境是指一个国家和地区整体科技水平的现状及其变化。科学与技术的发展对一个国家的经济发展具有非常重要的作用。科技环境对市场营销的影响如下。

（1）科技进步促进综合实力的增强，国民购买能力的提高给企业带来更多的营销机会。

（2）科学技术在汽车生产中的应用，改善了产品的性能，降低了产品的成本，使得汽车产品的市场竞争能力提高。而今，世界各大汽车公司为了满足日益明显的差异需求，汽车生产的柔性多品种乃至大批量定制现象日益明显，这都是现代组装自动化、柔性加工、计算机网络技术发展和应用的结果。再从汽车产品看，汽车在科技进步的作用下，已经经历了原始、初级和完善提高等几个发展阶段，汽车产品在性能、质量和外观设计等方面获得了长足的进步。

（3）科技进步促进了汽车企业市场营销手段的现代化，推动了市场营销手段和营销方式的变革，极大地提高了汽车企业的市场营销能力。企业市场营销信息系统、营销环境监测系统，以及预警系统等手段的应用，提高了汽车企业把握市场变化的能力；现代设计技术、测试技术及试验技术，加快了汽车新产品开发的步伐；现代通信技术、办公自动化技术，提高了企业市场营销的工作效率和效果等。

当今世界汽车市场的竞争日趋激烈，各大汽车公司十分注重高新技术的研究和应用，以赢得未来市场竞争的主动。相对世界汽车工业而言，我国汽车工业科技水平的落后状况非常明显和突出，科技进步的潜力十分巨大。我国汽车企业应不断地加大科技投入、加强科技研究，尽快缩小同世界汽车工业先进水平的差距，以谋求更多的营销机会。

2.3 汽车市场营销微观环境分析

汽车企业不仅要重视汽车市场营销宏观环境的变化，而且要了解汽车市场营销活动的所有微观环境因素，这些变化因素影响了汽车市场营销目标的实现。在宏观环境上，所有企业面临的是相同的环境因素，企业只有适应变化而不能改变。而微观环境是企业能够影响的，是企业自己经营水平的集中体现。因此，一个汽车企业能否成功地开展市场营销活动，不仅取决于能否适应宏观环境的变化，还取决于能否适应和影响微观环境的变化。

微观环境是指与汽车企业关系密切能够影响汽车企业服务客户能力的各种因素，它包括汽车企业内部环境、供应商、营销中介、客户、竞争者和公众等。这些因素构成汽车企业的价值传递系统。汽车市场营销活动的业绩，是建立在整个价值传递系统运行效率的基础之上的。

2.3.1 汽车企业内部环境

汽车企业内部环境是指汽车企业的经济实力、资产经营能力、企业文化、企业的应变能力等因素。

1．汽车企业的经济实力

经济实力是支撑企业市场营销成功的物质基础，它往往以企业规模、生产能力和市场占有率等显性特征表现出来。

在我国，上海汽车工业集团有两家合资企业：上海大众汽车和上海通用汽车，还有全资子公司的上海汽车，最近又将南京汽车整体控制在集团之下，这是产业发展的结果。一汽集团也有两家合资企业：一汽大众和一汽丰田，有全资子公司一汽轿车生产奔腾系列，又控股了天津汽车、四川汽车。这都是大集团经济实力强的表现，也是自由竞争的结果。因为随着形势的发展，企业必须走联合的路子，企业规模小、技术研发能力弱，分摊到每一辆车的研发成本就高，没有一定的销售量就没有规模效益。从世界汽车工业的发展来看，汽车公司的数量将会越来越少，规模将越来越大。如美国的吉普公司就归到了克莱斯勒名下，我国的南京汽车就归到了上海汽车集团名下，天津汽车归到了一汽集团名下，这都是历史发展的必然，也是企业经济实力的体现。当然，从最近几年的发展来看，市场竞争更加激烈，合并是必然的趋势，最后剩下的是那些经济实力强的屈指可数的几家大公司。从现在的发展势头看，日本和欧洲的汽车企业有较强的发展实力，韩国的汽车企业也有较强的生命力，而美国的汽车板块生存的危机越来越大。

2．汽车企业的资产经营能力

世界各大汽车公司的经营者们，无一不是资本或资产运营的高手。他们或者通过控股来取得其他汽车企业的所有权，或者通过参股来取得其他汽车公司的经营权。总之，都是通过对其可支配资本或资产的经营，来求得经济效益的最大化。如美国福特和日本马自达的控股，三菱和克莱斯勒的控股，日产和雷诺的联合等都是在强强联合。在我国，这种资本或资产经营的理论和实践都还处于相对滞后的阶段。上海汽车、一汽集团和东风汽车也都陆续上市进行了资本运作（如一汽系统的一汽四环、一汽轿车等都是上市公司），比亚迪控股西安秦川等也是资本运作，还有潍柴间接控股陕汽都是资本经营的例子。

3．汽车企业的企业文化

在市场经济体制下，各个企业是真正意义上的独立实体。面对激烈的市场竞争，企业要想生存和发展，就不得不更加依托一种精神力量，这就是企业文化。所谓企业文化，就是企业这一独立的经济实体以在长期的生产经营过程中逐步生成和发育起来的企业哲学、企业精神为指导、为核心的共同价值准则、行为规范、道德规范、生活信念和企业的风俗、习惯、传统等，以及在此基础上生成、强化起来的共同的经营指导思想、经营意识等。

企业文化一般可表现为三种形态：一是以人（人的观念、精神）为载体的精神文化；二是以企业各种制度为载体的制度文化；三是以企业生产资料、产品（商品）、各种硬件设施等为载体的物质文化。那些保持持久生命力的企业靠的是文化而不是能人，这在企业发展的历史中可以看到，那些百年老店的发展就证明了这一点。

企业文化可以使企业有秩序的营销管理更加完善，使不善的管理得以弥补和改善。许多企业良好的经营业绩都表明，谁拥有文化优势，谁就可以获得更大的竞争优势、效益优势和发展优势。所以说企业文化对企业的市场营销有着重要影响，企业应当重视文化建设。

2.3.2　供应商

供应商，指向企业提供生产经营所需资源（如设备、能源、原材料、配套件等）的组织或个人。

供应商的供应能力包括供应成本的高低（由原材料价格变化所引起）、供应的及时性（由供应短缺或延迟、工人罢工所引起），是营销部门需要关注的。这些因素短期将影响销售的数额，长期将影响客户的满意度。

我国的奇瑞汽车在生产过程中就遇到了供应商的问题。在上海地区，上海大众汽车公司拥有一套完整的小汽车零配件配套体系，而奇瑞汽车公司在进入汽车行业后，因为没有自己的零部件配套体系，所以不得不购买高价的上海大众配套体系的零部件，最后无奈的奇瑞汽车公司只好进入了上海汽车集团，才享受到了零部件的配套价格，才能正式生产。这就是供应商的作用，没有供应商是不行的。据统计，现在汽车厂自己生产的比重只占整车价值的25%，其余全是购买的零部件。我国也有汽车厂不惜一切重金招募配套人才的事例，为了降低采购成本招聘懂得市场行情的人才是十分必要的。

一般的原则是，一个零件至少要有两家以上的供应商，因为一是可以保持他们的竞争地位，二是当一方发生不可预测的事件时，可以不影响生产。因此，要避免过度依靠一家，当然也不要拖欠供应商的货款。既与供应商保持大体稳定的协作关系，又让供应商之间形成竞争，从而使本企业的汽车产品达到质量与成本的相对统一。日本企业之所以能做到从零库存到患难与共，与其妥善处理与供应商的关系是分不开的。

对汽车企业的市场营销而言，企业的零部件（配套协作件）供应商尤为重要。汽车企业不仅要选择和规划好自己的零部件供应商，还应从维护本企业市场营销的长远利益出发配合国家有关部门对汽车零部件工业和相关工业的发展施加积极影响，促其发展，以改变目前我国汽车零部件工业和相关产业发展相对滞后的状况，满足本企业生产经营及未来发展的配套要求。总的对于配套商的原则是，共同发展，共同进步，实现“双赢”。

现代企业管理理论非常强调供应链管理，汽车生产企业应认真规划自己的供应链体系，将供应商视为战略伙伴，不要过分牺牲供应商的利益，而应按照“双赢”的原则实现共同发展。

案　例

供应商对企业的重要影响

很长一段时间，通用公司只有其德国子公司欧宝公司盈利。该公司盈利的原因就在于其供应部最高经理罗佩茨先生的采购才能，使得欧宝公司从价格低廉的配套零部件中受益。大众汽车公司为摆脱不景气局面，不惜重金将罗佩茨挖走，任命其担任供应董事，希望借此扭转大众公司的亏损状况。就连大众公司董事长也说：“就大众公司而言，罗佩茨的重要性比我还高。”罗佩茨的“跳槽”虽因涉嫌窃取了通用公司的商业秘密（在其加入大众公司的前一周尚参加了通用公司高层关于产品规划的会议），而在世界上引起了一阵轩然大波，但此例的确说明了生产供应者对企业市场营销（经济效益）的重要性。

2.3.3 营销中介

营销中介是指协助汽车企业从事市场营销的组织或个人，包括中间商、实体分配公司、营销服务机构和财务中间机构等。中间商是销售渠道公司，能帮助企业找到客户或把产品卖出去。

中间商包括批发商和零售商。寻找合适的中间商并与之进行有效的合作并不是一件容易的事。随着市场的发展，制造商不能再像从前那样从很多独立的小型经销商中任意挑选，而必须面对具备一定规模并不断发展的销售机构。这些机构往往有足够的力量操纵交易条件，甚至将某个制造商拒之门外。

实体分配公司帮助企业在原产地至目的地之间存储和移送商品。在与仓库、运输公司打交道的过程中，企业必须综合考虑成本、运输方式、速度及安全性等因素，从而决定运输和存储商品的最佳方式。

营销服务公司包括市场调查公司、广告公司、传媒机构、营销咨询机构，它们帮助公司正确定位和促销产品。由于这些公司在资质、服务及价格方面区别较大，所以，公司在作选择时必须认真。

2.3.4 客户

客户是企业产品销售的市场，是企业赖以生存和发展的“衣食父母”。企业市场营销的起点和终点都是满足客户的需要。汽车企业必须充分研究各种汽车用户的需要及其变化。

一般来说，客户市场可分为五类：消费者市场、企业市场、经销商市场、政府市场和国际市场。消费者市场由个人和家庭组成，他们仅为自身消费而购买商品和服务。企业市场购买商品和服务是为了深加工或在生产过程中使用。经销商市场购买产品和服务是为了转卖，以获取利润。政府市场由政府机构组成，购买产品和服务用以服务公众，或作为救济物资发放。最后是国际市场，由其他国家的购买者组成。每个市场都有各自的特点，销售人员需要对此做出仔细分析。

2.3.5 竞争者

汽车市场营销微观环境中的重要因素之一是竞争者。企业的竞争者包括愿望竞争者、平行竞争者、产品形式竞争者和品牌竞争者。

愿望竞争者指提供不同产品以满足不同需求的竞争者。例如，消费者要选择一种一万元左右的消费品，他面临的选择就可能有计算机、电视机、摄像机等，这时，这些产品及其生产者之间就存在竞争关系。对汽车制造商来说，生产各类大件耐用消费品的厂家就是愿望竞争者。如何促使消费者首先购买汽车，而不是其他产品，这就是一种竞争关系。

平行竞争者指提供能够满足同一种需求的不同产品的竞争者。例如，自行车、摩托车、小轿车都可以作为家庭交通工具，这三种产品的生产经营者之间必定存在着一种竞争关系，它们也就相互成为各自的平行竞争者。

产品形式竞争者指同生产汽车，但提供不同级别、款式、性能的汽车产品的竞争者。例如，轿车有微型轿车、普通轿车、中级轿车、中高级轿车和高级轿车之分，这些就是产品形式竞争者。

品牌竞争者指生产汽车类同，但品牌不同的竞争者。例如，在目前中国的中级轿车市场中，生产帕萨特轿车的上海大众与生产雅阁轿车的广州本田应该说就是互为品牌竞争者。

在我国汽车市场最近激烈的竞争中各个大厂都有全系列产品，如表 2-1 所示是主流厂家的主要车型排量对比。

表 2-1　主流厂家主要的车型排量 V 对比

厂家 \ 车型	SUV 型 2.0 以上	SUV 型 1.5～2.0	$2.0\leqslant V<3.0$	$1.5\leqslant V<2.0$	$1.0\leqslant V<1.5$	$V\geqslant1.0$
一汽大众			迈腾、速腾	宝来、捷达		
上海大众		途锐	帕萨特	帕萨特、桑塔纳 3000、桑塔纳、斯柯达、菠萝	保罗	
一汽丰田	汉兰达、霸道		皇冠	花冠	威驰	
广汽丰田			凯美瑞	卡罗拉	雅力士	
上海通用	帝威、卡帕奇	卡帕奇	凯迪拉克、君威克、君越、景程	凯越	乐驰、乐骋、乐风	乐驰
广州本田		雅阁	雅阁		飞度	
东风本田		CRV		思域		
北京现代	圣达菲	圣达菲	索纳塔	伊兰特	赛拉图	
东风日产	帕拉丁	帕拉丁	蓝鸟、天籁	轩逸、蓝鸟、阳光、骐达、颐达	骊威	
东风标致			标致 307、凯旋	标致 206、凯旋	雪铁龙 C3	
北京奔驰			C200			
华晨宝马			宝马 320、530	宝马 130		
上海汽车			荣威 750	荣威 750	荣威 550	
一汽轿车				奔腾		
长安福特			致胜、沃尔沃	致胜、沃尔沃、福克斯	嘉年华	
东南汽车				菱帅		
奇瑞		瑞虎	东方之子	A5、旗云	A3、QQ	QQ
吉利				金刚	优利欧	

可以看出在 1.5～2.0 档次上各个厂家的产品类型比较多，竞争比较激烈。

在汽车行业的竞争中，卖方密度、产品差异、市场进入难度是三个特别需要重视的方面。卖方密度是指同一区域市场中同一级别（或品牌）汽车经销商的数目。该数目的多少，在市场需求量相对稳定时，直接影响到某一级别（或品牌）汽车的市场份额的大小和竞争激烈的程度。如当某一品牌的销售量超过一定数量时，厂家要求再设立一家经销商，这个数量事实上对于经销商来讲很重要，直接决定它的盈利水平。产品差异是指不同级别（或品牌）汽车性能等的差异程度。这种不同汽车之间的差别，实际上也存在着一种竞争关系。如飞度和雅力士就是直接的竞争对手，如果它们的性能差别很小的话，那么，竞争的关键就是价格了，如果差别大的话，竞争程度相对会轻些。市场进入难度是指某个新汽车企业在试图加入汽车行业时所遇到的困难程度。如新加坡和越南都对外国汽车的进入设置了不少障碍，要进入这些市场特别困难。

案　例

中国两家大的重卡厂在制定营销政策时的争斗

在我国有两家较大的卡车厂，他们的产品同质度非常高，产品基本类似，在每年年末的时候，都要制定下一年的营销政策，主要包括价格、返利、服务三方面的条款。为了自己的政策比对方优越，比对方更能吸引客户，他们都想等对方制定了销售政策后再制定自己的销售政策。所以每年的年终大会一再推迟召开的时间。当他们有一方实在等不了对方时，就先制定一个销售政策，等对方出台相关政策后再更改或调整自己的销售政策。这些竞争者之间为了销售费尽心思、想尽办法。

2.3.6　公众

公众是指对企业的营销活动有实际的潜在利害关系和影响力的一切团体和个人，一般包括融资机构、新闻媒介、政府机关、协会、社团组织及一般公众等。

公众对企业市场营销的活动规范、对企业及其产品的信念等有实质性影响。如融资机构影响一个公司获得资金的能力，新闻媒介对消费者具有导向作用，政府机关决定有关政策的动态，一般公众的态度影响消费者对产品的信念等。现代市场营销理论要求企业必须采取有效措施与公众保持良好的关系、树立企业的良好形象。

本章小结

本章从汽车市场营销环境的概念入手，阐述了汽车市场营销环境的特点及其对汽车企业的营销。汽车市场营销环境可以分为宏观环境和微观环境。宏观环境主要有政治法律、经济、自然、人口、社会文化及科技等环境因素；微观环境主要有企业内部环境、供应商、营销中介、客户、竞争者和公众等环境因素。汽车企业必须研究营销环境，以寻找机遇，规避威胁。

思考题

1. 为什么要进行企业营销环境分析？
2. 如何分析企业的营销宏观环境？它由哪些要素组成？
3. 如何分析企业的营销微观环境？它由哪些要素组成？

实践训练

通过收集资料，分析在我国汽车的发展过程中，消费者的收入水平对汽车企业汽车营销的影响。

第 3 章

汽车市场分析

【本章重点】

- 汽车市场调研的概念、步骤和方法
- 汽车市场预测的概念、步骤和方法
- 汽车市场细分的依据
- 汽车市场定位的指标及战略选择

【本章难点】

- 怎样进行市场细分
- 目标市场及其营销策略的选择

我国汽车工业正处于迅速发展时期，从近 10 年的汽车销售量可以看出，呈现出市场需求大，市场上推出的新车型多，市场竞争日趋激烈，潜在客户中持币待购者众多，消费者日趋成熟，对车型的挑剔十分严格等特点。为此汽车企业必须进行市场分析，对市场的现状、今后的走向进行调查，用以指导本企业产品开发和生产，达到适应市场、服务于消费者及企业发展的目的。

3.1 汽车市场调研

3.1.1 汽车市场调研概述

为了获得利润，就必须研究客户的需求，而调研是研究客户需求最直接的手段，得到了客户的需求信息，再利用本公司的能力去实施，这就能够产出适合客户需要的产品从而获得利润。在这一点上做得最好的是日本公司，日本丰田为了开发适合中国人习惯的威驰汽车，该车的总设计师市桥保彦 23 次专程来中国，与工人、农民、知识分子等交朋友，研究他们的生活习惯，调查中国道路情况、分析车流密度，来改善在欧洲效能极佳的悬挂系统（原车叫雅力士），根据中国人的身体数据来重新设计座椅及内部布局，这都是市桥保彦令人尊敬的严谨的造车态度，最后他终于设计出几乎完美的产品威驰汽车。而不同于日本的是，欧美的厂商就不那么重视客户的需求，如大众经常有新产品问世，但是有很多是吃“细粮”的，如缸内直喷技术，要求燃油要有很高的水平，对燃油的质量要求超过了中国市场的供应能力的水平，大家知道我们国家的燃油事实上是国家控制的，这样的产品来到我们国家之后问题就比较明显了，不能保证在国外那样水平的可靠性。如燃油系统经常堵塞，那么就要常去清洗喷油嘴，势必造成增加客户使用的成本，这就是对市场研究不彻底或轻视了客户的需求与实际条件，这样的高技术还不如普通技术。日本汽车来到中国的都是根据实际情况进行了改动，使之适合中国的道路条件，如底盘加高（因为我们国家的道路条件不如日本和欧美，如果底盘低就会经常发生碰撞底盘的事故，将会损坏变速器、排烟管、制动管等部件）。

所谓的市场调研是指为了提高产品的销售决策质量、解决存在于产品销售中的问题或寻找机会等而系统地、客观地识别、收集、分析和传播营销信息的工作。

3.1.2 汽车市场调研的内容

一般来讲，汽车企业进行市场调研的内容主要包括以下几方面。

1. 汽车市场环境调查（见表 3-1）

表 3-1 汽车市场环境调查

环境调查要素	说　明
政治法律环境	（1）对政府有关汽车方面的方针、政策和各种法令、条例等可能影响本汽销企业的诸因素的调查。如汽车价格政策、汽车税收政策等； （2）调查有关部门及其领导人、关键人的情况。如公司开辟市场要打交道的政府职能部门和单位，通过调查找出各部门各单位的关键人员
经济环境	（1）国家、地区或城市的经济特性，包括经济发展规模、趋势、速度和效益； （2）所在地区的经济结构、人口及其就业状况、交通条件、基础设施情况、同类行业竞争的情况； （3）一般利率水平，获取贷款的可能性及预期的通货膨胀率； （4）国民经济产业结构和主导产业； （5）居民收入水平、消费结构和消费水平； （6）与特定汽车类型相关因素的调查
科技环境	对国际国内新技术、新车型的发展速度、变化趋势、应用和推广等情况进行调查
社会文化环境	（1）了解一个社会的文化、风气、时尚、爱好、习俗、宗教等； （2）调查当地人的文化水平； （3）调查民族特点及情况； （4）调查风俗习惯

2. 汽车市场需求调查（见表 3-2）

表 3-2 汽车市场需求调查

需求调查要素	说　明
市场容量调查	主要是指现有和潜在人口变化、收入水平、生活水平、本汽销企业的市场占有率、购买力投向、顾客对某类汽车的总需求量及其饱和点、汽车市场需求发展趋势。调查内容包括：顾客区域人口状况调查；顾客区域收入状况调查
汽车市场需求影响因素调查	如国家关于国民经济结构和汽车产业结构的调整和变化；顾客的构成、分布及消费需求的层次状况；顾客现实需求和潜在需求的情况；顾客的收入变化及其购买能力与投向
购车动机调查	如顾客的购车意向，影响顾客购车动机的因素，顾客购车动机的类型等
购车行为调查	调查各阶层的购车欲望、购车动机、购车习惯、购车爱好、购买地点、品牌偏好等情况，以及顾客对本汽销企业和其他提供同类车辆的汽销企业的欢迎程度。如不同顾客的不同购买行为，顾客的购买模式，影响顾客购买行为的社会因素及心理因素等

3. 汽车产品调查

主要包括对汽车新产品设计、开发和试销，对现有汽车产品进行改良，对目标顾客在产品款式、性能、质量、包装等方面的偏好趋势进行预测。定价是产品销售的必要因素，需要对供求形势及影响价格的其他因素变化趋势进行调查。

4. 汽车市场竞争对手调查（见表 3-3）

表 3-3　汽车市场竞争对手调查

竞争情况调查要素	说　明
竞争者的确认	有没有直接或间接的竞争对手？有哪些？ 竞争对手主要是指经营同类车辆，并以同一地区为经营地域的汽销企业。同时，与经营替代车型的汽销企业也是一种竞争关系
竞争者基本情况调查	（1）竞争对手的所在地和活动范围； （2）竞争对手的经营规模和资金状况； （3）竞争对手经营的车辆品种、价格、服务方式及在顾客中的声誉和形象； （4）竞争对手新车型的经营情况； （5）竞争对手的销售渠道； （6）竞争对手的手段和策略； （7）现有竞争程度（市场占有率等）、范围和方式； （8）潜在的竞争对手状况
竞争者的实力	按照竞争者力量的对比，可分为强力竞争和弱力竞争。前者对汽销企业构成较大威胁；后者暂不构成威胁，但也有做大的可能
竞争者的优劣势	竞争者经营管理的优劣势、代理的车型与品牌优劣势、网点、服务优缺点调查 竞争者的优势在哪里？不足在哪里？ 竞争对手的组织结构或领导机制如何？
竞争者的营销策略	包括竞争者的营销方式与策略、品牌与服务、价格、广告与促销、分销等策略的现状、应用及效果等

5. 汽车企业自身营销组合要素调查（见图 3.1）

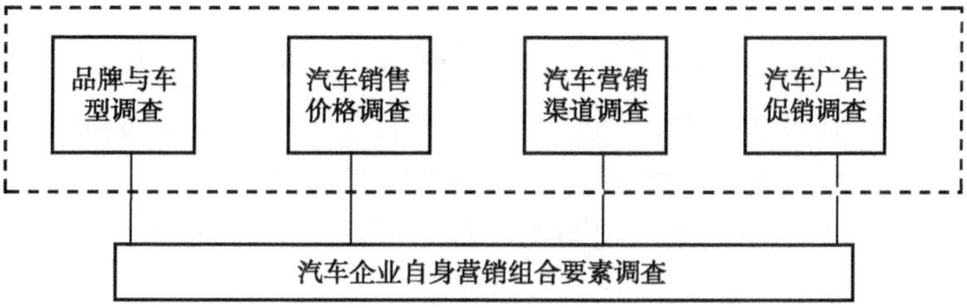

图 3.1　汽车企业自身营销组合要素调查

3.1.3　汽车市场调研的步骤

市场调研一般可分为调研准备、调研实施和调研总结三个阶段，主要步骤如下。

1. 初步情况分析

营销调研的第一步工作就是分析初步情况，明确调研目标，确定指导思想，限定调查的问题范围。企业市场营销涉及的范围很广，每次调研活动都不可能面面俱到，而只能就企业经营活动的部分内容展开调研。例如，调研的目的是企业制定市场营销的战略规划，还是改进企业市场营销的活动效果等。如果调研的目标和指导思想不明确，调研肯定是盲目的，调研效果就会欠佳。调研目标一般应由企业营销综合职能部门提出，主管领导批准。调研目的和指导思想一经确立，调研工作小组在以后的调研活动中应始终围绕调研的总体目标和指导思想开展工作。

2．成立调研工作小组

为了使调研工作有计划、有组织地进行，成立调研工作小组（或课题研究小组）是必要的。如果调研活动规模较大，所需工作人员较多，涉及跨部门，甚至跨企业、跨行业的合作，为保证调研活动取得有关方面的支持，还必须成立调研领导小组。调研工作小组的职能就是具体完成调研工作，其组成人员包括企业的市场营销、规划（或计划）、技术研究、经营管理、财务或投资等多方面的人才，这些人员的来源既可能是企业内部，也可能是企业以外的单位或组织（诸如相应的研究机构等）。而领导小组成员一般包括工作小组组长（课题负责人）及主要参加部门的相应负责人。

3．制订调研方案和调研程序

这是着手调研的第一步。调研小组应根据调研的总体目标进行目标分解，做好系统设计，制订调研方案，确立调研方法与形式，并制订工作计划与阶段目标。

4．拟订调研题目

制定调查表格。调研目标是通过一个个问题展开的，表格是调查的形式和工具。可以说调查题目选得好坏，直接关系到调研目标是否能达到。拟订问题的水平反映了调查小组的工作水平及调查结果的水平。因此，拟订好调研题目非常重要。为此，调查者在拟订题目和编制调查表格时应做到以下几点。

（1）尽量减轻被调查者的负担。凡是那些与调查目的关系不大或可隐含得到答案的问题均可省去，那些让被调查者需要反复回忆、计算或查找资料方能回答的问题也应避免。否则，被调查者可能会对调查置之不理。

（2）问题要具体，用语要准确，让被调查者选择的主要答案应尽量完备。

（3）调查题目不应具有诱导性，不应让被调查者受工作人员态度倾向的影响。

（4）问题必须是被调查者有能力回答和愿意回答的问题。

（5）问题应简单明了，并注意问题间的逻辑顺序，同一方面的多个问题应连续列出，符合人们的一般思维过程。

（6）问题要与被调查者的身份及知识水平相适应。如对专家可使用专业术语，而对一般群众则应使用通俗语言。

（7）交代必要的填写说明及其他事项，如调查活动的背景、目的等，以让被调查者理解和支持调查活动。否则，调查活动就难以得到被调查者的积极配合，调查效果也就较差。在被调查者完好的配合调查完后，要赠送给被调查者适当的小礼物作为纪念，如纪念徽章等。

以上步骤，均属调查准备活动，必须做得充分、细致。做好这些工作是保证调查效果的前提，具有非常重要的意义。

5．进行实际调查

这是营销调研的正式实施步骤。为了保证调查工作按计划顺利进行，如属必要应事先对有关工作人员进行培训，而且要充分估计出调研过程中可能出现的问题，并要建立报告制度。课题组应对调查进展情况了如指掌，做好控制工作，并对调查中出现的问题及时采取解决或补救措施，以免拖延调查进度。以上方面比采取派调查人员出外调查方式更为重要。在这一步骤内，调查者还必须具体确立收集调查信息的途径，因为有些问题可以利用二手资料。当需要进行调查获取第一手资料时，应具体确定被调查对象或专家名单，对典型调查应具体确立调查地点或其他组织名单。

6. 整理分析调查资料

工作小组应对调查得到的资料及被调查者的回函，分门别类地整理和统计分析，应审查资料之间的偏差及是否存在矛盾。因为被调查者的知识、专业存在差别，对同一问题的回答往往不一致，甚至截然相反，此时就应分析矛盾的原因，判断他们回答的根据是否充分等。此外，课题组还应从调查资料中优选信息，总结出几种典型观点或意见。

整理资料是一项烦琐而艰辛的工作，因而调查者必须有耐心、细致的工作作风。同时，要注意工作的有条不紊和提高效率。现在一般应采用计算机等先进手段辅助信息处理。

7. 提出调研报告

调研报告是营销调研的最终结果。调研报告编写的程序应包括：主题的确立、材料的取舍、提纲的拟订和报告的形式。在编写调研报告时，要注意紧扣调研主题，力求客观、扼要并突出重点，使企业决策者一目了然，避免或少用专门的技术性名词，必要时可用图表来形象地说明。根据问题需要，可能还要求对关键问题做出连续调查以了解其变化情况，或者为了巩固调查成果和验证调查材料真实性，也需进行一段时间的追踪调查。凡有此种情况，都不能认为写出调研报告就是营销调研的终结。

调研活动结束后，工作小组应对调研活动进行工作，总结交流有关经验，总结有关教训，以便为今后做好调研工作服务。

案　例

比亚迪深入市场展会做调研

比亚迪公司在 2007 年上海国际汽车展会期间聘请大量的人员做关于市场方面的调研，选择适当的与会人员代表进行调查（选择的方法有很多讲究，要有代表性，后面的章节将详细说明），调查人员进行提问，与会代表填写一张表格，在表格上面有关于对比亚迪品牌的认识，产品的了解程度，展台设计，产品摆放，产品性能，最近是否买车，是否考虑购买比亚迪，若买是看中车的哪一点，若不买是什么原因，比亚迪产品的外观是否理想，性能是否理想，色彩是否理想等一系列问题，这种调研就是市场分析的一部分，调研的数据将直接和今后的新产品开发，市场营销政策的变化直接联系，目的就是最大限度地获得市场占有率，在激烈的市场竞争中分得一杯羹。

3.1.4　汽车市场调研的方法

市场调研方法有很多，在此介绍几种常用的方法。

1．文案调研法

文案调研法是指通过搜集各种历史和现实的动态统计资料（第二手资料），从中摘取与市场调研课题有关的情报，在办公室内进行统计分析的调研方法。这种方法主要是通过调研人员向有关方面索取资料，或从网络中搜寻，或通过剪报、摘录等方式获得。其资料来源主要有：

（1）企业内部积累的各种资料，如业务记录、统计报表、工作总结等。

（2）国家机关公布的国民经济发展计划、统计资料、政策、法令、法规等，以及一些内部文件。

（3）各行业协会、联合会提供的资料。

（4）国内外公开的出版物，如报纸、杂志、书籍及刊物登的新闻、报道、消息、评论、调研报告等。

（5）各研究单位、学会、专业情报机构和咨询机构提供的市场情报和研究结果。

（6）企业之间交流的有关资料。

文案调研法的特点是花费时间少、费用低，但难以得到第一手的资料。例如，日本公司要进入美国市场，就查阅了美国的有关法律和进出口贸易法律条款，由此得知，美国为限制进口，保护本国工业，在进出口贸易法律条款中规定：美国政府收到外国公司的商品报价单后，一律无条件地提高 50%的价格。而美国法律中对于本国商品的定义是："美国制造的零件所含的价值必须占该商品总价值 50%以上的商品。"日本公司针对这些规定，谋划出一条对策：生产一种具有 20 种零件的商品，在本国生产 19 种零件，而在美国市场上仅购买一种零件，这一种零件价值最高，其价值比率在 50%以上。商品在日本组装之后再运到美国销售，就成为美国国内的产品，可以直接和美国公司竞争了。这就是研究出口国法律的意义。

2．访问法

访问法是指将所拟调研的事项，以当面或电话或书面或其他方式向被调研者提出询问，以获得所需资料的调研方法。具体方式有面谈调研、电话调研、邮寄调研、置留问卷调研、计算机辅助电话访问等。

（1）面谈调研。面谈调研是调研人员与被调研者面对面地询问有关问题，从而取得第一手资料的一种调研方法。这种方法具有回收率高、信息真实性强、搜集资料全面的优点，但所需费用高，调研结果易受调研人员业务水平和态度的影响。

面谈调研若按照问卷的填写形式，可以有两种方法：一是调研员按照问卷向被调研者询问，然后将对方的回答记入问卷，所用问卷称访问式问卷；另一种是调研员将问卷交给被调研者，说明填写方法，请对方填写。可以当场填写完毕，也可以约定以后某个时间调研员再来收取问卷（又称留置问卷调研法），所用问卷称自填式问卷。

如果按照访问的地点和访问的形式，又可以分为入户（或单位）访问和拦截式访问。

① 入户访问。入户访问是指调研员到被调研者的家中或工作单位进行访问，直接与被调研者接触。然后或是利用访问式问卷逐个问题进行询问，并记录下对方的回答；或是将自填式问卷交给被调研者，讲明方法后，等待对方填写完毕或稍后再回来收取问卷的调研方式。这是目前国内最为常用的一种调研方法。

调研的户或单位都是按照一定的随机抽样准则抽取的，入户以后确定的访问对象也有一定的法则。在有关“抽样技术”中有更加详细的说明。这种调研方法的优点是当面听取被调研者的意见，并观察其反应。问卷回收率甚高，如彻底执行可达 100%。调研员可从被调研者之住所及其家具，推测其经济状况；缺点是调研成本较高，同时，大批量的人去被调研者家容易受到其投诉和反感，要注意不要引起被上诉到法院，调研结果正确与否受调研员技术熟练与否及诚实与否的影响甚大。

② 拦截式访问。拦截式访问是指在某个场所（如商业区、商场、街道、医院、公园等）拦截在场的一些人进行面访调研。这种方法常用于商业性的消费者意向调研。例如，在汽车城的前台拦截客户询问他们对各种汽车品牌的偏好及购买习惯、行为等。

商场拦截式面访的好处在于效率高，因为是被调研者向调研者走来，而不是调研者寻找被调研者。但是无论如何控制样本及调研的质量，收集的数据都不会对总体有很好的代表性，这是拦截式访问的最大问题。

（2）电话调研。电话调研就是选取一个被调研者的样本，然后拨通电话，询问一系列的问题。调研员（又称访员）用一份问卷和一张答案纸，在访问过程中用铅笔随时记下答案。调研员集中在某个场所或专门的电话访问间，在固定的时间内开始面访工作，现场有督导人员进行管理。调研员都是经过专门训练的，一般以兼职的大学生为主，或其他一些人员。有些公司由于电话访问项目较多而设有专职的电话访问员。

这种调研方法的优点是可在短时间内调研多个样本，成本甚低；缺点是不易获得对方的合作，不能询问较为复杂的内容。

（3）邮寄调研。邮寄调研是调研人员将预先设计好的问卷或表格邮寄给被调研者，请他们按要求填好后再邮回的一种调研方式。

这种调研方法的优点是调研成本低，抽样时可以完全依据随机抽样法抽取样本，因此抽样误差低；缺点是收回率通常偏低，影响调研的代表性。因无访问员在场，被调研者可能误解问卷意义。

（4）置留问卷调研。置留问卷调研是指调研人员将设计好的问卷送交被调研者，等填写好后，再由调研人员定期收回。这实际是面谈调研和邮寄调研两种方式的结合。

3. 观察法

观察法是由调研人员到各种现场进行观察和记录的一种市场调研方法。在观察时，调研人员既可以耳闻目睹现场情况，也可以利用照相机、录音机、摄像机等设备对现场情况作间接的观察，以获取真实的信息。在以下调研中常应用此法。

（1）客户动作调研。当设计新店铺时，应先研究吸引客户之最佳方式，此时应进行客户动作观察。

（2）交通量调研。为研究某一街道之商业价值或改善交通秩序，调研某一街道的车辆及行人流量或方向时，可采用此法。

（3）店铺调研。

观察法的主要优点是因被调研者没有意识到自己正在接受调研，一切动作均极自然，准确性较高；缺点是观察不到内在因素，有时需要作长时间的观察才能得出结果。

4．实验法

实验法是指先在一定的小范围内进行实验，然后再研究是否大规模推广的市场调研方法。它起源于自然科学的实验求证法，具体做法是从影响调研对象的若干因素中先出一个或几个因素作为实验因素，在其他因素处于不变的条件下，了解实验因素变化对调研对象的影响。实验完成后，还需用市场调研方法分析这种实验性的推销方法或产品是否值得大规模的推行。在展销会、试销会、订货会等场合，均可采用这种方法进行市场调研。

对于汽车商品，在改变品质、设计、价格、广告、陈列方法等因素时，可应用本调研法，先作一小规模的实验性改变，以调研客户反应。这种调研方法的优点是使用的方法科学，具有客观性价值；缺点是实验的时间过长，成本较高。

5．抽样问卷调研法

此调研法是利用从总体中抽取的一个样本，以及设计好的一份结构式的问卷，从被调研者中抽取所需的具体信息的方法。调研的内容可涉及行为、要求、态度、知识、动机、人口状况和生活方式等方面。收集数据的方式是结构式的，即标准化的：准备一份正式的问卷，问题的顺序都是事先安排好的，询问的过程也是直接的（不隐蔽目的）。

这种结构式的——直接的调研，是最为常用的数据收集方法。所设计的大多数的问答题都是固定选择题，或叫封闭式的问答题，被调研者只需从事先给定的几个可能答案中选定一个（或多个）就可以了。调研的样本是从总体中按一定的抽样方法抽取的。为了用样本的信息对总体作推断，一般采用随机抽样的方法。

（1）问卷调研法的优点。

① 问卷易于操作。

② 所收集的数据比较可靠，因为问题都是封闭式的（有固定的选择答案），这就可以大大地减少可能由调研员的差异引起的变化。

③ 数据的编码、分析和解释都比较简单，因为样本是有代表性的，可以对总体的情况作较为合理的判断。

（2）问卷调研法的缺点。

① 被调研者可能不愿意或不能够提供所需的信息。例如，关于态度或动机的问题，有时候被调研者可能不是十分明确地意识到决定其动机（如选择某种商品、做出某种决定等）的原因是哪些，因此，所提供的信息可能就不准确。如果问题涉及个人隐私或敏感点，被调研者可能也不愿意回答。

② 封闭性的问题限制被调研者选择答案的范围，有可能使某些类型的数据的有效性受损失，例如，关于信仰和感情方面的数据。

③ 问题的措辞也很不容易，要设计一份好的问卷难度是比较大的。尽管如此，抽样问卷调研仍然是收集原始数据的最常用的方法。在我国各种各样的民意调研和市场调研基本上都是问卷调研。

6．网上调研法

网上调研是指在因特网上针对特定营销环境进行简单调研设计、收集资料和初步分析的活动。利用因特网进行市场调研有两种方式：一种是利用因特网直接进行问卷调研等方式收集一手资料，这种方式称为网上直接调研；另一种方式是利用因特网的媒体功能，从因特网收集二手资料。由于越来越多的传统报纸、杂志、电台等媒体，还有政府机构、企业等也纷纷上网，因此网上成为信息的海洋，信息蕴藏量极其丰富，关键是如何发现和挖掘有价值的信息，而不再是过去苦于找不到信息。对于第二种方式一般称为网上间接调研。

网上市场调研的实施可以充分利用因特网作为信息沟通渠道的开放性、自由性、平等性、广泛性和直接性的特性，使得网上市场调研具有传统的一些市场调研手段和方法所不具备的一些独特的特点和优势。是现在比较好的成本低的调研方法，应当着力采取这种方法进行调研，因为网络已经普及了，几乎人人都上网，电子商务正成为人们的一种主要购物方法，主要表现在以下几个方面。

（1）及时性和共享性。网上调研是开放的，任何人都可以进行投票和查看结果，而且在投票信息经过统计分析软件初步自动处理后，可以马上查看到阶段性的调研结果。

（2）便捷性和低费用。实施网上调研节省了传统调研中耗费的大量人力和物力。

（3）交互性和充分性。网络的最大好处是交互性，因此在网上调研时，被调研对象可以及时就问卷相关问题提出自己更多的看法和建议，可减少因问卷设计不合理导致调研结论出现偏差等问题。

（4）可靠性和客观性。实施网上调研，被调研者是在完全自愿的原则下参与调研，调研的针对性更强，因此问卷填写信息可靠、调研结论客观。

（5）无时空、地域限制。网上市场调研是24小时全天候的调研，这就与受区域制约和时间制约的传统调研方式有很大不同。

（6）可检验性和可控制性。利用因特网进行网上调研收集信息，可以有效地对采集信息的质量实施系统的检验和控制。

案　例

市场分析助长安汽车抓住市场机遇，规避风险

长安汽车有限责任公司是在军转民的基础上发展起来的，进入汽车业界初期，企业严重缺乏资金和汽车相关专业人才，属于弱势企业。该企业从市场环境调研入手，了解到：一是微型车辆国内有很大市场，国家经济发展水平表明在20～30年内微型车需要将保持在高需求状态；二是国内主要生产厂家天津汽车工业公司规模不是很大，处于刚发展的先驱，还不可能独占市场；三是世界汽车制造商中均不重视微型车市场，只有日本铃木、大发、富士重工三家为主要开发、生产厂家，该领域是国内乃至国外的空当。因而决定与铃木公司合作生产奥拓微型轿车及微型客车。在发展战略方面基于企业状况确定滚动发展的步骤，这样可以节省大量的资金。长安公司通过十多年的努力已达到年产汽车25万辆以上。在开发微型客车中主动采用电喷共有技术和率先通过安全碰撞试验，这两项关键技术后来都成为国家对微型客车所必备的要求。技术上的提升和产品开发、生产已使长安公司成为国内微型客车生产领域的领军企业，在这基础上长安公司进一步与铃木合作开发1升级的三厢式羚羊轿车取得了成功，现在又与福特公司合作生产1.3升以上的轿车，走的还是滚动发展的战略，又称无借贷运作，双方首期共投资9800万美元。这样，长安公司经过十多年的发展形成了一个生机蓬勃的年销售额百亿元以上的大型汽车企业。

3.2 汽车市场营销预测

3.2.1 汽车市场预测概述

从我国目前对汽车市场预测的现状看，尚存在以下问题。

（1）预测缺乏系统性和经常性，同时，预测花费的时间长、费用高。

（2）统计工作薄弱，数据十分缺乏，直接阻碍了预测工作的顺利开展。

（3）汽车市场本身尚处于发育阶段，随时都可能表现出不成熟的特点，这为我国营销预测带来了很多的困难。市场预测的准确性难以提高，加之研究工作薄弱，以及受部分人对预测准确性的片面理解的影响，预测人员面临的压力较大。

总之，我国汽车市场的预测水平还有待提高。迄今为止，预测理论产生了很多预测方法，有人统计有几百种，但人们常用的方法并不多。归纳起来，预测方法大体可分为两大类：一类是定性预测方法，另一类是定量预测方法。人们在实际预测活动中，往往综合运用两种方法，即定量预测必须接受定性分析的指导，唯有如此，才能更好地把握汽车市场的变化趋势。市场预测的分类主要包括以下内容。

1. 按预测的程度和范围分类

按预测的程度和范围可分为宏观市场预测和微观市场预测。宏观市场预测是对整个国民经济的总体市场进行预测，是对各种影响市场环境的社会经济的总体发展变化进行估计，如国民经济增长速度、国家财政金融和对外贸易政策、居民收入和支出的变化、科学技术发展状况等。宏观市场预测通常是由国家有关部门进行，企业可通过有关途径获得。

微观市场预测是指行业或企业对产品生产经营变化趋势，某类或某种产品的市场需求做出的估计。如消费者对本行业或本企业产品的需求情况预测、生产能力预测、销售预测、潜在用户预测等。微观市场预测是企业确定生产目标和进行营销决策的重要依据。它可表示市场未来的发展趋势，帮助企业确定经营方向，增强企业的应变能力。

2. 按预测期限分类

按预测期限可分为短期、中期和长期预测。短期预测是指计划年度内的市场预测，预测期一般为0.5～2年。这种预测主要是为企业的日常经营管理及编制年度生产经营计划服务。中期预测是指预测期为2～5年以内的市场预测，这种预测主要是为企业的中期计划服务。长期预测是指预测期在5年以上的预测，主要为企业制定长期规划、选择战略目标提供决策信息。

3. 按预测的性质分类

按预测的性质可分为定性预测、定量预测和综合预测。定性预测是以有关人员的直觉和经验，对预测对象目标运动的内在机理进行质的判断。定量预测是运用预测理论和有关的数学模型，对预测对象目标运动的质的规律进行量的描述。综合预测就是把定性和定量方法结合起来使用，而对预测对象目标运动的质的规律所做出的描述。此外，还可按市场的地区范围等分类标准，对预测进行分类。

3.2.2　汽车市场预测的步骤

根据市场营销预测目的、内容、方法的不同，汽车市场营销预测的步骤也不完全一致，但从市场营销预测的一般步骤看，主要有以下几步。

1．确定预测目标

进行预测首先要解决为什么预测的问题，即通过预测要解决什么问题，达到什么目的，这时还应规定预测的期限和进程，划定预测的范围。

2．收集信息资料

它是指围绕预测目标，收集信息资料。预测所需资料包括：与预测对象有关的各种因素的历史统计数据资料和反映市场动态的现实资料。其中，市场调查资料是一个重要的信息来源。

3．选择预测方法

市场预测应根据预测目标和占有的资料，选择适当的预测方法。预测的方法与模型很多，各有其预测对象、范围和条件，应根据预测的问题的性质、占有资料的多少、预测成本的大小，选择一种或几种方法。

4．写出预测结果报告

要及时将预测结果写成预测结果报告。报告中，表述预测结果应简单、明确，对结果应作解释性说明和充分论证，包括对预测目标、预测方法、资料来源、预测过程的说明，以及预测检验过程和计算过程。

5．分析误差

预测是对未来事件的预计，很难与实际情况完全吻合，因而要对预测结果进行判断、评价，要进行误差分析，找出误差原因及判断误差大小，修改调整预测模型得出的预测数量结果，或考虑其他更适合的预测方法，以得到较准确的预测值。

3.2.3　汽车市场预测的方法

市场预测方法有很多，按预测的方式不同，可分为定性预测和定量预测两大类。

1．定性预测

定性预测分析又称判断分析法。它是凭借人们的主观经验、知识和综合分析能力，通过对有关资料的分析推断，对未来市场发展趋势做出估计和测算。它又包括以下几种方法

（1）集体意见法。这种方法是集中企业的管理人员、业务人员等，凭他们的经验判断和共同讨论市场发展趋势，进而做出预测的方法。具体做法是预测组织者首先向企业管理人员、业务人员等有关人员提出预测项目和期限，并尽可能地向他们提供有关资料。有关人员应根据自己的经验、知识进行分析、判断，提出各自的预测方案。这种方法的优点是简单易行，成本也较低，但其最大缺点是受到预测人员的知识和经验的限制。

（2）德尔菲（Delphi）法。德尔菲法又称专家小组法。它是 20 世纪 40 年代由美国的兰德公司首创和使用的，50 年代以后在西方发达国家广泛盛行的一种预测方法。这种方法是按规定的程式，采用背对背的反复征询方式，征询专家小组成员的意见，经过几轮的征询与反馈，使各种不同意见渐趋一致，经汇总和用数理统计方法进行收敛，得出一个比较统一的预测结果供决策者参考。这种方法的特点是专家互不见面，因此，避免了屈服于权威或屈服于多数人意见的缺点，各预测成员可以独立完成。但这种方法的时效性较差，不易控制。

（3）类推法。这种方法是应用相似性原理，把预测目标同其他类似事物加以对比分析，推断其未来发展趋势的一种定性预测方法。它一般适用于开拓市场，预测潜在购买力和需求量，以及预测增长期的商品销售等，而且适合于较长期的预测。

（4）转导法。转导法又称经济指标法。它是根据政府公布的或调查所得的经济预测指标，转导推算出预测结果的市场预测方法。这种方法是以某种经济指标为基础进行预测，不需要复杂的数学计算，因而是一种简便易行的方法。

2．定量预测

定量预测又称统计预测。它是根据掌握的大量数据资料，运用统计方法和数学模型，近似地揭示预测对象的数量变化程度及其结构关系，并据此对预测目标做出量的测算。应该指出，在使用定量预测方法进行预测时，要与定性预测方法结合起来，才能取得良好的效果。它又包括以下几种方法。

（1）时间序列法。时间序列法是从分析某些经济变量随时间演变规律着手，将历史资料按时间顺序加以排列，构成一组统计的时间序列，然后向外延伸，预测市场未来发展趋势。这种方法是利用过去资料找出一定的发展规律，将未来的趋势与过去的变化相类似地进行预测。

（2）因果预测法。因果预测法就是演绎推论法。它利用经济现象之间的内在联系和相互关系来推算未来变化，根据历史资料的变化趋势配合直线或曲线，用来代表相关现象之间的一般数量关系的分析预测方法。它用数学模型来表达预测因素与其他因素之间的关系，是一种比较复杂的预测技术，理论性较强，预测结果比较可靠。由于需要从资料中找出某种因果关系，所以需要历史资料较多。

（3）市场细分预测法。市场细分预测法是指对产品使用对象，按其具有的同类性进行划分类别，确定出若干细分市场，然后对各个细分市场根据主要影响因素，建立需求预测模型的方法。如对我国轿车市场预测可按表 3-4 所述结构进行细分预测。

表 3-4　我国轿车市场预测表

市场划分	主要影响因素	需求预测模型
县级以上企事业单位	单位配车比	（单位数）×（配车比）
县级以下企事业单位	单位配车比	（单位数）×（配车比）
乡镇企业	经济发展速度	需求量=f（乡镇企业产值）
出租旅游业	城市规模及旅游业发展	Σ（各类城市人口数）×（各类城市每人配车比）
家庭私人	人均国民收入	需求弹性分析

3. 汽车市场预测实践应注意的几个问题

（1）政策变量。汽车市场受国家经济政策和非经济政策的影响很大。在进行汽车市场预测时，政策变量常常影响到模型曲线的拐点和走势，影响到曲线的突变点。即使在根据历史观察值建立的模型中考虑了政策突变的影响，也并不意味着包括了未来政策突变对预测结果的影响。富有挑战性的是，这种影响对预测结果的可信度具有决定性影响。政策变量虽然不是很好把握，但并不是不可预知的。政策的制定总有其目的性，它往往是针对某些经济或社会问题制定的，最终目的总是要促进经济和社会的稳定发展。从这个意义上讲，政策是可以预知的，只要预测人员加强对经济运行和政策的研究，便可以通过对未来经济运行的预知达到政策预知的目的。

（2）预测结果的可信度。在市场预测的各种模型中，大多数模型都没有给出结果的可信度。当对预测结果作组合处理后，最终预测值也没有也不可能给出可信度。这个困难尚待预测科学本身的发展，但在实践中却不可因此而裹足不前。

（3）预测的方案。实际预测活动中应尽量给出多个预测方案，以增加决策的适应性，避免单方案造成的决策刚性。

（4）拟合度与精度。拟合度是指预测模型对历史观察值的模拟程度。一般地讲，对既定历史数据总可以找到拟合程度很高的模型。但预测人员也不应过分相信拟合度越高预测结果就越准确的神话。预测准确性的高低属于精度问题，拟合度高不一定精度也高，当然模型的拟合度太差也是不妥当的。

（5）预测的期限。预测按预测时间可分为长期预测和中短期预测。一般地说，对短期预测较好的模型，不一定对长期预测也较好；反之亦然。对这两类预测从精度上讲对短期预测精度的要求应高于长期预测。

（6）预测模型。现在有将预测模型复杂化、多因素化的趋势，虽然这种发展趋势一般有利于提高预测的精度，因为这包括了更多因素的影响，但有时复杂模型不一定比简单模型的预测精度好，而且因素过多，对这些因素的未来走势也不易判断。

（7）数据处理与模型调整。如果某个模型的预测误差较大，人们通常采取对原始数据进行平滑处理和修改模型的方法解决。这种对原始数据进行平滑处理的方法实际上是在回避矛盾，掩耳盗铃。数据异常总有其原因，预测人员应首先对此加以研究，以便在预测活动中考虑这些原因的影响。

（8）实际与想象。很多预测人员在预测活动开始时，就对预测对象的未来发展做出了想象并以此想象来不断地修正预测结果。其实这是一种本末倒置的做法，尤其是中间预测值的取舍及组合处理时，应力求避免这一易犯的错误。

4. 预测实践的未来发展

前述的定性与定量的预测方法，并不是相互排斥的，而是相辅相成的。一般地说，定性预测有利于把握事物发展的质，定量预测有利于把握事物发展的量。预测实践应综合运用两种预测方法，定量预测必须接受定性分析的指导，原因如下。

（1）现实是复杂的，任何模型都无法全取代之。

（2）预测涉及许多不稳定的影响因素，了解和掌握这些因素的不稳定信息，预测员的经验，甚至直观感觉是十分重要的。否则单纯地采用由历史数据识别的模型进行类推预测，可能会导致数学模型的滥用。

（3）定量预测模型本身也经常用到经验和定性知识，如虚拟量的引用、权重分配及观察点数目的选择等。

总之，对于变化规律不稳定的经济指标的预测，在模型的识别、建立、运行修正，结果的判断与调整过程中，定性分析和专家的经验都起着十分重要的作用。

从预测工程目前的发展动态来看，在美国主要发展了基于知识信息的决策支持系统，它们一般都包含了预测功能。在我国，一些学者主张发展我国的决策支持系统，提倡直接引用一些经验知识研究大系统问题，预测研究正在向预测专家系统、干预模型预警指标分析等高层次的定量与定性的综合预测发展。

由此可见，预测必须能够随着事件的发展，根据专家的理论和经验，不断吸收新的数据，补充新的情况，修正运用数学模型，建立除了包含传统程序和数据系统外，还必须包括面向知识和经验的知识库系统，组成以人工智能为基础的，采用现代科技新成果等各方面知识的专家系统，由预测人员灵活地运用专家系统进行辅助预测，将是今后进行预测的主要途径。

3.2.4 汽车市场预测的主要内容

企业进行市场预测的内容很多，概括起来主要有以下几个方面。

1. 市场需求预测

这是根据有关资料对汽车产品未来的需求变化进行细致的分析研究，掌握需求的内在规律，对其发展趋势做出比较正确的估计和判断。市场需求预测根据人口的变化、国民物质文化生活水平提高的程度、社会购买力的增减，以及国民爱好习惯、消费结构的变化等因素，分析市场对产品的需求。这种需求既包括对产品数量的需求，同时也包括对产品质量、造型、规格、价格等方面的要求。它主要包括以下几种。

（1）产销趋势的中长期预测。这是把重点放在企业的长期经营方向上，侧重于根据科学技术的发展，深入研究影响产销的技术因素，并结合市场竞争、资源条件等的变化，制订企业的产品发展计划。

（2）产销趋势的短期预测。产销趋势的短期预测要求以本企业产品的原材料来源、成本、价格等为依据，与同行业同类产品比较，做出近期内市场需求对本企业产销影响的预报，以指导本企业做出相应的对策。

（3）单品种专题预测。这主要是对本企业新产品投入市场后的销售状况和产品在价格、质量、造型、装潢等方面的反映进行研究和分析，提出改进和扩大新产品产销的建议。由于有关因素会直接或间接地影响需求变化，所以对引起需求变化的一些因素也应进行预测。例如，国民购买力、企事业单位购买力、社会发展、产品销路及经济发展等。

2. 市场占有率预测

市场占有率是指在一定的市场范围内，企业某种产品中的销售量或销售额与该市场上同类产品的总销量或销售额之间的比率，即

市场占有率＝企业某种产品销售量（或销售额）÷市场上同类产品的总销量（或销售额）×100%

市场需求预测主要是对市场在一定时期内对某种产品品种需求量的发展变化趋势的预测，市场占有率预测是对某种产品的某品牌需求量或最好销量的预测。对于市场需求预测，

主要考虑的是市场环境发展变化对需求量的影响，而市场占有率预测着重考虑的是产品本身的特性和销售努力对销售量的影响。

3. 生产情况的预测

在了解市场需求和市场占有率的同时，必须深入了解自己和竞争对手的生产情况，了解市场上所有汽车产品的生产能力和布局，资源、能源等条件的情况，以及汽车产品的数量、质量和性能等，并且预测其发展变化趋势。孙子兵法上曾经说过："知己知彼，百战不殆"。说的就是要知道对手的情况才能在激烈的战斗中取胜，商场何尝不是如此，知道了对手的情况，才能在制定销售政策时，有一定的目的性，会针对对手的政策提出更有利于销售的政策，直接在政策上高对手一点点，比对手多让一点点利给消费者就能把消费者揽在自己的产品下，这就是知彼的意义。很多厂家经常看商场对手的产品和服务而制定自己的政策。

3.3　汽车市场细分与目标市场选择

现代市场营销认为，企业不应试图在整个市场上争取优势地位，而应该在市场细分的基础上选择对本企业最有吸引力并可以有效占领的那部分市场作为目标市场，实行目标市场营销，并取得竞争优势地位。这是关系到企业生存和发展的重大决策，是实施具体营销策略的基本前提。对汽车行业而言，一个汽车生产或销售企业开展营销时，面对的是一个十分复杂的市场，这个市场中的消费者由于收入、爱好、生活习惯等因素的不同，对提供的汽车商品和服务也就有不同的要求。企业只有选择其中某一部分需求与爱好加以满足，才是上策。比如在我国，即使像一汽、东风两大汽车企业集团，目前也没有能力在整个汽车市场上都争取到优势地位，所以上述战略决策富有现实意义。

企业在选择目标市场时，首先要对市场进行考察，以了解市场的大量需求点、竞争激烈点及供货空缺点等不同的市场态势，从而为企业实施目标市场营销找到切入点，为此必须在此之前进行市场细分。然后，把一个或几个细分市场作为目标，为每个市场定制产品开发和营销方案。目标市场营销能帮助企业更好地识别营销机会，为每个目标市场开发适销对路的产品。一个完整的目标市场营销要经过三个步骤，即市场细分、目标市场营销和市场定位。

3.3.1　汽车市场细分

1. 市场细分的概念与作用

市场细分，就是企业根据市场需求的多样性和购买者的行为差异性，把整个市场（全部用户）划分为具有某种相似特征的用户群（细分市场），以便用来确定目标市场的过程。换言之，市场细分就是分辨具有不同特征的用户群，把他们归类的过程。不同的细分市场之间，需求差异明显，而在每个细分内部，需求差异则比较细微。

市场之所以能够细分，是有其客观基础的。这些基础主要体现在以下两方面。

（1）市场需求客观上具有差异性，购买动机和购买行为也具有差异性。可以说，正是由于这种差异性的存在，市场细分才有划分的标准。

（2）市场需求还具有一定的相似性。如果用户的需要没有某种共性，那么市场细分就无从做起，企业不可能将每个用户都作为一个细分市场。正是这种需要存在共性，市场细分才富有实际的营销意义。

企业进行市场细分和实行目标市场营销，对于改善企业经营、提高经营效果具有重要作用。这主要体现在以下几方面。

（1）有利于发现市场营销机会。运用市场细分可以发现市场上尚未加以满足的需求，并从中寻找适合本企业开发的需求，从而抓住市场机会。这种需求往往是潜在的，运用市场细分的手段和细致的市场调研，就可能发现这类需求，从而使企业抓住市场机会。

（2）能有效地制定最优营销策略。市场细分是目标市场选择和市场定位的前提，在细分的市场上消费需求明确而具体，企业能有效地制定相应的营销策略。企业随时从细分市场上获得反馈信息，了解市场的变化，从而不断地改善营销策略，达到最优化的目标。

（3）能有效地与竞争对手相抗衡。通过市场细分，有利于发现目标消费者群的需求特性，从而使产品富有特色，甚至可以在一定的细分市场形成垄断的优势。

（4）能有效地扩展新市场，扩大市场占有率。企业对市场的占有是逐步拓展的。通过市场细分，企业可以先选择最适合自己占领的某些子市场作为目标市场。当占领这些子市场后再逐渐向外推进、拓展，从而扩大市场的占有率。

（5）有利于企业合理利用资源，发挥优势。每个企业的经营能力都有其优势和不足。有限的资源分摊在众多市场上，使得优势无从发挥，弱势难以弥补。企业将整体市场细分，确定自己的目标市场，这一过程正是将企业的优势和市场需求相结合的过程，有助于企业集中优势力量，开拓市场。

2. 市场细分的依据

市场细分面临的首要问题是市场细分变量的选取。所谓市场细分变量是指那些反映需求内在差异，同时能用作市场细分依据的可变因素。一般来说，形成市场需求差异性的因素都可以作为市场细分的依据。但由于市场类型不同，细分依据也有所不同，同时，各行业也可根据各自的特点和需要，选择适当的划分标准进行市场细分。

市场可以分为消费者市场、生产资料市场、服务市场、金融市场、技术市场等，根据汽车商品的特点，研究其市场细分因素时应主要考察消费者市场的情况，这些因素中的大部分也适用于生产资料市场。影响消费者市场需求的因素，即用来细分消费者市场的变量，可概括为四大类。

（1）地理变量。按地理变量细分市场就是把市场分为不同的地理区域，如国家、地区、省市，南方、北方，城市、农村等。各地区由于自然气候、传统文化、经济发展水平等因素的影响，形成了不同的消费习惯和偏好，并有不同的需求特点。在我国进行汽车销售，运用地理变量，最常见的是根据通用的行政区域划分，将市场分为华东、华南、华中、华北、西部，或者根据经济发展水平划分为沿海地区、内陆地区、边远山区等，根据不同的地理因素，采取不同的营销方案。比如，在推出家庭轿车的初始阶段，营销的重点放在华东或者沿海地区，这些地方经济发展迅速，人民生活水平高，受教育程度和对生活质量的要求都比较高。

案 例

奥拓销售的冰火两重天

过去，奥拓车在很多地方十分畅销，如东北的吉林省，到处可以看到跑的出租车是奥拓，四川的成都等地到处能看到奥拓，销售得特别好。但是在其他一些地方就不那么理想，如山东省很多地方按照购买力应该有很多该档次的车，事实上却没有，分析其原因，就是各地文化不同，有些地方的人讲究实际使用效果，如省油、费用低等。有些地方的人讲面子，买车一是为了用，二是为了排场，奥拓确实没有排场，但是，使用性能上是很好的，奥拓是日本的经典车型，在中国畅销十几年，现在江南机器厂还在生产它。

案 例

客车的需求造就了产品的多样性

我们国家品种最多的是客车，每个工厂都有几十种，这是因为我们国家道路的多样性和地域广阔造成的。如在南方，所有车辆必须配有良好的空调，因为那里几乎一年四季都要用到，特别是高档次的豪华客车，因为车玻璃都是密封的，如果没有空调，车内空气就会很差，令人窒息。而南方用暖风的时间不多，所以，销售去南方的车暖风可以不必那么强。相反的是，如果车辆是卖到东北地区，因为用空调的机会不如南方多，所以，空调可以比南方差一点，天气的最高温度肯定不如南方高，但是暖风必须要保证一定的强度，因为用的时间长，而且天气最低温度比较低，如果暖风质量不好，乘客很快就会感觉出来，所以销售到不同地方的车辆要有所不同，我们国家的客车对这一点比较熟悉。有些外来的客车企业，质量也不错，但是由于对市场的分析不透彻，所以造成车很好却有点“水土不服”的情况。

（2）人口变量。人口变量细分是按年龄、性别、家庭人数、生命周期、收入、职业、文化程度、宗教信仰、民族、国籍、社会阶层等人口统计变量来划分消费者群。对汽车市场营销来说，收入是进行市场细分必须考虑的因素。在当今的中国市场上，对于大多数中国普通消费者来说汽车还不是必需品，除了法规、政策、公共设施的限制外，最重要的影响购买的因素仍然是收入。一辆汽车的性能再好、创意再新，如果消费者的收入不足以负担这种汽车的价格，那么该汽车就不可能打开该细分市场。

（3）心理变量。在人口因素相同的消费者中，对同一商品的爱好和态度也可能截然不同，这主要是由于心理因素的影响。消费者的生活方式、社会阶层、个性和偏好都是心理变量的内容。

个性是经常被用来细分市场的变量，这个变量在汽车市场营销中的运用十分普遍。因为世界上著名的汽车品牌往往都已经被人赋予个性色彩，因此这些品牌所对应的也往往是一些相同个性的消费者。比如，奔驰象征着上流社会的成功人士；劳斯莱斯是身份显赫的贵族；福特是踏实的中产阶级白领。这种人格化的品牌异化成为社会地位、身份、财富甚至职业的象征，成为车主的第二身份特征。这种品牌的个性特征往往和创始人的性格相联系，又经过长时间的浓缩，已经成为一种约定俗成的特点，是短时间内无法改变的。

心理变量中的偏好指消费者对某种品牌的商品所持的喜爱程度。在市场上，消费者对某种品牌商品的喜爱程度是不同的，企业为了维持和扩大经营，就要努力培养一批品牌忠实者，并掌握其需求特征，以便从商品形式、销售方式及广告宣传等方面去满足他们的需求。

（4）行为变量。行为变量是反映消费者购买行为特点的变量。它包括购买时机、利益偏好、使用状况、使用频率、对品牌的忠实程度、对产品的态度和购买阶段等。行为变量是建立细分市场的最佳起点，行为变量通常可分为以下七类。

① 购买时机。根据购买者产生需要、购买或使用产品的时机，可将他们区分开来。对于

汽车行业来说，春节、五一、十一等重大节日和春季、秋季的旅游黄金时间往往是购车的高峰，人们通常有在节日或喜庆时消费的倾向，在这段时间可以增加广告投放，进行优惠活动等，以吸引消费者购车。

② 利益偏好。根据消费者从产品中追求的不同利益分类，是有效的细分方法。购买汽车的消费者，有的注重实用性，有的可能就是赶时髦，有的将其作为身份地位的象征，世界著名的整车生产厂家往往都有适合消费者不同利益追求的产品。

③ 使用状况。许多产品可按使用状况将消费者分为“从未用过”、“曾经用过”、“准备使用”、“初次使用”和“经常使用”五种类型，即五个细分市场。在某种程度上，经济状况决定公司把重点集中在哪一类使用者身上。通常，市场占有率高的大企业常常对潜在使用者感兴趣，而一些小企业则只能尽力吸引经常使用者。对使用状况不同的消费者，在广告宣传及推销方式方面都有所不同。

④ 使用频率。根据消费者使用商品的频率，可以将消费者细分成少量使用者、中度使用者和大量使用者。大量使用者的人数通常只占总市场人数的一小部分，但是他们在总消费中所占的比重却很大。营销者通常着重按大量使用者群体的偏好来提供产品和服务。

⑤ 忠诚程度。不同消费者对产品品牌的忠实程度是不同的，根据消费者的忠实程度，消费者可以分为四类：坚定忠诚者、适度忠诚者、喜新厌旧者和无固定偏好者。其中，坚定忠诚者始终只购买某一品牌的产品，企业应投其所好，巩固其忠诚程度。适度忠诚者则是同时偏爱两三个品牌，企业通过分析这类消费者可以发现本企业的竞争品牌，以便制定有效的对策。喜新厌旧者是经常改变购买品牌的一类消费者，通过对其分析研究，找出产品的弱项并及时改进和调整。无固定偏好者不忠诚于任何品牌，企业应力争使其成为本企业的忠实使用者。

⑥ 购买阶段。对于每种产品来说，都可能同时存在已经购买、即将购买、想要购买、对产品感兴趣、对产品有所了解和不了解的各种消费者，这些消费者处在购买过程中的不同阶段。各个阶段的消费者人数的多少，对营销策略的制定有很大的影响。企业的营销策略必须随着购买阶段的发展而变化和调整。

⑦ 态度。根据消费者对产品的热衷程度，可将其态度分为热爱、喜欢、无所谓、不喜欢和敌视五种。企业可以通过调查、分析，针对不同态度的消费者采用不同的营销对策。以巩固热爱和喜欢态度的消费者，争取无所谓态度的消费者。

以上就是细分市场时经常使用的细分变量。但是，一个公司在进行市场细分时往往不是运用一个单一的变量，而是综合使用几个变量进行市场细分。

3. 有效市场细分的条件

为了使细分市场有效和富有意义，营销人员在进行市场细分时，必须要把握好一定的条件。这些条件包括以下。

（1）差异性。差异性是指按照所选择的划分依据，各细分市场客观上必须存在明确的差异；如果细分后，各市场之间仍模糊不清，则这样的市场细分就是失败的。

（2）可衡量性。可衡量性是指细分市场现有的和潜在的需求规模或购买力是可以测量的。如果细分的结果导致市场容量难以评估，则这样的市场细分也是失败的。

（3）可营利性。可营利性是指企业在细分市场上要能够获取期望的盈利。如果容量太小，销售量有限，则这样的细分市场对企业就缺乏吸引力。因此，市场细分并不是越细越好，而应科学归类，保持足够容量，使企业有利可图。

（4）可进入性。可进入性是指企业拟作为自己目标市场的那些细分市场，企业必须有能力进入，能够为之服务，并能占有一定的份额。否则，细分的结果导致企业不能在任何细分市场上有所作为，这样的市场细分当然也是失败的。

（5）相对稳定性。相对稳定性是指细分市场必须具有一定的稳定性。否则，企业还未实施其销售方案，目标市场早已面目全非，则这样的市场细分同样也是失败的。

（6）独特性。企业进行市场细分应尽可能地区别于已有的或竞争对手的市场细分，突出自己的特色和个性，以便发现更多的有价值的市场机会。这涉及市场细分变量的选择问题，通常可供选择的变量很多，但其中却有一些变量是人们习惯使用的，人们进行市场细分时，思维上容易受到它们的约束，往往细分不出特色，这无疑会影响企业市场机会的发现和把握。有效的市场细分，必须突出本企业的特色，只有这样才可以在以后的营销活动中另辟蹊径、出奇制胜。

3.3.2　汽车目标市场营销

企业在完成市场细分后，就必须评价各个细分市场，再根据产品的特性，本企业的生产、技术、资金等方面的状况决定为某几个细分市场服务，并根据主客观条件选择好目标市场，确定营销战略，实行目标市场营销。

1．评估细分市场

只要企业进行的不是大众化营销，就必须选择合适的细分市场。目标市场选定的第一步是对划分好的各个细分市场进行评估。评估细分市场，除了各项比较要素之外必须考评两个总结性因素，即细分市场结构的吸引力及其与公司的目标和资源的符合程度。该细分市场的吸引力，通常指它的大小、成长形势、盈利率、规模经济、低风险等。

公司必须考虑对细分市场的投资与公司的目标和资源是否相一致。某些细分市场虽然有较大吸引力，但不符合公司的长远目标，就得放弃；或者即使这个细分市场符合公司的目标，它还必须考虑本公司是否具备在该细分市场获胜所必需的技术和资源。一个公司要进入一个细分市场，就需要在发展期有压倒竞争者的优势。

2．细分市场的选择及营销策略的确定

公司在对不同细分市场评估后，就必须对进入哪些细分市场做出抉择并确定营销策略。通常可考虑的目标市场模式有五种，即密集单一市场、有选择的专门化、产品专门化、市场专门化和完全市场覆盖。

（1）密集单一市场模式。密集单一市场是指公司只选择一个细分市场集中营销，目标是在单一市场上拥有较高的市场占有率。这被称为集中性目标市场策略。一般来说，这一策略适合实力有限的中、小型企业，当企业的实力扩大后，再扩展到其他候选的细分市场上去。采用这一策略也有风险，一旦该细分市场的消费者改变了消费习惯或者出现不景气的情况时，就会危及公司的生存。

（2）有选择的专门化模式。有选择的专门化是指选择数个细分市场进行营销，其中每个细分市场在客观上都有吸引力，并且符合公司的目标和资源，但在单个细分市场之间少有联系。这种方法实质是密集单一市场的扩展。这种进入多细分市场的优势在于，可以分散公司

的风险，即使某个细分市场失去吸引力，公司仍可继续在其他细分市场获取利润。

（3）产品专门化模式。产品专门化是指集中生产一种产品，公司向各类客户销售这种产品。公司通过这种战略，可以在某个产品方面树立起很高的声誉。一般来说，这种战略也适合中、小型企业。例如，在汽车生产行业中，保时捷汽车公司主要生产跑车，年产量在2万辆左右，是世界著名的跑车生产厂家。

（4）市场专门化模式。市场专门化是指专门为满足某个客户群的各种需要而服务。这种方式的缺点同样在于受该客户群消费习惯的影响过大。大众汽车公司所属的兰博基尼汽车厂专门定制高级汽车，年产仅数百辆，价值均在5万美元以上。

（5）完全市场覆盖模式。完全市场覆盖是指公司用各种产品满足各种客户群体的需求。实力显著的大公司往往会采用这种市场策略。例如，通用汽车公司的产品就覆盖了整个汽车市场，并且不仅生产轿车，还同时生产吉普车、越野车等，满足各种客户群的需要。大公司可采用两种主要的方法，即通过无差异市场营销或差异市场营销达到覆盖整个市场的目的。后一种方式在汽车市场营销中被普遍使用。例如，通用、福特、大众等著名整车公司都是运用这种营销方法来实现完全市场覆盖的，这些企业的产品虽然覆盖整个市场的各个方面，但每一系列的产品都有不同的型号来针对不同的消费者需求，目标市场选择仍然存在。这两种市场策略的主要特点和差别如下。

① 无差异性目标市场策略。实行无差异性目标市场策略的企业，把整个市场作为一个大目标，不进行市场细分，针对消费者的共同需要，制订统一的生产和销售计划，以实现开拓市场、扩大销售的目标。

采取无差异性市场策略的优点是大量生产、储运、销售而使得产品平均成本降低，不需要进行市场细分，可节约大量的调研、开发、广告费用。这一策略适用于一些本身不存在明显细分市场的产品。过去一汽、东风大量生产的中型货车就属于这个类型，现在各类商务车有了明显差别，就不能再采用无差异性目标市场策略了。开发能力差的企业由于缺乏开发创新，所制造的产品大多与市场上的产品雷同，使我国专用车市场具有较浓的无差异性。

② 差异性目标市场策略。实行差异性目标市场策略的企业，通常把整体市场化分为若干细分市场作为其目标市场。针对不同目标市场的特点，分别制订出不同的分销计划，按计划生产目标市场所需要的商品，满足不同消费者的需要。现在大多数大型汽车企业都采用了这种营销战略。

采用差异性目标市场策略的优点是小批量、多品种、生产机动灵活、针对性强。但是，由于品种多，销售渠道和方式及广告宣传的多样化，产品改进成本、生产制造成本、管理成本、存货成本就会增加，这决定了采用差异性目标市场策略之前，要认真研究所选择的目标市场是否可以进入并具有一定的容量。因此，采用此策略时，要避免对市场的过度细分，那样会增加成本，减少盈利率。

企业往往根据具体情况组合应用几种目标市场策略。一般来说，在选择目标市场策略时应该考虑以下几方面内容。

① 企业实力。当企业生产能力、技术能力和销售能力很强时，就可同时采用无差异性目标市场策略和差异性目标市场策略。反之，最好采用密集单一市场策略。

② 产品特性。对于一些类似性很强的产品，以及不同工厂或地区生产的在品种、质量方面相差较小的产品，宜采用无差异性目标市场策略；而对消费者的要求差别很大的产品，宜采用差异性目标市场策略或密集单一市场策略。大多数轿车都属于消费者要求差别大的产

品，适合使用差异性目标市场策略。

③ 市场特性。如果不同市场消费者对同一产品的需求和偏好相近，宜采用无差异性目标市场策略。

④ 产品处于生命周期的不同阶段。通常在产品处于投入期和成长期时，可采用无差异性目标市场策略，以探测市场和潜在客户的需求。当产品进入成熟期或衰退期时，则应采用差异性目标市场策略，以开拓新的市场，或采取密集单一市场策略，以维持和延长产品生命周期。

⑤ 竞争者所采用的市场策略。一般来说，企业如果比竞争对手强，可采取差异性目标市场策略，差异的程度可与竞争对手一致或更强；如果企业的实力不及竞争对手，一般不应采取与竞争对手完全相同的市场策略。在此情况下，企业可采取密集单一市场策略，坚守某一细分市场，也可采取差异性目标市场策略，但在差异性方面，应针对竞争对手薄弱的产品项目形成自己的优势。

3.3.3 汽车市场定位

企业在选定目标市场之后，必须在选定的目标市场上进行产品定位，目的是使企业及其产品与竞争者区别开来，形成企业独特的形象。

1. 市场定位的概念

在市场上汽车产品不仅品种繁多，而且各有特色，广大用户又都有着自己的价值取向和认同标准，企业要想在目标市场上取得竞争优势和更大的效益，就必须在充分了解消费者和竞争者两方面情况的基础上，确定本企业的市场位置，即为企业树立形象，为产品及服务赋予特色，这个过程即是市场定位。所以，市场定位就是指企业以何种产品形象和企业形象出现，以给目标消费者留下深刻印象。

产品形象和企业形象是指消费者对产品和企业形成的印象。如大家常说的“物美价廉”、“经济实惠”、“优质优价”、“豪华高贵”、“性能优良”、“技术领先”就属于产品形象；而“对消费者负责”、“质量过硬”、“工艺精湛”、“实力雄厚”、“服务周到”等，则属于企业形象。国内外各大汽车公司都十分注重市场定位，精心地为其企业和每一种汽车产品赋予鲜明的个性，并将其准确地传达给消费者。

案　例

宝马和奔驰的明显定位区别

宝马和奔驰都是德国的名车，但是却有明显的定位区别。奔驰显得稳重，样子大方含蓄，制作精细，是成功人士的选择，也是各个国家首脑的最佳选择，购买奔驰的人，在很多年后也不会感到落伍，因为车的外形的变化不是很大，这是奔驰设计师早就考虑到的。而宝马是以外观为突破点的设计，它有最动感的造型，最前卫的设计，是年轻活力的代表，购买宝马不长时间之后就会感觉到外形还有更好的，你的宝马车是否落伍了？答案是肯定的，因为宝马每天都在变化。以前，人们问奔驰：“为什么奔驰发展得那么快？”奔驰回答：“宝马追得紧。”问宝马：“为什么追（奔驰）追得那么紧？”宝马说：“奔驰跑得太快。”宝马作为后起之秀因为定位准确而成功了。这两种不同的设计思路造成了不同的结果，宝马成长迅速，而奔驰让宝马超过了。

案　例

沃尔沃小汽车的安全性定位

沃尔沃是欧洲名车，以高安全性名扬全世界，安全带和气囊等涉及安全的产品都是沃尔沃公司发明的。其外形含蓄，收敛的个性（不同于宝马张扬的个性）博得了很多人的青睐。这都是细分市场的结果，客户想要获得一流的安全性，沃尔沃是最佳的选择。从本例来看，作为一个世界级的品牌，必须有鲜明的个性和特点，这样产品才能行销全世界。

2. 市场定位的指标

企业为其产品进行市场定位，是为了向市场提供具有差异性的产品，这样就可以使其产品具有竞争优势，即要使产品具有竞争性差异化。对汽车企业而言，一般应在产品、服务和形象等方面实现差异化。

（1）产品差异化。并不是每种产品都有明显的差异，但是，几乎所有的产品都可以找到一些可以实现差异化的特点。汽车是一种可以高度差异化的产品，其差异化表现在定位、造型、动力性、经济性、风格和设计上。

案　例

东风本田的差异化定位

2009 年 9 月 5 日，东风本田高端运动型轿车思铂睿在全国上市。作为东风本田的第三款车型，思铂睿于 7 月 27 日发布后，引起消费者的广泛关注和热切期待。高端运动型轿车的全新定位是中国车市以前没有的，思铂睿力图开拓这一空白市场，继续创造类似 CR-V 的销售神话。立足这一定位，东风本田为思铂睿进行了一系列的品牌推广，从销售情况看已初获成效。全新定位的思铂睿走的是豪华与运动兼备的路线，极大地区别于同级其他车型。毫无疑问，差异化是东风本田的营销法宝。

（2）服务差异化。为了使客户对本公司的车感兴趣，有的大公司对产品的保修时间加长，这有两方面的原因：一是对产品有充分的信心，因为这些年很多产品质量都很过硬，加长一年时间事实上并没有多付出多少修理费用支出；二是中国人买车与外国人不一样，对比美国或欧洲人中国人的车一年跑的路程很少，所以，这种承诺对销售量的增加很有效果，这就是服务上的差异。如广州本田在雅阁的保修里程和时间上就比别的厂家多，后来的飞度也延续了这一做法。服务的差异化主要体现在售后服务上，可以说，售后服务是销售的另一个法宝，用得好可以大大提高市场占有率。成熟的消费者正越来越看中售后服务的好坏，并且售后服务成为决定销售业绩的一项重要因素。特别是当技术和产品实体差异化较小时，要在竞争中取得成功的关键常常有赖于服务的增加和服务的质量。在汽车销售中，服务的差异化主要体现在订货方便、客户培训、客户咨询、维修和其他各种服务上。

（3）形象差异化。即使竞争产品及服务看上去都一样，消费者也能从公司或品牌形象方面得到一种与众不同的印象。当然，在汽车销售中很少遇到通过产品和服务两项指标都无法区分的产品，但是形象差异也是一个不可忽视的定位指标。例如，世界著名品牌奔驰和宝马属于同一档次的轿车，但各自都有特定的目标市场：奔驰的购买者是年龄偏大、事业有所成就、社会地位较高、收入丰厚的成功人士；而宝马则属于那些富有朝气、年轻有为、不受传统约束的新一代人士。这些消费者的特点也正是奔驰和宝马的品牌形象。为了树立汽车品牌形象，可以利用标志、文字、视听媒体、气氛和特殊事件来完成。在产品没有开发之前就考虑产品形象和用户范围，如果没有好的定位，可能就没有好的市场。如世界级名牌的专卖店一定有很好的装饰和良好的购买环境，而一个小的微型汽车可以没有 4S 店。因为目标客户不一样，产品形象就不可能一样。

3．市场定位战略的选择

在企业的目标市场中，通常会存在一些其他企业的产品。这些产品已经在消费者心目中树立了一定的形象，占有一定的地位。企业要想在目标市场上成功地树立起自己产品独特的形象，就必须考虑到这些竞争企业的存在，并针对这些企业的产品，制定适当的定位战略。通常可供企业选择的市场定位战略包括以下几方面。

（1）竞争性定位。竞争性定位是指将本企业产品定在与现有竞争者产品相似的市场位置上，与竞争对手针锋相对，争夺同一细分市场。这种定位要考虑以下因素：①生产技术与质量水平是否具有优势；②市场潜力与市场容量是否足够吸纳两个企业的产品；③是否有比竞争对手更强的生产经营实力。只有具备这些条件的企业，在市场竞争中才会处于有利地位，才能采用这种定位战略。如劳斯莱斯和迈巴赫是竞争对手，他们的客户都是世界级的超级富豪；如大众的迈腾、福特的蒙迪欧致胜、丰田的凯美瑞、本田的雅阁等就是竞争性产品，定位基本一致，属于中高档次。而飞度、菠萝、威驰是定位于经济型的，由于大众、丰田和本田是同档次的公司，他们的产品就是直面市场抢夺市场的，他们毫不避讳这样直面竞争的局面，勇于竞争，对于最后结果的评价就是市场占有率。

（2）拾遗补阙定位。拾遗补阙定位是指企业通过分析市场中现有产品的定位状况，从中找出尚未占领或未被消费者所重视的空缺位置，并以此来为本企业确定市场位置。企业采取这种拾遗补阙之法为其产品定位，可以使自己的产品具有一定的优势和特色，并可避免与同行业的竞争。采用这种定位策略应考虑以下因素：①是否有足够数量的、确定的消费者需求；②这种空缺产品的生产技术是否可行和经济合理；③企业是否具有开发与经营的能力。

上海大众推出了 cross 菠萝，就是想在 SUV 和小汽车中间找到拾遗补阙的产品，小汽车底盘低，而大的 SUV 耗油高、价格高，所以在喜欢 SUV 的人中，有人需要 cross 产品，大众开发了，为了这小市场，说它小是因为它面对的客户可能不多，但是这一市场弃之可惜，而开发 cross 菠萝产品并没有投入很大的费用，因为该车是在大众普通菠萝上改变了一些地方就做成的，于是就有了 cross 菠萝这一产品。最近，很多厂家都在开发 cross 车型，如东风日产。

（3）突出特色定位。突出特色定位是指企业通过分析市场中现有产品的定位状况，发掘新的具有鲜明特色的市场位置，来为企业的产品定位。企业应根据市场需求情况与本身条件，尽量突出产品特色。这种战略实施时对企业条件要求较高，而一旦成功将给企业带来丰厚的收益。

案　例

细心分析客户需求，靠特点畅销的奔驰乌尼莫克汽车

20 世纪早期，奔驰公司收购了一个生产农用汽车的工厂乌尼莫克汽车厂。该厂生产农用卡车。按理来说，这样的工厂生产的产品没有什么特色，很难利用其优势。但是，奔驰考虑了该厂的特点，在该厂生产了一系列特种汽车。该厂车的特点我们今天来看，就是牵引力大得和拖拉机相近，越野性好，同时前后轮是独立悬挂，独特的车架设计，一根在中间的圆桶形车架使得该车前轴和后轴最大的扭转角度可达90度。他们利用该车改装成扫雪车、清洁车、吊车等，很有市场。在我国西部沙漠地区的油田，就使用了该厂生产的风冷发动机的四轮驱动卡车，因为沙漠地区缺水，风冷特别实用；有时需要该车在无路的沙漠上行驶，该车的高通过性则是另一大特点。该车设计的适合沙漠地区的油封有不进沙的特点，十分实用。该车就是通过研究分析客户独特的需求而畅销的。

案　例

奇瑞的年轻时尚定位

"奇瑞 QQ"——年轻人的准确定位，与时尚前锋产品对应，他们崇尚实际，对品牌的忠诚度较低，但是对汽车的性价比、外观和配置十分关注，是互相影响的消费群体。从整体的需求来看，他们对微型轿车的适用范围要求较多，"奇瑞 QQ"定位为"年轻人的第一辆车"，从使用性能和价格比上满足他们通过驾驶QQ所实现的工作、娱乐、休闲、社交的需求。从企业经营理念方针战略出发，结合当时宏观环境行业动向和竞争，根据企业自己的状况，奇瑞将目标市场定位在年青一代。为已经购车的用户提供全方位服务，以不断提高消费者对"奇瑞QQ"产品的认知度及对奇瑞品牌的忠诚度。由于"奇瑞QQ"始终倡导"具有亲和力的个性"的生活理念，因此在当今社会的年青一代中深获共鸣。"奇瑞 QQ"已逐渐成为年青一代时尚生活理念新的代言者。

4．市场定位的步骤

市场定位的步骤如下。

（1）调查研究影响定位的因素，调查的主要内容包括以下两点。

① 竞争者的定位状况。企业要对竞争者的状况进行确认，并要正确衡量竞争者的潜力，判断有无潜在的竞争优势。大众、丰田、本田经常根据竞争对手的销售情况和配置变化来调整自己的决策。

② 目标消费者对产品的评价标准。企业要搞清消费者最关心的问题，并以此作为定位决策的依据。

（2）选择定位优势和定位战略。企业通过与竞争者在产品、促销、成本、服务等方面的对比分析，了解自己的长处和短处，从而确定自己的竞争优势，进行恰当的市场定位。

（3）准确传播企业的定位观念。企业在做出市场定位决策后，还必须大力宣传，把企业的定位观念准确地传递给潜在用户。但要避免因宣传不当而在公众心目中引起的下列几种误解。

① 定位过低，不能显示出企业的特色。例如，面向社会集团销售的轿车就不应该给人以档次过低的印象。如商务车就是定位于社会集团购买的，大众的迈腾、奥迪，丰田的皇冠都是商务车。

② 定位过高。例如，面向出租行业销售的轿车不应给人以档次过高的印象。上海大众针对出租车行业的特点，将车进行适当地改进，把不实用的功能取消了，制造出了出租车型桑塔纳2000，就是定位比较准确，有目的性和针对性。

③ 定位混乱，在公众中没有统一明确的认识。这种混乱可能是由于主题太多所致，也可能是由于产品定位变换太频繁所致。

④ 定位怀疑。客户可能发现很难相信该品牌在产品特色、价格或制造商方面的一些宣传。

上述误解将会给企业形象和经营效果造成不利影响。

本章小结

本章详细地介绍了汽车市场调研所包括的内容、步骤和方法，着重从定性和定量两个方面介绍了科学的市场预测方法，并且通过对市场细分、目标市场营销和市场定位这三个主要步骤的分析，阐明了汽车目标市场营销策略。

思考题

1. 为什么要做市场调研？如何才能做好市场调研？
2. 市场细分的目的是什么？
3. 市场预测的步骤是什么？
4. 新进入汽车行业的公司是否就一定没有一点市场？为什么？

实践训练

1. 分析在国内市场上几种比较理想或失败的产品的特点，如东风毕加索、上海通用凯迪拉克、上海大众高尔。

2. 指导学生制作一份关于汽车产品的调查问卷（如消费者对几种汽车品牌的评价意见或是消费者对汽车产品的需求情况等），并组织学生利用此问卷到某一场所进行实地问卷调查，然后将获得的意见进行整理分析。

第 4 章

汽车市场消费者分析

【本章重点】

- 汽车产品的消费特点
- 汽车私人消费者市场特点
- 汽车组织消费者市场特点

【本章难点】

- 汽车私人消费者购买行为特点
- 汽车组织消费者购买行为特点

对汽车消费者在购买过程中各阶段行为的研究，是汽车企业开展汽车市场营销活动的重要任务，市场营销的目标是让汽车消费者的需要和欲望得到满足，从而使汽车企业受益。

4.1　汽车消费需求分析

4.1.1　汽车产品的消费特点

汽车作为一种产品，其作用主要体现在能使运输的对象到达目的地。小汽车、大客车运输的是人，卡车运输的是货物。由于运输对象不同，车辆也不同。有地位和金钱的要追求舒适性，同时要求乘坐高档次的车来体现其身份和地位，如乘坐劳斯莱斯、迈巴赫、奔驰 600 等；而低层次的消费者要满足运输的基本功能就行，如坐 QQ、奥拓等。社会各阶层的需求和目的不同，造成了汽车本身价格的巨大差别，如 QQ 最低的 3 万多元，奔驰系列的迈巴赫可卖到 600 多万。汽车的购买除了需要充分的购买力，还需要有经济能力使用汽车。高档次的车辆保养和维修费用因为车的数量少，其价格也是不菲的。

1．汽车的消费特点

（1）汽车本身的价格就很高。不同的车型价格也不同，低则几万，高则上百万，有的甚至上千万。目前汽车市场上较便宜的车型集中在家用的微型车和面包车上，如长安面包车、哈飞面包车、东风小康面包车；车价较高的车型主要是进口车，如布加迪威龙、宝马 X5 和奥迪 Q7 等。

（2）汽车的价值随着其使用的行驶里程的增加而逐渐降低。当达到一定的里程以后，其安全性不能满足其使用要求时，就会被强制报废，这时其价值为零。

（3）汽车的各种相关的使用费用较高。汽车在购买以后，注册的时候，各种附加费较高，像车辆购置费就高达车辆购车费的 10%，在使用的时候还要交纳各种养路费、过桥费、保险费及每年的车辆年审费。在车辆出现故障的时候，还要计算各种修理费、平时的保养费、零配件费用等。

（4）汽车的使用消耗费用较高。汽车在使用的时候必须消耗燃料，发动机和其他总成需要润滑油来进行润滑，发动机的冷却系统中要加注冷却防冻液；轮胎在使用到极限位置以后要更换。这些费用在汽车的使用上也是一笔不小的支出。

2．影响汽车产品消费的因素

目前，不少消费者都能买得起车，而且准备买车的人也不少，但最终购车的人却不是全部。原因如下。

（1）城市规划相对滞后，道路结构不合理。近几年，虽经多次道路拓宽改造，但城市的规划远远落后于高速发展的汽车业，许多商业中心、高档居民楼都见缝插针，建在城市中心，不能适应家用轿车带来的分散化城市格局。因此，汽车消费的“肠梗阻”现象依然制约着汽车的消费市场。

（2）油价居高不下，影响汽车业的发展。近年来，受国际国内因素影响，油价一直居高不下，上涨趋势明显，现在已经超过 6.0 元 / 升，油价的居高不下使汽车使用费用增加，“买得起养不起”的现状使许多潜在消费者较为苦恼。大城市因为油价上涨和道路拥挤有不少已经买车的人不开车，仍然在乘公交车出行，出了很多所谓的“捧车族”，买了不用放起来。

（3）汽车的使用缺乏一个宽松的环境。“停车难”成为汽车业主新一轮较为头疼的问题，停车场的增速根本无法适应汽车市场的发展，可见我们的城市还不太适应汽车时代的到来。像上海那样的城市不但要买车，还要花几万元钱去买牌照。同时有很多地方在购买汽车的时候，要提供有停车位的证明。

（4）区域经济相对滞后，工薪阶层望车兴叹。近年来，我国经济得到快速发展，但全国东西部地区还有较大差距，中西部地区薪资水平相对偏低，而工薪阶层却是拉动整个城市消费增长的主要群体。按我国汽车价格计算，对于大多数月收入只有 1000～2000 元的工薪阶层来说，买车还有一定距离，即使办理信贷业务后，消费者每月得还款 1000～10000 元，而车的日常费用更难以承受。因此，汽车价格虽一降再降，但仍未进入工薪阶层。

（5）汽车的售后服务缺乏创新意识、服务意识、用户意识。汽车业的发展，对汽车市场的售后服务提出新的挑战。而对小汽车市场的发展，许多汽车业主几乎不懂得维修，而汽车维修费用又很高。可见，落后的汽车售后服务影响了汽车消费的增长。

3．汽车消费特点的分析

（1）价格、服务、油耗和品牌是消费者购买家用轿车的主要注意点。据国内近期调查统计显示，67.7%的人选择价格，59.3%的人选择服务，46.1%的人选择的是油耗，39.3%的人主要注意的是品牌。

（2）贷款购车为多数消费者所接受。贷款购车能有效缓解汽车消费者的资金压力。调查表明，61.8%的消费者愿意贷款购车，只有 38.2%的消费者对此持否定态度。在不愿意贷款购车的消费者中，农民和离退休人员占了很大比重，这显然和消费观念有关。消费者对贷款购车最不满意的是贷款购车手续繁杂。此外，还贷费用太高、还贷期短、担保方式少也是消费者不愿落实贷款行动的原因。

（3）对燃油、舒适性的不满意率较高。调查显示，22.3%的人对已购轿车表示“满意”，67%的人对已购轿车表示“基本满意”。消费者的不满意主要集中在“燃油消耗”、“乘坐舒适”和“加工精细度”方面。其中：在质量加工精细度指标上，33.3%的消费者表示“满意”，59.3%的消费者表示“一般”，7.4%的消费者表示“不满意”；在安全性指标上，44.4%的消费者表示“满意”，51%的消费者表示“一般”，4.5%的消费者表示“不满意”；在款式外观指标上，38.3%的消费者表示“满意”，54.8%的消费者表示“一般”，6.9%的消费者表示“不满意”；在发动机性能指标上，47.2%的消费者表示“满意”，48.4%的消费者表示“一般”，4.4%的消费者表示“不满意”；在燃油消耗指标上，40.2%的消费者表示“满意”，49.6%的消费者表示“一般”，10.2%的消费者表示“不满意”；在乘坐舒适指标上，37%的消费者表示“满意”，54.3%的消费者表示“一般”，8.7%的消费者表示“不满意”；在操控方便指标上，43%的消费者表示“满意”，51.3%的消费者表示“一般”，5.8%的消费者表示“不满意”。

4．汽车在结构上的特点预测

据美国某汽车公司对目前每年生产5000万辆左右汽车的统计，预测国际市场汽车结构将出现以下十大特点。

（1）柴油机被更多的轿车所采用。欧洲装备柴油机的轿车已越来越多。柴油机技术的发展，特别是小型高速直喷式柴油机技术日趋完善，使这种比汽油机更为经济、排放更低的轿车受到更多人的喜爱，但是对我们国家而言，因为柴油经常断供，所以柴油化有很多问题。

（2）汽油机技术发展标志之一是电控燃油喷射发动机将取代化油器发动机。欧共体已明确规定：1996年以后生产的汽油机汽车必须装备电控燃油喷射系统。我国规定2000年后的车必须加装电子控制燃油喷射装置。因为使用了电子控制燃油喷射系统，污染物排放大大减少。我们国家也正在强制实行欧III标准。

（3）电动汽车将进入实用阶段。随着低价格、高能量和长寿命新型电池的研究发展，以及人们对环保的强烈呼声，电动汽车将在各大城市成为一种代步工具。如丰田普瑞斯混合动力、比亚迪研发的F3DM电动汽车等多个车型已经投放市场。

（4）汽车安全标准将会更加严格。为保证汽车可靠性和稳定性，ABS已成为一些车型的标准装备；安装保障乘客安全的气囊装置的数量将逐渐增加，一些车型装备了侧面气囊，以保证侧翻时乘客头部的安全；三点自动上肩式安全带、防侧撞杆及钢制正时链都将装备到各种类型的汽车上。同时电子控制的ESP、ASR等也逐步成为标准装备。

（5）使用更多替代钢的轻质材料，以降低车重。美国轿车自重由目前的1100千克降低到1000千克以下。铝合金、镁合金及碳素纤维等轻质材料在汽车制造上的应用将增多。如奥迪系列就使用了铝合金车身降低重量；沃尔沃汽车开发了主动安全防撞系统，提高了行驶安全性。

（6）各种电子装置将在汽车上更多地应用。如电子发动机锁，它使偷车贼无法下手；全球卫星定位系统使驾驶人员无论身在何处，都能找到最近的道路去目的地，也不会迷路。

（7）载货汽车将改进现有的动力装置。使用一种更加有效的动力装置，可以使目前的载货汽车拉得更多、跑得更快。

（8）前轮驱动汽车将有所增加。发动机横置技术进一步发展，将使汽车更省油，更为经济，一些大型汽车也将采用前轮驱动方式。如新奥迪A8等。

（9）大量减少汽车污染。如用三元催化转换器对尾气进行处理。奔驰公司甚至规定20克以上的塑料件必须回收，以免造成对环境的污染。

（10）提高经济性，降低油耗。这也是各大制造厂商为之努力的。估计在采取各种措施后，轿车的油耗能从6升/100千米降到4.2升/100千米。

案　例

国内汽车市场的主要特点

（1）一线城市趋于饱和，以售车为主的盈利模式有待调整。

（2）置换逐渐成为用户购买的主要目的，低端车型前景不容乐观。

（3）道路承载能力开始对汽车市场产生影响，二三线城市也开始探索治堵方法。

（4）随着使用成本的提升，用户意识发生转变，租车成为替代买车的另一种可能。

（5）消费者维权意识提升，汽车“三包”政策已开始实施。

（6）节能车标准提高，汽车相关技术向更高一层发展。

（7）SUV 汽车与 MPV 汽车在年度销量占比和用户关注度方面均获得提升。

（8）10～15 万元价位车型在国内汽车市场中占据最大的关注份额。

（9）进口汽车在市场中的关注比例有所提升。

（10）1.6～2.0 升排量车型对用户有更大的吸引力。

（11）MT 类变速器所占关注比例有所下降，但依然过半。

案　例

有独特性能的北方奔驰卡车

中国兵器总公司于 20 世纪引进的德国奔驰卡车技术，生产了北方奔驰卡车，按照今天的标准，我国有很多企业能生产这个技术水平的卡车，如中国重汽、一汽、二汽、重庆重汽等。但是在很多地方，人们在买车时还是要购买北方奔驰。因为它有较强的通过性和越野能力。在野外作业的油田，没有公路，需要这种高通过性的卡车。涉水深度超过 1 米，军队使用这种卡车可在野外进行军事活动。独特的性能给北方奔驰卡车带来一片宽阔的市场。

4.1.2　汽车消费市场的主要特点

汽车市场主要分为消费者市场和业务市场。汽车产品不同于服装或日用品，本身具有消费品和生产品的双重特征。研究汽车营销的市场行为，必须同时研究消费者市场行为和业务市场行为。首先来分析一下消费市场所具有的特点。

1．消费需求的多样性

由于消费者的收入水平、文化程度、职业、年龄和生活习惯等的不同，会有千差万别的爱好和兴趣。因此，对于轿车的需求不同的消费者也是不同的。这就是消费需求的多样性特征。

2．消费需求的发展性

人们对商品的需求会随着生产力的发展和人民生活水平的改善而不断提高。20 年前，中国居民还未曾想到过可以拥有私家车，而今天，大力发展家用轿车，已经成为我国汽车工业的一个目标。

3．消费需求的层次性

人们的需要是具有层次性的。一般来说，总是遵循着马斯洛的需要层次理论，先满足最基本的生活需要，才能满足高层次的社会需要和自我实现需要。在社会经济水平比较低下时，人们首先需要的是满足基本的生活，而当经济发展后，购买商品时将更多地满足社会性、精神性。20 世纪 80 年代初期，中国的汽车购买者最关心的是汽车这种商品的实用性，至于式样、外观、时尚程度基本上不被重视；而今天，这些因素都已成为购车者所关注和判断选择的因素。

4．消费需求的时代性

消费需求常常受到时代精神、风尚、环境等的影响。对于美国来说，每当经济处于发展期的时候，豪华型轿车就会成为汽车市场的主流产品；而当经济衰退或者石油价格上升时，低耗油的经济型轿车就会成为市场的宠儿。

5．消费需求的可诱导性

企业可以通过营销活动的努力，来转移或改变人们的消费需求。潜在的消费需求可以通过诱导，使之成为现实的消费。企业甚至可以通过营销活动创造出消费需求。20 年前，还不了解家庭轿车的中国消费者，通过这 20 年来从不间断的广告、宣传，当然还很大程度上受到影视作品的影响，不但开始希望拥有家庭轿车，同时也接受了将私家车作为人生价值判断的一项标准。

6．消费需求的互补性和替代性

许多消费品之间具有互补的作用，也有一些则可以互相替代。互补性的商品具有“一荣俱荣、一辱俱辱”的特点；而对于互相替代的商品，一旦一种商品销量上升，其他的就会下降，也就是处于竞争状态。比如说，汽车销量上升时，汽车装潢业、维修保养业的业绩也会上升；但是，如果一段时间内，二手车市场相对繁荣的话，不可避免地会使一手车市场的销售量下降。

案　例

由于燃油价格的高涨，各大公司全力发展小排量车

在世界汽车发展的历史上，最早的辉煌都是小排量车，如大众的甲壳虫，雪铁龙的 2CV，宝马的 isetta。但是，过去几十年的发展，几大汽车厂都将小排量车取消了，只有菲亚特在小排量车领域里艰难地发展。原因是小排量车利润低，福特总裁曾说过“微型汽车，微型利润”，可见小排量车的利润之低。自世界性燃油价格飞涨后，各大公司又重新审视自己的小排量车计划。如奔驰的 smart，尽管过去一直在做，但是一直没有利润，正要放弃之时，全世界燃油价格上涨，奔驰又重新审视自己的 smart，希望靠它在微型汽车领域再掘一桶金。而宝马的 isetta 也是 20 世纪生产的产品，是 1955 年投放市场的，已经有几十年不生产了，最近也是因为燃油价格的上涨，宝马也开始重新审视自己的微车，准备再设计一款微型车沿用 isetta 品牌，预计在 2010 年后投放市场。而菲亚特却一直在小型车领域拼搏，且卓有成效，其 500 型即将投放中国市场，而且有多种配置，能充分体现其个性。

分析上述现象的原因，就是近期各大汽车公司的利润和销售额都没有达到预期的目标。分析其主要原因之一就是油价太贵，购买大排量汽车的人数在减少，而微型车就有省油的优势。所以，几大汽车厂都准备在微车领域大显身手，重新制订自己的小排量车计划，这就是跨国公司对消费者充分研究的结果。

4.1.3　汽车消费者类型

汽车用户类型根据运输的对象、条件及环境的不同，可以使用的汽车也有所区别。按车辆的所有权来分可以分为两大类：集团与私人，而集团又可细分为三类：政府机构、事业单位、企业单位。

1. 集团

（1）政府机构和事业单位。政府机构和事业单位历来就是购买车辆的大户，过去因为奥迪汽车在政府采购中的成功，确立了奥迪官车的名声和定位，一直到今天，人们还在对其津津乐道。当然，今天中国购买车辆的主要是个人，但是政府部门的购买一直是大客户。其他事业单位都是政府出钱的单位，购买程序和品牌同政府差不多。

（2）企业单位。企业单位的购买有两种情况：一是专业运输企业购买属于生产资料的卡车、客车和小汽车（出租公司用）；二是购买属于日常使用的小汽车，国有的企业单位购买程序复杂，根据各地情况不同有很大区别。但是私营企业单位购买车辆显得简单一些，根据使用性质不同，购买的品牌和价格有很大不同。

2. 私人

私人用车正逐步增多，据国家信息中心中经网发布的汽车行业预测报告，2002 年以来，中国私人购车占整个汽车市场的份额迅速提升，私人购车比例首次超过 50%。预测报告指出，受城市容量和油价上涨等因素的限制，2004～2011 年中国汽车市场的年需求增长率为 10%～15%。2011 年中国实现汽车产销 1841.89 万辆和 1850.51 万辆，汽车的产销总量仍居世界第一。2012 年中国汽车需求高于 2011 年，汽车销量达 1927.18 万辆，2013 年销量达 2198.41 万辆。

4.2　汽车私人消费者分析

4.2.1　影响汽车私人消费者购买行为的因素

1. 个性化

个性化包含让我们中的每个人都与众不同、独一无二的所有特色、特点、行为和经验，是一个非常广泛和深入的研究领域。我们的个性埋藏于我们作为消费者的所有行为的中心，在物质缺乏的阶段，我们的个性大部分被抹杀，但在市场竞争激烈的今天，我们的营销人员试图确定目标消费者群体中普遍的个性特点和特征，这可以在产品本身及围绕该产品所做的营销努力中反映出来，已经开始进入了心理描绘或生活方式领域。这毫不为奇，因为个性有助于形成生活方式，而生活方式也同样影响到个性。

对于高参与度的产品，在产品和消费者之间有很强的感情联系和心理联系，相对来说比较容易看出个性怎样将影响选择和决策。例如，在选择服装时，作为个性的表白，一位性格外向的、自信的并有奢侈倾向的成功者，可能会有意选择前卫的、时髦的、大胆的、颜色抢眼并昂贵的衣服。而一位安静的、没有安全感、社会技巧不足的人，可能倾向于穿戴比较严肃、比较保守并且不太可能吸引别人注意的衣服。

然而，总体说来，个性和购买之间的联系，以及从个性特色中去预测购买方式的可能性，都是很细微的。一些研究能显示出个性和购买之间有很强的联系，但大多数研究只显示了微弱的联系，而一些根本就没有显示任何关系。个性可能会影响到购买某类产品的决策，但不是最终的品牌选择。

案　例

Yaris 迎合年轻人的个性

丰田在欧洲推出了第一代命名为 Yaris 的车型。该车的目标市场是“欧洲市场上 20～30 岁的非丰田车车主”，为了迎合年青一代的喜好，萨奇兄弟公司将该车定义为“违背逻辑的轿车”，形容它外观玲珑，内部宽敞舒适，画面为玩具飞机载着一个男孩腾空飞翔。4 年后，Yaris 刷新了欧洲小型车的销售纪录，同时被授予“2000 年度欧洲最佳小型车”殊荣。

2. 感觉

感觉代表了个体对得到的信息进行分析、阐释并使之具有意义的方式。感觉受个性、经验和情绪的影响。不会有两个人对同样的刺激物有完全一样的阐释，即使同一个个体，在不同的时间可能对同一刺激物也有不同的感觉。例如，同你饱餐一顿之后相比，当你饥饿的时候，一则关于食物的广告更可能对你产生正面影响。直接需求影响到了对于信息的阐释。类似的，快速翻阅同一本杂志时，星期天下午在家中放松的时候，比起工作日在短暂休息当中，一个人更有可能花时间阅读一份详细而冗长的印刷广告。很自然地，营销人员希望消费者能够在他们放松、悠闲或者是跟这个世界悠然相处的时候，注意到他们的广告，因为那时个体更有可能对信息做出一个正面的阐释，并且不太可能被别的压力或者是需要转移注意力。

其他的压力和需要，确实给营销人员造成了需要克服的问题。所有消费者每天都会受到营销信息的轰炸，如果他们试图对它们给予同样的注意力并对之进行客观的阐释，那么他们很快就会变得疯狂。因而，需要有一些保护机制来保护消费者免受过度刺激之苦，并努力在阐释过程中让消费者放松。营销人员要做到以下两点：

（1）选择性注意。消费者并没有注意到同时发生的所有事情。注意力过滤，让消费者对收集到的信息进行了无意识的筛选。在日常生活中，我们会过滤掉一些不相关的背景噪声，如计算机的嗡嗡声，花园里的鸟叫声，大街上的汽车声，走廊里的脚步声等。同样地，消费者也会过滤掉无关的营销信息。例如，在读报的时候，消费者快速的一瞥发现了一则广告，认为它是无关的，就将视线转向阅读周围的内容。

这也意味着营销人员必须攻克这些过滤器，或者提出我们将认为是相关的信息，或者是构造能在信息当中抓住消费者注意力的策略。例如，印刷的广告可能会利用其醒目的位置、强烈的色彩或令人震惊的图案来抓住视线，更为重要的是抓住大脑。

（2）选择性认知。即使营销人员抓住了消费者的注意力，问题也可能还没有解决，因为人们会以各种适合他们的方式来阐释信息。消费者不喜欢冲突和矛盾所产生的不适，而是希望把事情阐释得跟自己已有的想法和感受相吻合或相一致。

建立这种一致或者协调的方法之一，是让以前的经验和现有的看法来影响认知。对于某企业提供产品的一次糟糕经历，就产生了也许永远不会克服的偏见。无论哪个组织传递出何种有吸引力的信息，消费者将永远认为“是的，但是……”类似地，对于某问题有负面态度，将会使消费者对于信息给予不同的阐释。例如，某人极力反对原子能，他将尽力从这一行业的广告的字里行间，找到掩饰和相反的论据。这可能会歪曲信息，甚至会强化负面的感受。相反地，一次愉快的经历将更容易形成正面的认知。过去的愉快经历为新的寻求打下了坚实的基础。

3. 记忆力

并不是所有的通过注意、过滤和认知，以及阐释机制的刺激物都能被记住。很多刺激物只是暂时的，因而这就是广告重复的原因之一。如果在第一轮广告当中，消费者没有注意到或记住，你可能会在后来的场合中看到。重复信息或者创造出相似的刺激物，可以使消费者能辨认出品牌名称、包装设计、商标或者是配色方案等，因而对记忆进行提醒，就成为降低对消费者记性的依赖的一种重要营销任务。

人类会记住他们想记住的东西，并筛选掉其他东西。保持某一特定信息的原因，可能是因为它在感情上打动了他们，或者是与他们有直接的关联，或者是它特别具有娱乐性，或者是它强化了以前所持有的观点。原因有很多，但是消费者没有义务去记住所有东西。

4. 学习

感觉和记忆力与学习紧密相连。营销人员希望消费者从促销品中学到东西，从而了解购买什么样的产品及为什么购买，进而能再次购买该产品，并将信息传递给其他人。

从营销的角度来看，目标肯定不仅仅是让消费者学到一点东西，还包括使他们记住所学到的东西，并据此采取行动。例如，广告材料都经过精心设计，使学习机会最大化。一则电视广告是关于通过电话卖汽车保险的，在 30 秒钟之内，4 次重复了免费的电话号码，并将电话号码写在屏幕的底部，所以观看者很可能会记住它。在一则广告中不断地重复一种产品的好处，也可以帮助消费者在使用某种产品时，清楚自己应该注意什么。例如，立白公司的广告是将一瓶用“立白”所清洗的一大堆瓷器和与该产品竞争的产品所清洗的可怜巴巴的一堆瓷器摆在一起，这种形象比起单纯的语言所传达的信息来说，更容易留在消费者的脑海中。一般来说，在某一特定的使用场合展示出一种产品，或者是将之跟某一种人或情景联系起来，就会给消费者提供一种指导方针，从而清楚对该产品应该持怎样的一种态度。

5. 动机

有人在定义营销的时候，将重点放在消费者需要和要求的满足上。但是，是什么引发了那些需要和要求，是什么促使消费者去实现它们？就行动的动机来说，推动力是复杂和变化的，可能很难进行研究，因为个体自身经常不能确定为什么自己会如此行动。另外一个问题是，在不同的时间，不同的动机可能占上风，并对消费者的行为产生更大的影响。例如，一位旅行者驱车从甲市开往乙市，在旅行的开始部分，首要的事情是快速前进，找到一个地方吃午饭，而暂时的目的是及时地到达中途的一个城市，并找到一家合适的旅馆。在向南的汽车高速公路上的长时间交通延误，破坏掉了这些计划。天色渐晚，旅行者认识到他不可能按计划到达中途的一个城市。看过一些“客满”的标识牌以后，他开始越来越关心能否找到一间房子住，因为开车人不希望在汽车里入睡。刚开始旅行时所路过的很多旅馆都不在考虑之列，但现在任何一家旅馆都有可能被他接受。首要的事情不再是所走过的距离，而是找到一间温暖舒适的旅馆客房。旅行者的动机在内容和强度方面，在一次长距离的汽车旅行当中发生了变化。营销人员如果要有效地营销他们的旅馆、饭店或者实际上任何产品或服务，就需要意识到消费者的这种动机。可以想想一家灯光明亮、标志熟悉，而且从汽车高速公路上就可以清清楚楚地看到的旅馆，对于一位疲劳的旅行者来说能产生怎样的效果。

马斯洛的《需要的层次》一书，长期以来都被用作对基本动机进行归类的框架。他划分了五组需要，每一组位于另一组之上，并形成了一个递进关系。在最低层次上得到满足之后，个体就开始努力实现高一级的目标。这一模型的背后确实有一定的逻辑基础，并且，真正的自我实现只能是建立在安全和社会认可的坚实基础之上的。但是，这一模型是在美国资本主义文化的背景下发展起来的，在那里成就和自我实现本身常常就是目标。

对于这五个层次，都能找到消费者行为和营销活动方面的例子。具体如下。

（1）生理需要。基本的感觉，像饥饿和口渴，能成为有效的推动力。经过一场紧张的篮球比赛之后，对于饮料的直接渴望，超过了通常对于品牌倾向的考虑。如果运动中心商店的货架上只有一种软饮料，那么这种饮料也可以。类似地，老牌购物者充分明白，在饥饿的时候逛超市是很危险的，看起来多得多的东西被放到了购物车里。

营销人员可以利用这样的感觉。软饮料制造商能确保运动中心存有那种品牌，并且产品的形象能够反映出精力恢复和消除口渴的性质。食品制造商可以在一天当中观众有可能感到饥饿的时间做广告，这样他们会更有可能注意到信息并记住它。

（2）安全需要。一旦个体得到了生活必需品，对于自我保护和长期生存的需要就出现了。在现代西方社会，这可以被解释为对于安全的家庭的渴望，不受入侵和避免其他危险。它也可能包括对于保健、保险服务和消费者保护法的向往。

汽车市场特别集中于安全需要，并将之作为营销平台。开车在本质上是一项危险活动，因而制造商尽力向我们保证他们的汽车尽可能地安全。在他们的广告当中，不同的制造商都突出保险杠、气囊和自动防滑的制动系统，告诉你这些怎样保护你或者帮助你避免发生事故。

（3）社会需要。主要是指归属感和爱的重要性，这是关于情感上的安全感，消费者希望感觉得到了人们的认可和重视。对于孤独感和不受他人欢迎的恐惧，能成为一个强有力的推动力，这在很多的营销战中都得到了重点突出。像除臭剂、牙膏和漱口水之类的用品，都在此基础之上大做广告，如果你使用这些产品，你将更加可爱，并且展示了不使用这类产品会产生的不受欢迎的可怕后果。即使是针对青少年的反对吸烟的活动，也采用了这种方法，暗示出你呼吸中的烟草味道会使你的朋友敬而远之。

（4）尊重需要。这将上一阶段向外扩展到更加广阔的社会背景之下，是个人对于成功、地位和高评价的需要。这可能包含职业上的地位和尊敬，处于社会群体之内。

这类需要在种类繁多的营销产品和服务中得到了体现。例如，绝大多数汽车广告都包含着某种信息，暗示出如果你驾驶这种汽车，它将在一定程度上提高你的地位，并赢得他人的尊重。这甚至对于小一点的、稍微便宜一点的汽车也很适用。在那里，尊重来自“英明的选择”或者是“一辆能反映我个性中正面因素的汽车”的观念。更明显的，尊重可能单纯地来自个人有能力负担得起更昂贵的、更高级的物品。香水和其他奢侈品在很大程度上都利用于这样的暗示，那就是你是一位有水准的精英人物。使用这些产品，对于你是谁，以及你所拥有的地位，仿佛做了一种宣言。你只需说“我拥有一辆劳斯莱斯”，就言简意赅地道出了一个人的社会地位。

（5）自我实现需要。这是最终的目标，通过成功地发挥一个人的潜力，实现了彻底的满足。有些人只有在做了跨国组织的领袖之后才会得到自我实现，而另外一些人将会在成功养活了一个幸福、健康的家庭中找到自我的价值。对于营销人员来说，这是一个不容易控制的阶段，因为这一阶段个性化太强了，因而营销人员只能希望通过满足以上讨论的其他需要，来帮助消费者向自我实现推进。然而，只有消费者自己才能断定在什么时间达到了这一阶段。

6. 态度

如前所述，态度指个体对某问题所采取的姿态，而这一姿态使他们对于那一问题以某种方式做出反应。

因而用营销术语来说，消费者可以对任何一种产品、服务和销售组合的任何一个方面，形成一种态度，而这些态度将影响到行为。所有这些都意味着，无论是通过认知、评估、信息处理或者是决策，态度在影响消费者判断方面都起着非常重要的作用。在学习方面，态度起着至关重要的作用。态度是不固定的，随着时间的推移而发展，但它们常常又是难于改变的。

案　例

福特收购“美洲虎”

美国福特汽车公司用 16 亿英镑收购了“美洲虎”，这个数字相当于“美洲虎”实际资产的 5 倍。福特收购的主要原因是欧洲用户普遍对欧洲自己生产的豪华车有相当的好感，而不愿意购买福特的豪华车。

4.2.2　汽车私人消费者购买动机分析

汽车消费者的购买动机，直接影响其购买行为。消费者主要的购买动机有以下几个方面。

1. 生存性购买动机

这是指由人的基本生存需要产生的购买动机，是每个人都具有的购买动机。在生存性购买动机的支配下，人们很少对购买行动产生犹豫，并且不注重商标、品牌。生存性购买动机下购买的通常都是生活必需品。因此，汽车商品不包括在内。生存性的购买动机经常会和其他购买动机混合，共同发挥作用。

2. 习惯性购买动机

具有习惯性购买动机的人，对于所购买的商品有充分的了解，并报以特殊的信任，一般不会轻易改变所选品牌。这种购买动机在普通生活必需品、嗜好品，以及一些奢侈品和高档用品中都比较容易出现。一些为大众所熟悉并赞赏的耐用品和奢侈品的品牌，容易受到人们的信任，从而形成习惯性购买。

3. 理智性购买动机

具有理智性购买动机的人，在购买商品前一般经过深思熟虑，了解所购买商品的特性，在选购商品时，不会受周围环境和言论的影响。

4. 自信性购买动机

具有这种购买动机的人，同样会事先了解所要购买商品的特征、用途等，收集广泛的信息，同时，他们有很强的自信心，有自我确定的标准和理由，不容易受外在因素的影响。具有这种购买动机的人容易成为某一种品牌的忠诚用户，会为自己所喜欢的品牌辩护。然而，对于销售人员来说，这些客户很难通过他们的营销活动而改变原先的计划。

5. 冲动性购买动机

具有该动机的消费者，在购买商品时，容易被某种商品的某一个特征，比如外观、包装、式样等吸引，从而在缺乏必要的考虑、比较的时候，就出现购买行为。这种购买动机通常容易在购买生活必需品或者价格较低廉的商品时出现，在汽车这种耐用品购买上比较少见。

具有冲动性购买动机的消费者容易对他所做出的选择表示后悔，也就是说，容易出现退货现象。尤其是在仅支付定金的情况下，更容易出现购买意向的反复波动。

6. 诱发性购买动机

这种购买动机的产生通常是因为对商品或商品的某些特征产生好奇，从而购买。与冲动性动机最大的不同是，它的后悔程度和退货率没有冲动性购买动机那样高。

当一种新产品上市时，容易成为这种购买动机的诱导对象。但是，在汽车行业中因为这种动机而产生购买的可能性较小，尤其是在中国这样一个汽车还远远没有达到普及，还属于奢侈品的社会环境中，冲动性购买动机和诱发性购买动机都是少见的。

7. 时髦性购买动机

这是指由于外界环境的影响或社会风尚的变化而引起的购买心理。消费者力图通过自己所购买的商品引人注目，或者借此提高自己的身份和地位等目的。这种购买动机带有强烈的炫耀目的。

在公众的心目中，汽车这种商品一向被认为是可以反映拥有者身份、地位、财富、品位的一种商品，它既是一种具有代步作用的耐用品，同时又具有某些类似高档时装、珠宝首饰之类奢侈品的特征。因此，汽车行业完全可以利用消费者的时髦性购买动机，来增加销售额。

8. 保守性购买动机

商品种类越是丰富，市场上的竞争产品越多，就越容易出现保守性购买动机。与理智性购买动机最大的不同在于，保守性购买动机仍然带有一定的盲目性，消费者并非充分了解和掌握所购买商品的特征和信息，只是因为市场供应的繁荣促使他们采取等待的态度。

当同一种商品生产中的大部分竞争者都开始采用某种促销策略，比如降价时，有时在市场上的反应并不像厂家所期望的那样火爆，这时消费者所抱有的可能就是保守性购买动机，他们在继续等待，等待厂家在价格上做出更大的让步，只有当他们认为这种让步可能已经达到尽头时，才会采取行动。

案　例

消费者购车的三种心态

众所周知，现在的进口车或合资车大致可分为日系、美系、欧系和韩系。比如日系车常见的有丰田、本田、日产、三菱等；欧系车常见的有大众、宝马、奔驰、雪铁龙、菲亚特等。两者在外观和内部设计上都有一定的区别。日系车的发动机多采用“小马拉大车”的形式，比较省油，这和它的整体设计有关。日系车设计力求物尽其用，没有多余的累赘，因此车身重量较轻，耗油自然要少。欧洲人个头比较大，而且他们比亚洲人更注重舒适实用，所以欧系车一般车内空间大，车身较重，他们崇尚张扬个性，偏爱动力功能好，因而多采用“大马拉小车”的驱动形式，发动机功率大，油耗相应也大一些。消费者购车心态大致可分为以下三类。

一见钟情派：有些消费者买车就像找女朋友，看中所谓的“第一眼感觉”。一款车或者是其外观，或是其整体风格都能够引起他的认同和舒适感，再加上足够的品牌质量系数，“移情别恋”的可能性就很小了。晏先生买了一辆别克凯越，他说，他比较喜欢美系车随意简洁的外形设计，而凯越这一车型就很对他的胃口，第一眼看到就比较喜欢，而别克又是一个不错的品牌，所以就毫不犹豫地买了下来。

慎重比较派：就消费者目前的购买力而言，添置一辆新车对大多数人来说毕竟不是小事，很多消费者买车除了自己在 4S 店转悠上一段时间外，还得拉上七大姑八大姨去给自己出谋划策。李先生是一名公务员，计划买车已经有一段时间了，但目前尚未实施。说到买什么车，他有些无所是从的表示，从经济的角度考虑，日系、韩系车比较省油，但欧系、美系车的使用寿命要长一些，真不知道该怎么选择。

理性分析派：有些消费者对车的了解比较深入，他们也就完全有资本站在专业角度对目前的车市进行一番分析再下定论。张先生可谓是“汽车发烧友”，对各种车的性能及车市动向了如指掌。他认为，买车不仅要看车的情况，还要看本地的路况更适合什么车。日系车比较划算，但张先生所在的城市路况并不好，日系车“小马拉大车”式的发动机不太适合，更易产生磨损，从而缩短车的实际使用寿命。

4.2.3　汽车私人消费者购买行为分析

消费者的购买行为会因为购买决策类型的不同而变化，在购买日常生活用品和购买耐用品时会存在很大的不同。越是复杂的决策，参与决策的人就可能越多。消费者本身在购买决策的过程中会发生复杂的心理活动，这种复杂的心理活动，支配着消费者的行为。美国学者阿萨尔根据消费者购买过程中参与者的介入程度和品牌的差异程度，将消费者的购买行为分为四种类型。消费者的购买行为分类如表 4-1 所示。

表 4-1　消费者购买行为分类

	高度介入	低度介入
品牌间差异很大	复杂的购买行为	寻求品牌的购买行为
品牌间差异很小	减少失调的购买行为	习惯性的购买行为

1．复杂的购买行为

汽车商品属于价格昂贵、有风险的商品，消费者在购买时，往往会格外谨慎，并且注意现有各品牌或各品种商品之间的差别，这就是复杂的购买行为。由于通常情况下，购买汽车的消费者不可能熟悉汽车行业或者熟悉汽车构造。因此，当他们在选购汽车之前往往要有一个学习、了解商品的过程。当所购买的商品价格越昂贵，占其收入的比重越高，这个学习的过程就越长、越复杂。这个过程可以分为三个步骤。首先，消费者产生对产品的信念；其次，对产品和品牌形成态度；最后，采取购买行动。

在汽车销售过程中，现场的销售人员对交易的成功与否起着极其重要的作用。消费者通常会征询销售人员的意见，并根据他们的介绍和反应做出判断。对于销售人员来说，则必须认真观察消费者的举动，并尽可能收集有关信息，以评估消费者的需要。同时，在作产品介绍和示范时，要体现出“专业化”的特点。专业化可以给消费者带来安全感和信任感，同时突出该产品品牌的优势，强调品牌的市场地位、影响和特点，从而提高该品牌汽车在消费者心目中的地位。

上海大众对于帕萨特销售人员提出了这样的要求，要求销售人员在和客户接触过程中必须了解消费者的需求。其服务内容包括如下。

（1）通过与消费者初步沟通，明确消费者对帕萨特的认知和偏好。

（2）有针对性地介绍帕萨特产品的基本知识和帕萨特助理式服务的基本知识。

（3）帮助消费者明确对产品的需求，包括型号、颜色、车型、基本装备和选装件等。而在车辆介绍服务中又提出了强调专业化的要求。

（4）介绍车辆时语言表述应当简洁，专业术语使用得当，并辅以通俗性的解释。

（5）特点介绍时，应当注意连贯性，不能跳跃。

（6）进行全面的现场介绍，包括销售公司的基本经销战略，帕萨特的销售政策、历史、产品特点、相关的技术指标及一些售后服务的内容。

在复杂的购买行为中，朋友和亲属的意见也会影响消费者的购买决定。曾经有美国学者做出过统计，企业每得罪一位客户就会直接或者间接失去25位客户。在汽车营销活动中，企业应当注意这个统计数据。

2．减少失调的购买行为

当品牌之间差异很小，但是该类商品的价格又比较高或者风险高的时候，消费者也会在购买时持谨慎态度。此类产品的营销，重点在于介绍产品的用途和特征，帮助消费者建立购买信心。

3．习惯性的购买行为

许多产品的购买是在消费者低度介入，并且所购买商品的不同品牌没有多大差别的情况下完成的。绝大多数食品和日用消费品都属于此类商品。消费者往往会因为习惯而长期购买同一品牌的产品，但是，他们对该品牌并不了解，也称不上是品牌忠诚者。他们对该品牌的好感或者习惯，会很容易因为外界刺激的产生或改变而改变。比如，当别的品牌的产品进行折扣销售时，消费者会很容易放弃原先习惯的品牌。此类商品的营销活动中，广告和销售促进都是转移消费者注意的一种有效手段，尤其是电视广告。

4. 寻求品牌的购买行为

这是指一些以消费者低度介入，但是品牌差异很大为特征的购买行为。在这种情况下，消费者被看成是会经常改变品牌选择的，并且，消费者改变品牌选择并非因为对产品不满意，而是由于市场上有大量可选择的品种，消费者的好奇心在这种购买行为中起了很大作用。

虽然消费者有以上四种比较典型的购买行为，但是对于汽车生产和销售企业来说，需要研究的只是第一种购买行为，这是由汽车商品本身的特征所决定的。

4.3　汽车集团消费者分析

4.3.1　集团购买的特点

1. 汽车集团消费市场的特点

目前，虽然我国私人购车的比重在增加，但是集团的购买仍然占重要的地位。前面提到过，集团购买主要是指商业性质的企业、政府机构及公共机构的购买。

（1）商业性质的企业。商业性质的企业包括以营利为目的的团体，他们主要从事产品或服务的生产或转售。

销售商购买用于转售的产品，通常不对它们进行物理改变。在汽车销售时，附加值在很大程度上来自于服务因素。

（2）政府机构。政府机构是汽车产品的非常重要的购买者。他们购买的车辆可能大批量、价格昂贵且具有高额的利润，政府购车除了日常办公用车以外，还有一些非常重要的外交场合，有显示身份地位的象征。因此高级轿车是政府和大集团的首选，其购买过程较为固定。在现阶段，一般政府机关在小汽车上青睐于奥迪车，较高一级的政府部门从历史上对奔驰比较热衷，而中巴车政府部门最感兴趣的是四川丰田柯斯达，从上到下，中国的政府部门集中出行时都坐该车。

（3）公共机构。该群体包括大体上属于非营利性机构的组织，例如大学、研究院等。这些公共机构由政府出资，从购买角度来讲是自主的。它们很可能遵循跟政府机构相同采购的过程，但在选择时具有更大的灵活性。例如，大学为了进行教学、研究与咨询，必须购买；另一部分可能进行招标和封闭投标。但目前已出台的相关政府文件有规定，规定所购买车的排量和价格不要超过一定的限度。这类公共机构所购买的车辆级别高的较少，其购车目的主要是功能性的满足。

集团汽车消费市场的特点可以归纳为以下几点。

（1）数量较少。相比较私人购买者而言，集团购买者的数量要少很多，特别是最近几年，因为车辆大部分是私人购买，政府集团购买的比例相对小了，但是绝对数并不少。

（2）购买金额巨大。一般集团购买的价值较大，而且重复购买也比较多。

（3）供求双方关系密切。为了达成“双赢”的局面，供应者与购买集团双方密切合作，相互沟通。

（4）理性购买。集团购买往往要进行讨论研究，购买决策是在一定的规划和计划上而做出的，而不像私人购车有时一时冲动而做出购买的决定。

（5）购买的方式不同。集团购买往往采用招投标的方式来进行，以当前的反腐倡廉、财务公开、公平的原则来进行。

（6）参与购买的人员更多、更专业。集团采购往往进行采购时，有很多专业人士、使用人员、采购人员等共同讨论来进行。

2. 汽车集团消费者购买的特点

集团购买与私人购买情况不同。这些区别导致购买过程的许多复杂问题，营销人员必须在鼓励尝试与再订购时，很好地掌握它们。其特点有以下几个层面。

（1）集团的购买策略。有可能有一些关于购买的系统或程序强加在集团购买者身上。对个别重要供应商应该如何对待，单一供应商或多个供应商的规则，或者在决定之前需要比较的报价次数，通常企业会向所有可能与供应商做生意的员工提供一份购买手册。该手册将勾勒出该集团的购买规则与方法，并列出已经核准的供应商清单，以及核准新供应商时要采用的步骤。

集团是从单一供应商还是多个供应商那里采购，是采购政策的另一个重要方面。如果使用单一来源，采购者需要确定连续稳定的供应，价格还要合理。

（2）专业采购。集团购买的风险与责任意味着它需要专业地完成。在复杂的、需要用户化的技术产品方面，需要大量谈判工作。即使对于用在制造上的小部件，定义供应的条款，以保证它们同产品需求一致与兼容（例如，性能规格、交货时间与质量标准），也是一项重大工作。

（3）团体决策。集团采购需要完整清晰的信息，严格遵守规定程序，责权分明，因此，集团采购常常是团体决策，而不是个人决策。据调查发现，采购中与产品相关的方面，极大地影响了集团中的哪些部门参与到采购中，而采购额度的大小，则决定着参与的管理人员的职位层次。

（4）采购的重要性。过程的复杂性，也总是由采购的重要性和集团对这一采购环境的经验来决定的。如在常规重购中，集团先前已经购买过此产品，并确定了供应商。这些产品可能是相对低风险、购买频率高、价格不昂贵的供应品。修正重购指企业有购买此产品的一些经验，但还需要重新考虑当前的过程。可能在集团上一次购买此物品之后，发生了重大技术变革，或者感觉目前的供应商不是最合适的，或者需要重新协商购买的指标。这样的例子可以是购买一批汽车，由于新的样式与价格变化，所以必须进行修正。同时，供应商之间的激烈竞争也要求供应商准备好为销售业务进行努力谈判。

这里的决策可能相对较长、更正式，并包含一个过程，但也从过去的经验中获益。因此，技术上的修正重购与设计、性能规格的改变相关，而商业上的修正重购与价格、供货相关。前一类可以由技术人员决定，而后者可能更多地与采购部门相关。

全新采购是最复杂的策略。集团以前没有该类采购的经验，因此在采购过程中需要大量信息和广泛的参与，特别是牵涉到高风险或高成本的产品时更是如此。这是供应商的一个巨大机会，因为这可能成为将来的长期生意（常规重购或修正重购）。对于购买者来说，这是一个重大决策，他需要花时间与精力来确保选择正确的供应商。

（5）法律与法规。法规影响着商务活动的各方面。在集团购买市场中，一些规章专门影响产品与服务的采购。一个明显的例子是受到各种国际贸易禁运的国家采购货物，例如，20世纪90年代的伊拉克和现在的阿富汗。更具体来说，政府可能希望在某些行业领域调整采购。

案　例

公车改革对汽车销售的影响

2014 年 7 月 16 日，《关于全面推进公务用车制度改革的指导意见》和《中央和国家机关公务用车制度改革方案》下发，备受全民关注的公车改革在酝酿 20 年后全面启动。

按照新方案，我国将取消副部级以下领导干部用车，取消一般公务用车。普通公务出行社会化，适度发放公务交通补贴。司局级每月补贴 1300 元、处级 800 元、科级及以下 500 元。地方补贴标准不得高于上述标准的 130%，边疆民族地区和其他边远地区标准不得高于 150%。

全国人大代表、中国第一汽车集团公司董事长徐建一在北京接受媒体采访时表示，目前，中国汽车行业最大的购买群体是个人，公车改革对汽车销售影响不大。官方数据显示，2013 年，中国汽车总销量超过 2000 余万辆，其中乘用车销量接近 1800 万辆，占比超过七成。

4.3.2　影响汽车集团消费者购买行为的因素

集团购买是一种理性行为，在购买中主要受到经济和人为的因素影响。但进一步区分可分为以下几个因素。

1．组织因素

组织因素是指购买者内部采购部门自身的目标、政策、结构、制度等方面的设置状况。

2．环境因素

环境因素是指集团当时所处的经济运行状况、政治社会环境及科技力量等情况。

3．人际关系

人际关系是指集团内部各机构不同人员之间的关系，其主体就是有关地位、职权、情趣、说服力等不同的参与者之间的关系。

4．个人因素

个人因素是指集团购买者中每个参与购买活动的人员，各自在购买活动中的动机、个人经历、喜爱偏好等方面的因素。

主要集团购车参与者如表 4-2 所示。

表 4-2　主要集团购车参与者

参与人员	注　释
使用者	实际使用车辆的人员，通常由使用者提出建议，并协助确定车辆规格
影响者	影响购买决策的人，他们常协助确定车辆的规格，并提供采购方案的情况信息
购买者	正式有权选择供应商并安排购买的人，主要任务是选择卖主和交易谈判，一般为高层管理人员
决定者	有正式或者非正式权力来选择或批准最终供应商的人
守门者	控制信息流给别人的成员，通常为采购员或者接线员

4.3.3 汽车集团消费者的购买模式

集团采购特定的购买过程往往比私人购买的过程更清楚、更正式。其过程大致如下。

1. 招投标购买过程

（1）确定产品与服务的精确规范。对于更具有革新性的大项目，要与专家顾问和潜在供应商的开发人员一起制定规范。

（2）招标。要求集团出价或投标，来获得供应权。有的项目仅允许被认可的供应商投标，有的则对任何人开放。

（3）对投标进行评估。评估提交的所有投标，在其中选择成功的一个。

投标是一个很有竞争性的过程，需要供应商很好地了解该过程。这在很大程度上依赖于企业是否与购买机构的内部人员具有适当的联系，维持与他们的良好关系与交流（当然在道德范围之内）。正式投标一旦开始，再进行联系往往已经太晚了。在我国，招投标是个很复杂的过程，因为涉及的方方面面的人员多、条文多。同时，因为批量大和影响面广，各个不同的厂家有不同的商业目的，有的为了在市场上露面而不惜将价格降低到成本以下，这样对于不想赔本的人来讲将是不能承担的，所以招标实际的利润是有限的。除非你的车有别人达不到的优势，采购方必须要购买你的车。如北方奔驰是中国兵器公司引进德国技术的产品，具有其他车辆没有的特点，就是卡车的通过性好，可靠性好，尽管外形不那么时尚，但是性能不错，在有些地方如油田购买卡车时指定购买此车，这样就不能招标了，都是采取询价的方法来购买，协商解决价格，因为国内没有第二家生产相同的产品的公司。

2. 一般购买的过程

（1）购买促成因素。购买过程的开始一定是有某种需求想要实现。有对车辆的使用需求，就要购买车辆。例如，一辆办公用车经常出现故障，这种刺激可能是购买新车的原因。

（2）确定产品规格。个体消费者在购买时，有时不是很清楚想要买什么。集团与此不同，集团必须比较详细地确定所需的产品。采购的战略意义越重要，这一点越明显，比如，我们想购买一辆商务用车，就必须指定该部车的物理特性，包括功能、设计、预期的质量与性能级别、与其他部件的关系和兼容性，同时也要确定不是这么明显、但同样很重要的因素，比如，需要的数量、送货日期与服务支持。

这些规格需要把工程师、产品经理、采购人员与营销人员（代表最终用户的利益）的专业知识结合起来，把理想与价格、实用性进行权衡。应该尽早决定的问题之一，是基于特定的需要制定规格，然后寻找合适的供应商，还是首先选择供应商，然后把规格根据他们进行调整。在特别复杂的情况下，甚至需要外部顾问与供应商的参与。在第一种情况下，首先要向潜在供应商提供总体规格，但可能在草拟出两三个供应商的名单之后，再指明一个更详细的规格要求。

如果规格基本上是卖方制定的，而不是买方制定的，那么可以利用报告与出版物，比较相互竞争的产品的不同特征与性能。典型的版面中，会评论不同产品的供应商名单、技术数据、运营成本指南、折扣与售后服务，所有这些，都将帮助集团购买者做出更准确的选择。

在工程环境下，产品规格更详细，这是可以理解的，但这不是对所有环境都合适。例如某公司想制作一本关于公司的小册子。它在自己的营销部门内可能有一定的专业人员，但它会向外部代理商发出一个大纲，目的是获得对当前情况的新视角。大纲可以涉及小册子的页数、内容范围、面向的读者，以及集团愿意付出的价格，但特意模糊了一些细节，以保证代理商有充分的创造空间。代理商“解释”这一大纲，然后提出建议书，该建议书可能被客户拒绝，或者客户会跟代理商进行磋商。

在此阶段，也有必要定义选择的标准或优先次序。优先考虑的不一定都是价格。如果一台机器突然出了故障，那么送货与安装的速度将显得更重要。在新技术方面，选择的关键可能在于现存设备的兼容性、将来的升级产品或提供的服务支持。

（3）选择供应商。下一步设计寻找能最终符合所有指定标准的供应商。有时，人们不太喜欢去寻找潜在供应商，采购部门会对谁可以完成什么任务进行归档。如果现有的供应商可以完成工作，他们很可能成为首选。另外一些情况下，可能需要卖方主动地公开寻找新供应商，鼓励可以符合他们要求的报价。然而，企业通常偏爱已知并信任的现有供应商。这一方法有一些优点：现有供应商至少是个已知的量，采购集团对他们的执行能力有经验，有一个实际的看法。现存的关系意味着双方有更好的相互理解，两个集团中人员有良好的工作关系，并理解对方受到的制约。然而，自动将生意推给现有的供应商，这也有它的风险。采购集团是否对一个供应商太过依赖？额外的生意会不会给供应商的生产能力造成压力？采购集团是否错过了具有更好技术并急于证明自己的供应商？这时，可以对“常规”供应商之外的情况做一些探索。

当然从很大程度上来说，这与采购任务的本质相关。低风险、高频率的采购可能不值得进行这种搜索，只需现有供应商为再次供应提出一个报价就行了。此外还可以要求一两个已知的供应商为此报价，这只是作为防止现有供应商利用确定的关系占便宜。在高风险、低频率的采购中（全新采购），很可能实行更认真、更长期的选择过程。在最后决策之前，可能在一个较高层次与许多潜在供应商进行复杂的讨论、谈判、修订与反复。如果需要不同的供应商紧密协作，那么又会出现其他问题。有时，本来已经明确确定购买某厂的产品，但是为了压低价格，就再找几家来，表面是让他们来投标，事实上是早已经确定，这时候来的人不能中标，而且浪费了人力、物力和时间，在招标时要分清，不要在事实上已经内部确定用户的情况下去盲目投标给人做陪衬。这种情况在我们国家很常见，当你根本没有做任何工作，也没有任何沟通的时候，这种标最好不去投，除非你是跨国公司或是在行业内赫赫有名的公司。

3．集团购买过程的 8 个阶段

（1）问题识别。

（2）总需求说明。

（3）车辆规格。

（4）寻找供应商。

（5）征示供应建议书。

（6）供应商选择。

（7）常规订购的手续规定。

（8）绩效评估。

尽管有 8 个过程，但是在每一个招标的过程中，因为条件不一样，有的可能被忽略。如重复购买相同的产品就不需要对产品性能和价格进行论述，只需要招标价格就行。

本章小结

本章通过对汽车消费者购买行为及影响因素的分析，为汽车营销的决策者提供了决策的依据。同时，也对汽车消费者市场购买行为和业务市场购买行为作了深入的分析。

思考题

1．影响汽车产品消费的因素有哪些？
2．预测国际市场汽车结构将出现什么特点？
3．按车辆的所有权来划分的话，汽车用户可分为哪两大类？
4．影响私人汽车消费购买行为的因素有哪些？
5．影响集团汽车消费购买行为的因素有哪些？
6．汽车消费市场的主要特点是什么？

实践训练

1．组织学生到消费者比较集中的场所进行市场调查，通过与消费者进行交流，了解消费者在购买汽车产品时主要考虑汽车产品的哪些性能因素。

2．学生通过网络信息、实地调查等方法，了解目前我国组织单位购车的主要品牌选择。

3．找一个已经购车的人，询问他为什么购买此品牌和配置，该车的什么优势吸引了他，是服务还是价格或是品牌的内涵。

4．查找你所在城市的相关网站，看是否有招标购买汽车的信息发布。

第5章

汽车市场营销战略

【本章重点】

- 汽车营销战略的概念及特点
- 汽车营销战略的制定步骤
- 汽车竞争战略

【本章难点】

- 对战略业务单位的组合和评估
- SWOT 方法

汽车企业战略是着眼于长远，适应企业内外形势而做的总结性发展规划，它指明了在竞争环境中企业的生存态势和发展方向，进而决定了最重要的工作内容和方式。为了实现企业的战略目标，还必须有具体经营方针的支持。可以说汽车企业战略以维持企业长期成长、发展为己任。从 20 世纪 70 年代起，营销战略逐渐在现代市场营销学中占据了中心位置。企业如果只对他们所遭遇的情景做简单的反应，那是不可能长久的。

5.1 汽车营销战略概述

5.1.1 汽车营销战略的含义

战略（Strategy）一词源于希腊语，意为“将军的艺术”。《孙子兵法》是我国历史上最早的一部专门研究军事战略的巨著。全书共 13 篇，篇篇讲的都是“兵权谋”，即战略。战略由计划（Plan）、政策（Policy）、模式（Pattern）、定位（Position）和观念（Perspective）组成，换而言之，战略由上述“5P”组成。在汽车营销中运用这个词，是用来描述一个组织如何实现它的目标和使命的打算。战略包括对实现组织目标和使命的各种方案的拟定和评价，以及最终选定将要实行的方案。

汽车营销战略是企业面对激烈变化、严峻挑战的环境，以未来为主导，为求得长期生存和不断发展，将其主要目标、方针、策略和行动信号构成一个协调的整体结构和总体行动方案而进行的谋划。汽车营销战略是企业战略思想的集中体现，是企业经营范围的科学规定，同时又是制定规划的基础。

5.1.2 汽车营销战略的特点

1. 全局性

企业战略是以企业的全局为对象，根据企业总体发展的需要而制定的，它所规定的是企业的总体行动，追求的是企业的总体效果。企业市场营销战略是一种全局性的战略管理。在市场营销活动中，企业将遇到各种各样错综复杂的矛盾，这些矛盾对企业运行产生的作用不尽相同，其中必有一种主要矛盾对企业营销活动的方向、规模、速度产生制约作用。企业在全面市场调查和预测的基础上，找出主要矛盾和解决主要矛盾，才能以纲带目，纲举目张。企业解决好了市场营销行为中带有全面性、方向性的问题，其他矛盾就会迎刃而解。

2．长远性

企业战略既是企业谋求长远发展要求的反映，又是企业对未来较长时期内如何生存和发展的通盘考虑。虽然它的制定要以企业外部环境和内部条件的当前状况为出发点，并且对企业当前的生产经营活动有指导、限制作用，但是这一切也是为了更长远的发展，是长远发展的起步。凡是为适应环境条件的变化所确定的长期基本不变的行动目标和实现目标的行动方案都是战略。

企业总是在一定的市场环境中从事营销活动的。市场环境由多种因素构成，而企业很难通过自己的努力改变这些因素。因此，企业必须研究市场营销环境变化趋势，以及如何适应这种变化，从总体上规划市场营销目标和实施方法，这就是战略管理的实质。战略管理是一种长期性的目标管理，它要求决策者具有长期发展的战略眼光，高瞻远瞩，不因一时一事的利益而损害企业长期的总体利益。

3．指导性

汽车企业战略不是仅仅规划3～5年的一系列数字，也不是对过去或未来预算中的数字进行合理的解释，而是透过表象研究实质性的问题，解决企业中的主要矛盾，确定企业的发展方向与基本趋势，也规定了企业具体营销活动的基调。

4．客观性

汽车企业战略是以未来为主导的，但不是对企业最佳愿望的表述和描绘，不是仅仅靠想象创造出来的未来世界，也不是由最高领导人的信念或直觉决定的，它是在充分认识企业的营销环境、估价企业自身的经营资源及能力的基础上制定的，是既体现企业目标又切实可行的发展规划。

5．可调性

汽车企业战略是在环境与企业能力的平衡下制定的，但构成战略的因素在不断的变化，外部环境也在不断的运动。企业战略必须具备一定的“弹性”，做到能够在基本方向不变的情况下，对战略的局部或非根本性方面修改和校正，以在变化的诸因素中求得企业内部条件与环境变化的相对平衡。

案　例

奥运年推出婚礼头车

婚车市场烽烟再起，由华晨汽车推出，为2008年结婚新人婚礼上免费提供中华酷宝头车“为真爱祝福”活动火爆开场，为此准备的近200辆中华酷宝被新人预订一空。北京、沈阳、上海、成都等城市中华酷宝婚车全面告急，全国掀起了婚礼头车变革热潮。作为婚礼头车，不仅是对产品的自信与坚持，更是对20世纪80年代后家轿潮流的深入洞察，其成熟的外形设计、精湛的细节艺术、上乘的做工技艺、卓越的动力表现，以及优异的性能优势，打动了时下事业有成、爱情甜蜜的情侣们的芳心，打造出一个个甜蜜浪漫又不失别样魅力的婚礼派对。

过去，婚礼头车市场大都被加长林肯、豪华奔驰所占据，但千篇一律的婚车模式逐渐被时下新人所摒弃，他们追求个性、追求关注、追求与众不同，因此个性车型越来越受到更多结婚新人的追捧，以彰显自己对婚礼的独特理解。中华酷宝的出现，势必吸引着那些具有优雅品位与不凡鉴赏力的年轻群体，从而掀起一场中国式婚礼大变革！

案　例

契合奥运推出新能源车

2007 年 12 月 18 日，国家发改委发布了《产业结构调整指导目录》，新能源汽车正式进入发改委的鼓励产业目录，国家将从消费环节、生产环节、税收政策、优惠政策、审批等方面给予支持。

据悉，奇瑞各项新能源技术开发正在稳步推进。2007 年第五届北京节能环保汽车展览会期间，奇瑞展出了包括 A5 灵活燃料、B14 生物柴油、A5 混合动力、B11 燃料电池 4 款新能源汽车最新研发成果。在新能源研发的第一阶段，奇瑞专注研发的是混合动力汽车，据奇瑞汽车研究院人士透露，奇瑞首款混合动力车型 A5 BSG（弱混合动力轿车）已经于 2007 年 6 月份正式下线，并投放芜湖出租车市场，迈出了自主知识产权混合动力轿车产业化、市场化的第一步。更高级别的奇瑞 A5 ISG（中度混合动力轿车）也已经于 2007 年 10 月下线。2008 年北京奥运会期间，奇瑞汽车将组织 50 辆混合动力车的“绿色车队”服务奥运会。

5.1.3　汽车营销战略的意义

1．是保证汽车企业正确进行长期发展决策的必然要求

在现代科技推动下，产生了更多的资金密集型和技术密集型产品，使经营此类产品的汽车企业初始投资远远高于经营劳动密集型产品的企业，若经营决策失误，则造成的损失更大，后果更严重，也将更难以挽回。

2．是有效提升汽车企业竞争力的客观要求

随着市场体系的不断完善，竞争机制的作用日益加强，要求企业进行着眼于长期发展的战略规划与管理。正确的战略使企业在竞争中勇往直前立于不败之地，没有战略的汽车企业不可能与竞争对手抗衡。

3．是适应消费结构迅速变化的客观要求

以满足消费者需求为宗旨的企业营销活动，为适应现代社会市场需求的复杂化、分散化、多样化、新奇化、个性化的倾向，必须进行战略规划，以更好地识别消费需求的发展趋向，并在此基础上把握汽车企业的市场机会。

4．是增加企业凝聚力的客观要求

依靠企业员工，充分发挥他们的积极性与创造性，是企业发展的基本条件。企业战略可以使企业内部领导与员工统一思想、统一行动。

5.1.4 汽车营销战略机会

分析和判断汽车企业的战略机会是进行企业战略规划的前提，企业发展战略的制定有赖于对企业战略机会的评估。最有效的评估手段就是 SWOT 分析法。

1. SWOT 分析法的含义

SWOT 是一种分析方法，用来确定企业本身的竞争优势（strength）、竞争劣势（weakness）、机会（opportunity）和威胁（threat），从而将公司的战略与公司内部资源、外部环境有机结合。因此，清楚地确定公司的资源优势和缺陷，了解公司所面临的机会和挑战，对于制定公司未来的发展战略有着至关重要的意义。

（1）外部环境分析（机会与威胁）。环境机会的实质是指市场上存在着“未满足的需求”。它既可能来源于宏观环境，也可能来源于微观环境。随着消费者需求不断变化和产品寿命周期的缩短，引起旧产品的不断被淘汰、要求开发新产品来满足消费者的需求，从而市场上出现了许多新的机会。环境机会对不同企业是不相等的，同一个环境机会对一些企业可能成为有利的机会，而对另一些企业可能就造成威胁。环境机会能否成为企业的机会，要看此环境机会是否与企业目标、资源及任务相一致，企业利用此环境机会能否比其竞争者带来更大的利益。

环境威胁是指对企业营销活动不利或限制企业营销活动发展的因素。这种环境威胁，主要来自两方面：一方面，是环境因素直接威胁着企业的营销活动，如政府颁布某种法律，如《环境保护法》，它对造成环境污染的企业来说，就构成了巨大的威胁；另一方面，企业的目标、任务及资源同环境机会相矛盾，如人们对自行车的需求转为对摩托车的需求，给自行车厂的目标与资源同这一环境机会造成矛盾。自行车厂要将环境机会变成企业机会，需淘汰原来产品，更换全部设备，必须培训、学习新的生产技术，这对自行车厂无疑是一种威胁。摩托车的需求量增加，自行车的销售量必然减少，给自行车厂又增加一份威胁。

（2）内部环境分析（优势/劣势分析）。识别环境中有吸引力的机会是一回事，拥有在机会中成功所必需的竞争能力是另一回事。每个企业都要定期检查自己的优势与劣势，这可通过营销备忘录优势/劣势绩效分析检查表的方式进行。

SWOT 分析法很有针对性，有利于领导者和管理者在企业的发展上做出较正确的决策和规划。因此 SWOT 分析是分析组织的优劣势、面临的机会和威胁的一种方法。其中，优劣势分析主要是着眼于企业自身的实力及其与竞争对手的比较，而机会和威胁分析将注意力放在外部环境的变化及对企业的可能影响上。

2. SWOT 分析的步骤

（1）罗列企业的优势和劣势、可能的机会与威胁。

（2）优势、劣势与机会、威胁相组合，形成 SO、ST、WO、WT 策略。

（3）对 SO、ST、WO、WT 策略进行甄别和选择，确定企业目前应该采取的具体战略与策略。

3. SWOT 分析的内容

（1）优势与劣势分析（SW）。当两个汽车企业处在同一市场或者说它们都有能力向同一客户群体提供产品和服务时，如果其中一个企业有更高的盈利率或盈利潜力，那么，我们就认为这个企业比另外一个企业更具有竞争优势。换句话说，所谓竞争优势是指一个企业超越其竞争对手的能力，这种能力有助于实现企业的主要目标——盈利。但值得注意的是：竞争优势并不一定完全体现在较高的盈利率上，因为有时企业更希望增加市场份额，或者多奖励管理人员或雇员。

（2）机会与威胁分析（OT）。市场机会是影响公司战略的重大因素。公司管理者应当确认每一个机会，评价每一个机会的成长和利润前景，选取那些可与公司财务和组织资源匹配、使公司获得竞争优势的潜力最大的最佳机会。

当然，SWOT 分析法不是仅仅列出四项清单，最重要的是通过评价公司的强势、弱势、机会、威胁，最终得出以下结论：一是在公司现有的内外部环境下，如何最优地运用自己的资源；二是如何建立公司的未来资源。

5.1.5 汽车营销战略制定的主要步骤

汽车企业发展战略的制定有以下几个主要步骤：确定企业任务、确立企业目标、战略业务单位的组合安排及评估、选择适宜的营销战略等。

1. 确定企业任务

规定任务或使命是企业战略的基本内容之一。汽车企业任务一般包括两个方面的内容，即企业观念与企业宗旨。企业的观念提出了企业为其经营活动方式所确定的价值观、信念和行为准则；企业宗旨则指明了企业类型，以及现在和将来企业活动的方向与范围。

汽车企业的高层管理者在确立任务时要顾及诸多因素，其中必须考虑的主要方面包括：企业过去以往突出的特征和历史背景条件；企业的主业和决策者的意图；企业周边环境的发展变化；企业的资源技术情况及企业的专长和特有的能力，之外要写出一份正式的任务报告书。

2. 确定企业目标

（1）明确企业目标的作用。

① 有利于企业获得长期、稳定、协调的发展。

② 企业目标提供行动指南。

③ 企业目标能建立企业风格，改进企业的公共关系。

④ 可以用作衡量企业的经济效益。

汽车企业的目标是企业战略决策的出发点，目标不确定就无法制定战略。企业目标在很大程度上起着筛选实用的战略规划的作用。

（2）汽车营销战略目标体系。汽车企业任务一旦确定，就要把它具体化为企业各管理层的目标，形成一套完整的目标体系。可以分为短期目标和长期目标。企业目标具体包括：产品销售额和销售增长率、产品销售地区、市场占有率（市场份额）、利润和投资收益率、产品质量与成本标准、劳动生产率、产品创新和企业形象，等等。其中，一定的利润和投资收益率是企业最重要的核心目标。

① 投资收益率。投资收益率是指一定时期内汽车企业所获得纯利占该企业全部投资的百分比。它是衡量、比较企业利润水平的一项重要指标。投资收益率越高，表明运用单位投资获得的利润越多。

② 市场占有率。市场占有率是指一定时期内本汽车企业某种商品的销售额（或者销售量）

在同一市场上同类产品销售总额（总量）中所占的百分比，又称市场份额。市场占有率与企业获利水平密切相关。其他条件一定，市场占有率越高，销售额就越大，单位产品费用会越低，实现的利润就会越多，投资收益率也会随之相应提高。同时，市场占有率的高低也关系到企业的知名度，影响着企业的形象。因此，努力提高市场占有率，是企业的重要战略目标之一。

③ 销售增长率。销售增长率是指计划期产品销售增长额与基期产品销售额的对比关系，即其他条件一定，产生销售额的增长意味着企业能够实现更多的利润。因此，追求一定的销售增长率也是汽车企业的重要目标之一，尤其在新产品进入市场之后的一段时期内。企业不能单纯地追求销售增长率的提高，而应该有选择地实现有利可图产品的销售增长率的提高。

另外，产品创新、塑造产品与企业的良好形象，也是企业的重要战略目标。实现这些目标对于提高竞争力、拓展市场、扩大销售、为企业稳定长远发展起到重大作用。

3. 战略业务单位的组合安排及评估

在明确了汽车企业任务及目标的基础上，企业的最高管理层还要对业务（产品）组合进行分析和评价，确认业务（产品）的命运和前途问题，是发展、维持，还是缩减、淘汰以做出相应的投资安排。其主要安排任务如下。

（1）划分战略业务单位。汽车企业在明确了营销战略任务并根据战略任务的规定，确定了战略目标以后，就需要对企业现在所经营的业务进行投资分配。之所以需要对现有的经营业务进行投资分配，一是因为在新的战略任务的规定下，原有的某些业务将会被放弃；二是某些企业现在所经营的业务需要在企业的现有资源规模的限制下进行调整，或是扩大，或是缩小。企业在一定的时期，其拥有的资源是有限的，它必须以有限的资源来充分保证重点项目，有良好市场发展潜力的经营项目，以及由战略任务和目标所规定的要优先发展的经营项目的实现，这就不得不削减其他一些经营业务项目所占用的资源。

（2）对战略业务单位进行评估和分析。

① 波士顿咨询集团法。波士顿咨询集团法（又称波士顿矩阵、四象限分析法、产品系列结构管理法等）是由美国大型商业咨询公司——波士顿咨询集团（Boston Consulting Group）首创的一种规划企业产品组合的方法。对于一个拥有复杂产品系列的企业来说，一般决定产品结构的基本因素有两个，即市场引力与企业实力。市场引力包括企业销售量（额）增长率、目标市场容量、竞争对手强弱及利润高低等。其中最主要的是反映市场引力的综合指标——销售增长率，这是决定企业产品结构是否合理的外在因素；企业实力包括市场占有率、技术、设备及资金利用能力等。其中市场占有率是决定企业产品结构的内在要素，它直接显示出企业竞争实力。销售增长率与市场占有率既相互影响，又互为条件。市场引力大，销售增长率高，可以显示产品发展的良好前景，企业也具备相应的适应能力，实力较强；如果仅有市场引力大，而没有相应的高销售增长率，则说明企业尚无足够实力，则该种产品也无法顺利发展。相反，企业实力强，而市场引力小的产品也预示了该产品的市场前景不佳。通过以上两个因素相互作用，会出现四种不同性质的产品类型，形成不同的产品发展前景，类型如下。

- 销售增长率和市场占有率“双高”的产品群（明星类产品）。
- 销售增长率和市场占有率“双低”的产品群（瘦狗类产品）。
- 销售增长率高、市场占有率低的产品群（问号类产品）。
- 销售增长率低、市场占有率高的产品群（现金牛类产品）。

对于企业来说，如果能同时具有问号产品、明星产品和现金牛产品这三类，就有希望保持企业当前的利润和长远利润的稳定，形成合理的产品结构，维持资金平衡。

本法将企业所有产品从销售增长率和市场占有率角度进行再组合。在坐标图上，以纵轴表示企业销售增长率，横轴表示市场占有率，各以 10%和 20%作为区分高、低的中点，将坐标图划分为四个象限，依次为“问号”、“明星”、“现金牛”、“瘦狗”。在使用中，企业可将产品按各自的销售增长率和市场占有率归入不同象限，使企业现有产品组合一目了然，同时便于对处于不同象限的产品做出不同的发展决策。其目的在于通过产品所处不同象限的划分，使企业采取不同决策，以保证其不断地淘汰无发展前景的产品，保持“问号”、“明星”、“现金牛”产品的合理组合，实现产品及资源分配结构的良性循环。核算企业各种产品的销售增长率和市场占有率。销售增长率可以用本企业的产品销售额或销售量增长率，时间可以是一年或是三年以至更长时间；市场占有率可以用相对市场占有率或绝对市场占有率，但是用最新资料。基本计算公式为本企业某种产品绝对市场占有率=该产品本企业销售量/该产品市场销售总量；本企业某种产品相对市场占有率=该产品本企业市场占有率/该产品市场占有份额最大者（或特定的竞争对手）的市场占有率。以 10%的销售增长率和 20%的市场占有率为高低标准分界线，将坐标图划分为四个象限，然后把企业全部产品按其销售增长率和市场占有率的大小，在坐标图上标出其相应位置（圆心）。定位后，按每种产品当年销售额的多少，绘成面积不等的圆圈，顺序标上不同的数字代号以示区别。定位的结果是将产品划分为四种类型，如图 5.1 所示。

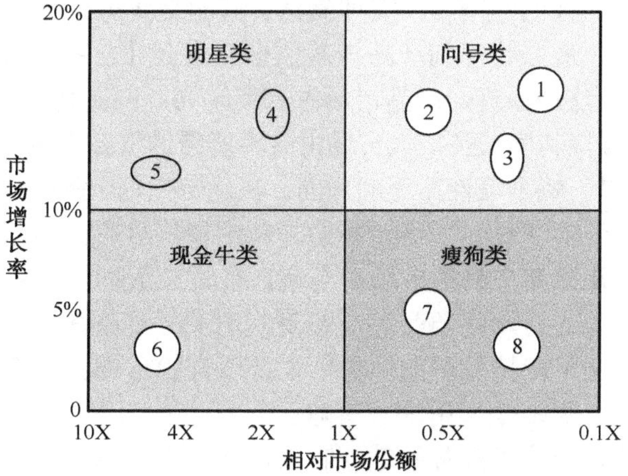

图 5.1 产品的四种类型

波士顿咨询集团法对于企业产品所处的四个象限具有不同的定义和相应的战略对策。

- 明星产品（stars）。它是指处于高增长率、高市场占有率象限内的产品群。这类产品可能成为企业的现金牛产品，需要加大投资以支持其迅速发展。采用的发展战略是积极扩大经济规模和市场机会，以长远利益为目标，提高市场占有率，加强竞争地位。明星产品的管理与组织最好采用事业部形式，由对生产技术和销售两方面都很内行的经营者负责。
- 现金牛产品（cash cow），又称厚利产品。它是指处于低增长率、高市场占有率象限内的产品群，已进入成熟期。其财务特点是销售量大、产品利润率高、负债比率低，可以为企业提供资金，而且由于增长率低，也无须增大投资。因而成为企业回收资金，支持其他产品，尤其是明星产品投资的后盾。对这一象限内的大多数产品，市场占有率的下跌已成不可阻挡之势，因此可采用收获战略，即所投入资源以达到短期收益最大化为限：把设备投资和其他投资尽量压缩；采用“榨油式”方法，争取在短时间内获取更多利润，为其他产品提供资金。对于这一象限内的销售增长率仍有所增长的产品，应进一步进行市场细分，维持现存市场增长率或延缓其下降速度。对于现金牛产品，适合于用事业部制进行管理，其经营者最好是市场营销型人物。

- 问号产品（question marks）。它是指处于高增长率、低市场占有率象限内的产品群。前者说明市场机会大、前景好，而后者则说明在市场营销上存在问题。其财务特点是利润率较低，所需资金不足，负债比率高。例如，在产品生命周期中处于导入期、因种种原因未能开拓市场局面的新产品即属此类问题的产品。对问题产品应采取选择性投资战略，即首先确定对该象限中那些经过改进可能会成为明星的产品进行重点投资，提高市场占有率，使之转变成“明星产品”；对其他将来有希望成为明星产品的则在一段时期内采取扶持的对策。因此，对问题产品的改进与扶持方案一般均列入企业长期计划中。对问题产品的管理组织，最好是采取智囊团或项目组织等形式，选拔有规划能力、敢于冒险、有才干的人负责。
- 瘦狗产品（dogs），又称衰退类产品。它是指处在低增长率、低市场占有率象限内的产品群。其财务特点是利润率低、处于保本或亏损状态、负债比率高、无法为企业带来收益。对这类产品应采用撤退战略：首先应减少批量，逐渐撤退，对那些销售增长率和市场占有率均极低的产品应立即淘汰；其次是将剩余资源向其他产品转移；第三是整顿产品系列，最好将瘦狗产品与其他事业部合并，统一管理。

按照波士顿咨询集团法的原理，产品市场占有率越高，创造利润的能力越大；另一方面，销售增长率越高，为了维持其增长及扩大市场占有率所需的资金也越多。这样可以使企业的产品结构实现产品互相支持、资金良性循环的局面。在确定完每个战略业务单位的目标后，企业就应着手制订业务组合计划，并确定对各个业务单位的投资战略。企业通常采用以下四个战略。

- 发展策略。目的是提高产品的市场占有率，有时甚至不惜放弃短期收入来达到这一目的，因为提高市场占有率需要足够的投资和时间才能奏效。
- 维持策略。目的在于保持业务的地位，维持现有的市场占有率。在产品生命周期中处于成熟期的业务，大多数采用这一策略。
- 收缩策略。目的在于追求业务的近期收入，不考虑长期影响，这就是为了短期内增加投资收益率而牺牲长期收益的做法。
- 放弃策略。目的是出售产品不再生产，把资源用于其他业务。这种策略适用于没有发展前途的瘦狗类、问号类业务。

② 美国通用电器公司法。美国通用电器公司法，相对于波士顿咨询集团法提供了一套更为复杂的投资组合分析方法，认为评估战略业务单位，除了考虑波士顿集团法中的市场增长率和相对市场占有率两因素外，还应考虑更多的因素。这些因素可分为两类：一是行业吸引力，二是企业战略业务单位的业务力量，即竞争力。如图 5.2 所示为 GE 矩阵。

图 5.2 中，纵轴代表行业吸引力。它的大小取决于市场规模、市场增长率、利润率、竞争激烈程度、周期、季节性及规模效益等因素；横轴表示企业战略业务单位的业务力量，包括相对市场占有率、价格竞争力、产品质量、客户了解度、推销效率和地理优势。

图 5.2 中，A、B、C、D 四个圆圈代表某公司的四个战略业务单位。圆圈的大小表示所在行业规模的大小，圆圈中阴影部分表示该业务单位在本行业中所占的市场份额。

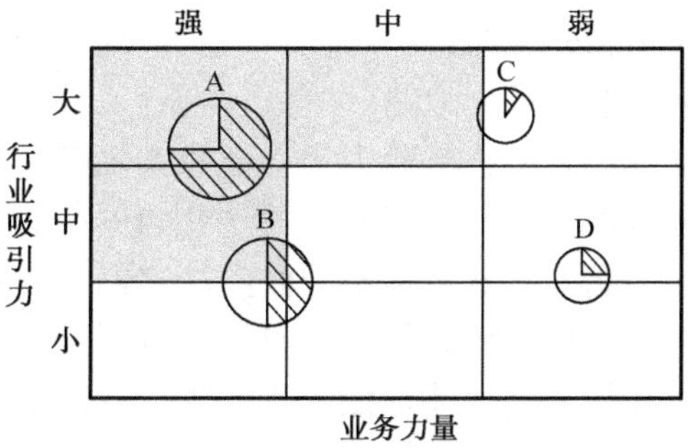

图 5.2　GE 矩阵

企业将上述两类因素进行评估，逐一评出分数，再按其重要性分别加校合计，就可计算出行业吸引力和企业业务力量的数据，然后加以分析。行业吸引力分为大、中、小三档，企业业务力量分为中、强、弱三档，共九个方格、三大区域。

第一区：由左上方的三个方格组成，即“大强”、“大中”和“中强”三格。这是最佳区域，对于这个区域的业务单位，应该追加投资，促进其发展。

第二区：由对角线上的三个方格组成，即“大弱”、“中中”、“小强”三格。这是中等区域，对于这个区域的业务单位，应采取维持战略，即维持现有投资水平，不增不减。

第三区：由右下方的三个方格组成，即“中弱”、“小中”、“小弱”三格。这是行业吸引力和企业竞争力都较低的区域，对于这个区域的业务单位，应采取收割或放弃的战略，不再追加投资或收回现有投资。

5.2　汽车市场竞争战略

5.2.1　基本竞争战略

基本竞争战略是由美国哈佛商学院著名的战略管理学家迈克尔·波特提出的。基本竞争战略有三种：成本领先战略、差异化战略、集中化战略。企业必须从这三种战略中选择一种，作为其主导战略。要么把成本控制到比竞争者更低的程度；要么在企业产品和服务中形成与众不同的特色，让客户感觉到你提供了比其他竞争者更多的价值；要么企业致力于服务于某一特定的细分市场、某一特定的产品种类或某一特定的地理范围。这三种战略架构上差异很大，成功地实施它们需要不同的资源和技能，由于企业文化混乱、组织安排缺失、激励机制冲突，夹在中间的企业还可能因此而遭受更大的损失。

1．成本领先战略（Overall cost leadership）

成本领先战略又称低成本战略，是指企业通过有效途径降低成本，使企业的全部成本低于竞争对手的成本，甚至是在同行业中最低的成本，从而获取竞争优势的一种战略。根据企业获取成本优势的方法不同，我们把成本领先战略概括为如下几种主要类型。

（1）简化产品型成本领先战略。就是指使产品简单化，即将产品或服务中添加的花样全部取消。

（2）改进设计型成本领先战略。

（3）材料节约型成本领先战略。

（4）人工费用降低型成本领先战略。

（5）生产创新及自动化型成本领先战略。

成本领先战略指企业决定成为所在产业中实行低成本生产的厂家。企业经营范围广泛，为多个产业部门服务，甚至可能经营属于其他有关产业的生产。企业的经营面往往对其成本优势举足轻重。成本优势的来源因产业结构不同而异。它们可以包括：追求规模经济、专利技术、自动化组装、原材料的优惠待遇、低成本设计、有利于分摊研制费用的销售规模、低管理费用、廉价的劳动力和其他因素。追求低成本的生产厂商地位不仅仅需要向下移动学习曲线，而且必须寻找和探索成本优势的一切来源。典型的低成本生产厂商生产标准化或实惠的产品，并且要在强调从一切来源中获得规模经济的成本优势或绝对成本优势上大做文章。如日本的丰田公司20世纪70年代一直采用此种战略，不断地提高丰田汽车在国际汽车市场上的竞争地位。

实行成本领先战略的企业的优势是显而易见的，由于企业的成本优于同行业中的其他企业，所以产品在以行业平均价格进行销售时，企业取得的利润就高于同行业的平均水平。这一优势在行业内进行削价竞争时尤其明显，由于销售价格的降低，其他企业的盈利降低甚至接近于零或负，这时低成本的企业还存在盈利的空间，其低成本的地位即转为高收益。另外，如果企业的产品销售保持的是行业的平均盈利率，那么企业产品的市场表现则是更低的销售价格，这无形中能够增加产品的竞争力，所以成本领先战略是企业最普遍、最通用的竞争战略之一。

成本领先战略一般要求企业成为行业内的成本领先者，而不是争夺这个位置的众多企业中的一员，如果在实行该战略前未能认识到这一点，那么在战略上将会铸成大错。渴望成为成本领先的企业绝对不止一家，他们之间的竞争通常是极激烈的，因为每一个百分点的市场占有率都被企业认为是至关重要的。

成本领先战略的关键在于其成本上的领先地位来取得竞争的优势，这与在市场销售上采取的低盈利低价格的策略是截然不同的。成本领先战略的成功取决于企业日复一日的实际实施该战略的技能。成本是不会自动下降为领先水平的，它是持之以恒的实施的结果。企业降低成本的能力都会有所不同，甚至当两企业的规模、生产量类似时也是如此。其领先能力不但取决于战略的实施，还取于管理层对其的注意程度。另外，如果企业想要彻底地确立其领先的地位，多数的时候必须依靠重大的技术改变来改变其成本地位。而小的成本领先很难使成本领先战略成为企业的主要竞争战略，而变成依赖其他策略的一种战略。

在实行成本领先战略时，我们常常需要注意下面的一些错误的导向。

（1）重视生产成本而忽视其他。成本的降低使人首先联想到的就是生产成本的降低，但多数的时候生产成本只是总成本的一部分而已，在我们重视降低生产成本的同时，我们还需要认真地审视一下产品的整个成本链，这往往成为成本降低的重要步骤。

（2）将采购视为次要的部分。采购是成本降低过程的最重要环节之一，所以视采购为次要的职能，也不要将采购分析限制于某些重要的方面。

（3）忽视间接的极小的活动。在实行成本领先战略时，不要将眼光放在能够产生大的降低或直接反应的方面上，而忽视占成本小部分或只有间接关系的部分，要知道小的降低能够累积为大的领先。

（4）对成本驱动因素的错误理解。企业常常会错误地判断他们的成本驱动因素，如因为全国占有率最高而又是成本最低的企业，而错误理解为市场的占有率能够推动成本的降低。

错误的理解导致产生错误的行动。

（5）成本领先与产品特色的取舍。如果企业的产品在客户面前表现为具有特色的产品，那么在实行成本领先战略时就必须充分地考虑这一点，在某些时候，成本的降低可能会影响产品的某些特色，降低成本还是让产品保持特色，这时需要深思熟虑的。

低成本战略对于汽车行业中以生产普通车型为主的汽车厂商来说尤为有价值，因为对于同样关心性价比的普通车型的买方来讲，特别是在中国，由现阶段的国情决定，汽车对普通的消费者来讲，还是件奢侈品，价格往往起更大的作用，所以我们更应该注重降低成本。

2．差异化战略（Differentiation）

（1）差异化战略的类型。差异化战略是指为使企业产品与竞争对手产品有明显的区别，形成与众不同的特点而采取的一种战略。这种战略的核心是取得某种对客户有价值的独特性。

例如，日本本田公司向美国市场推出的灵活、省油、驾驶方便的小型汽车，就充分显示出差异的优势。企业要突出自己产品与竞争对手产品之间的差异性，主要有以下四种基本途径。

① 产品差异化战略。产品差异化的主要因素有特征、工作性能、一致性、耐用性、可靠性、易修理性、式样和设计。

② 服务差异化战略。服务的差异化主要包括送货、安装、客户培训和咨询服务等因素。

③ 人事差异化战略。训练有素的员工应能体现出以下六个特征：胜任、礼貌、可信、可靠、反应敏捷和善于交流。

④ 形象差异化战略。

（2）差异化战略的适用条件与组织要求。

① 可以有很多途径创造企业与竞争对手产品之间的差异，并且这种差异被客户认为是有价值的。

② 客户对产品的需求和使用要求是多种多样的，即客户需求是有差异的。

③ 采用类似差异化途径的竞争对手很少，即真正能够保证企业是“差异化”的。

④ 技术变革很快，市场上的竞争主要集中在不断地推出新的产品特色。

除上述外部条件之外，企业实施差异化战略还必须具备以下内部条件。

① 具有很强的研究开发能力，研究人员要有创造性的眼光。

② 企业具有以其产品质量或技术领先的声望。

③ 企业在这一行业有悠久的历史或吸取其他企业的技能并自成一体。

④ 很强的市场营销能力。

⑤ 研究与开发、产品开发，以及市场营销等职能部门之间要具有很强的协调性。

⑥ 企业要具备能吸引高级研究人员、创造性人才和高技能职员的物质设施。

⑦ 各种销售渠道强有力的合作。

（3）差异化战略的收益与风险。实施差异化战略的意义在于建立起客户对企业的忠诚；形成强有力的产业进入障碍；增强了企业对供应商讨价还价的能力。这主要是由于差异化战略提高了企业的边际收益，削弱了购买商讨价还价的能力。企业通过差异化战略，使得购买商缺乏与之可比较的产品选择，降低了购买商对价格的敏感度；另一方面，通过产品差异化使购买商具有较高的转换成本，使其依赖于企业。由于差异化战略使企业建立起客户的忠诚，所以这使得替代品无法在性能上与之竞争。

差异化战略还包含下列风险。

① 可能丧失部分客户。如果采用成本领先战略的竞争对手压低产品价格，使其与实行差异化战略的厂家的产品价格差距拉得很大，在这种情况下，用户为了节省大量的费用，放弃取得差异的厂家所拥有的产品特征、服务或形象，转而选择物美价廉的产品。

② 用户所需的产品差异的因素下降。当用户变得越来越老练时，对产品的特征和差别体会不明显时，就可能发生忽略差异的情况。

③ 大量的模仿缩小了感觉得到的差异。特别是当产品发展到成熟期时，拥有技术实力的厂家很容易通过逼真的模仿，减少产品之间的差异。

④ 过度差异化。

案 例

丰田公司的差异化之路

20 世纪 70 年代，丰田公司在美国市场面对德国大众小型车的竞争，用“人有车优”的差异化优势作为回应。首先是质量优，丰田轿车造型优美，内部装饰精致典雅，座位舒适，车窗颜色柔和，发动机的功率和性能比德国大众提高了一倍，甚至连汽车扶手的长度和腿部活动的空间都是按美国人的身材设计的。由于适合美国消费者的口味，丰田“花冠”一进入美国市场，很快就建立起较高的质量信誉。此外，在生产中广泛开展的合理化运动和“QC”小组活动也保证了丰田轿车的信誉；其次是价格优。为了吸引客户，丰田在进入市场的早期采用了低价策略，“花冠”定价在 2000 美元以下，比同类车型的美国车和德国车都要低得多，连经销商的利润也比别人多。这种进攻型的低价策略，加上质量高、性能好、批量大和维修费用低，产生一种“滚雪球”效应，为丰田轿车树立起物美价廉的良好形象，使美国厂商既无还手之力，又无招架之功，大片的市场份额逐渐被丰田所蚕食；最后是服务优。丰田占领国际市场实施的销售策略之一就是力求实现经营、售后服务和零配件供应一体化，以优质的服务来打消客户对使用丰田车的疑虑，从而在售后服务上给丰田车的客户吃了“定心丸”。

3．集中化战略（Focus）

（1）集中化战略的类型。集中化战略又称聚焦战略，是指企业或事业部的经营活动集中于某一特定的购买者集团、产品线的某一部分或某一地域市场上的一种战略。这种战略的核心是瞄准某个特定的用户群体，某种细分的产品线或某个细分市场。具体来说，集中化战略可以分为产品线集中化战略、客户集中化战略、地区集中化战略、低占有率集中化战略。

（2）集中化战略的适用条件、收益与风险。为使集中化战略适宜，企业需具备下列四种条件。

① 具有完全不同的用户群，这些用户或有不同的需求，或以不同的方式使用产品。

② 在相同的目标细分市场中，其他竞争对手不打算实行重点集中战略。

③ 企业的资源不允许其追求广泛的细分市场。

④ 行业中各细分部门在规模、成长率、获利能力方面存在很大差异，致使某些细分部门比其他部门更有吸引力。

集中化战略的收益主要表现在：集中化战略便于集中使用整个企业的力量和资源，更好地服务于某一特定的目标；将目标集中于特定的部分市场，企业可以更好地调查研究与产品有关的技术、市场、客户以及竞争对手等各方面的情况，做到“知彼”；战略目标集中明确，经济效果易于评价，战略管理过程也容易控制，从而带来管理上的简便。

集中化战略的风险主要表现在：由于企业全部力量和资源都投入了一种产品或服务或一个特定的市场，当客户偏好发生变化，技术出现创新或有新的替代品出现时，就会发现这部分市场对产品或服务需求下降，企业就会受到很大的冲击；竞争者打入了企业选定的目标市场，并且采取了优于企业的更集中化的战略，产品销量可能变小，产品要求不断更新，造成生产费用的增加，使得采取集中化战略的企业成本优势得以削弱。

案　例

丰田汽车公司的竞争战略

在日本的汽车行业中，处于第一位的丰田汽车公司对于位次不同的其他汽车制造企业采用的是不同的竞争战略。通过对产品品种、销售区域、销售渠道等方面采取宽容政策，以谋求整个市场的稳定和扩大，目的是与处于第二位的日产汽车公司保持距离；对第三位的三菱汽车公司、东洋汽车公司的态度是，在产品系列上采取宽容态度；对于第四位的本田汽车公司，丰田则明确地采取产品差异化战略和市场差异化战略；对于第五位的大发公司采用联合战略，允许其承担对丰田轻便车、女性专用车、电动汽车等产品的装饰进行特殊加工的任务，用大发公司来补充丰田的产品系列。

5.2.2　发展战略

奉行发展战略的企业，主要特征为产品销售量和利润的增长超过市场平均速度，经常开发新产品、新市场和老产品的新用途，不断扩大企业规模，并且不是消极被动地适应外界环境的变化，而是通过提供新产品或新的服务项目培植消费者的需求，改变企业环境。值得注意的是，采用发展战略的企业必须具备以下几个基本条件：第一，有比较充裕的资金；第二，即使企业在短期内终止这一策略，仍能维持其竞争地位；第三，企业的外部环境，尤其是政府支持的方向与企业发展战略一致。

可供企业选择的发展战略有以下三种，如表 5-1 所示。

表 5-1　企业的发展战略

战略类型方案	密集型发展	一体化发展	多样化发展
1	市场渗透	后向一体化	同心多样化
2	市场开发	前向一体化	水平多样化
3	产品开发	水平一体化	复合多样化

1. 密集型发展策略

密集型发展策略是指企业以快于过去的增长速度来增加某个战略业务单位的现有产品或劳务的销售额、利润率及市场占有率，常在企业现有产品和现有市场还有发展潜力下采用。实行这种策略有三条途径。

（1）市场渗透。即企业采取种种更积极的措施在现有的市场上扩大现有产品的销售。企业可以从以下几个方面努力：一是在维持现有消费者的基础上通过各种营销手段如价格策略、促销方式、渠道的变更等，使原有的客户更多地购买本企业的产品；二是用各种竞争手段把竞争企业的客户争取过来，转而购买本企业的产品；三是刺激和促使未曾购买过本企业产品的客户的购买行动。

（2）市场开发。即企业为原有产品或改进产品寻找新的市场，争取新的客户增加销售量的一种战略。这种战略的中心是为现有产品寻找新用途、新用户、新市场。市场开发战略的主要形式和途径包括：一是拓展市场区域，即从一个区域市场扩展到另一个区域市场，或从地区市场扩展到全国市场，从全国市场扩展到全球市场；二是进入新的细分市场，即根据新的目标市场需求，改进现有产品的设计，利用新的销售渠道和其他营销组合策略满足新市场尚未满足的需求。

（3）产品开发。即企业在现有市场领域以开发推广新产品或改进产品满足客户的需求，从而提高销售额的发展战略。不断开发新产品是提高企业经济效益的重要保证。产品开发战略的形式和途径包括：一是发展新产品或改进产品满足现有市场的需要；二是发展产品边缘化，即企业生产或提供同时具有两个以上行业特点的产品，也就是在两个行业的交叉地区开发产品；三是发展产品差异化，即发展同质产品在款式、规格、包装等方面有差别的产品，主要是要求对产品略作改动，与竞争对手的同类产品稍有区别，更好地吸引客户。

产品开发一要符合客户的需要，二要根据企业的资金、技术力量、设备、原材料等条件，三要考虑新产品开发和产品改进的经济效益，只有这样，企业的市场发展目的才能实现。

2. 一体化增长策略

一体化增长策略是指企业将其业务范围向供或（和）销的领域发展。其好处是可以有效地为企业建立比较稳定的营销环境。一体化发展战略可以使企业对供、产、销所组成的营销链进行自我独立控制。其做法有以下三种。

（1）后向一体化。即企业购买、合并或兼并本企业的原材料供应商，实行产供联合。

（2）前向一体化。即企业通过购买、合并或兼并本企业的后续生产或经销企业，实行产销结合，或延伸自己的产品。

（3）水平一体化，又称横向一体化。即企业通过购买或兼并同行业中的企业，或者在国内或国外与其他同类行业合资生产经营。

3. 多元化增长策略

企业尽量增加经营的产品种类和品种，使自身的特长得以充分发挥，人力、财力和物力资源得以充分利用，且减少风险，提高整体效益。其做法也有三种。

（1）同心多元化。即企业运用原有的技术、特长、专业经验等开发与本企业产品有相互关系的新产品。

（2）水平多元化。即企业仍面向过去的市场，通过采用不同的技术开发新产品，增加产品种类和品种。

（3）复合多元化。即企业（通常是大企业）通过购买、兼并、合资或者内部投资等方式，扩大经营领域，增加与企业现有的产品或服务不同的产品或服务。

以上三种策略各有不同：第一种是在企业现存的行业和现有的基础上更进一步的确认发展机会；第二种是确认某些市场机会，以建立和寻求与企业目前经营有关的目标；第三种是确认市场机会后，建立和增加与本企业目前经营无关的，但有吸引力的经营目标。

5.2.3 紧缩战略方案

企业常常在经济衰退期间或企业财务困难期间使用此战略。紧缩的目的是度过危机，然后转而采用其他战略，因此常常是短期的过渡方案，这一方案包含三种方式。

1. 转向战略

转向企业全面或大部分暂停生产和销售，只采取维持性措施来渡过难关。如暂时性停业停顿，有计划地全面停产以扭转财务状况不妙的局面，提高经营效率。当然，转向战略的目的是渡过难关，希望形势好转后能用新战略。

案 例

日本地震促使日系汽车企业战略转向

日本的地震、海啸和核泄漏“三重灾难”，让该国工业陷入困境，也对全球汽车行业产生深远影响。根据行业机构 IHS 的最新预测，此次地震引起的汽车零部件短缺可能在 6 周内导致全球汽车减产三成。分析人士指出，由于核泄漏事故的影响将是长期、深远的，对于重创后的日本汽车工业来说，最强劲复苏动力依然来自新兴市场。

地震发生前两天，丰田汽车发布了“展望全球 2020”的发展计划，确定未来以“新兴市场”为战略据点，并将新兴市场汽车销量份额提升至总销量的 50%，其中，加快在中国的本土化进程被确定为最高发展纲领。地震发生后，丰田再次表示，对中国市场的开发，不会受到地震影响，扩张的步伐只会加快，而且公司准备投资 6.89 亿美元在中国建立首个独资研发中心。可见，震后日本车企向新兴市场转移的决心和信心都更加坚定。

近些年，日本国内汽车市场疲软不振，日本汽车工业早已呈现“撤离日本”趋势。到目前为止，北美一直是日系车企最大的海外市场。但北美市场召回事件频发，不仅使日系汽车在美欧市场销量持续下滑，还使潜在客户对该品牌的信赖感大打折扣。北美市场贸易摩擦加剧，消费市场乏力，让日系车企决定不再逆水行舟，从而转向更具发展潜力的新兴市场。

地震对于日本经济的打击以及连锁反应，不仅将成为日本汽车工业在新兴市场加快开拓步伐的加速器，也让这种转移呈现出新的特点：一是关键技术和核心部件生产外溢。过去，日本企业因担忧核心技术外泄而导致产业“空心化”，在海外市场一直推行“技术不扩散”战略，而未来日本龙头企业很可能将加大技术输出力度，通过全球化布局来分散风险。二是汽车零部件替代品的需求增加。目前，日系车的关键部件大多还是日本产。受日本“三重灾难”影响，车企将不得不从外部采购替代品。中国具有一定实力的汽车零部件企业将迎来“替代”机会。

2. 放弃战略

当抽资战略或转向战略失效时，往往采用放弃战略。放弃战略往往涉及企业一个或几个领域，而不是全部，它是指企业卖掉某个主要部门，这可以是一个事业部、一条产品线或一项产品。清理、变卖某些领域，目的是把有限的资源用于经营效益高、有发展前途的领域。

3. 清算战略

清算是通过拍卖资产或停止全部经营业务来结束组织的生命。显而易见，对任何组织的管理者来说，清算是最无吸引力的战略。通常只有在其他战略全部失灵时才加以采用。然而，及时进行清算较之固执地坚持无法挽回的事业，可能是最适宜的战略。坚持无法挽回的事业，其结局只能是不可避免地破产，但到这时可清算的东西就更少了。

案 例

一汽解放被新势力夹击 谋划2008新营销战略

从传统的解放、东风、重汽"三国演义"，到福田、陕汽两匹大黑马加入后的"五虎逐鹿"，国内中重卡车市场在2007年风云突变，重量级的对手不断涌现，竞争更趋白热化。

市场之鹿的足迹虽大幅前行，但"猎人"骤然间不仅多了，并且以福田、陕汽为代表的新势力崛起的速度更是超过了老牌的"三大劲旅"，多年的中重卡老大一汽解放虽继续称雄卡车市场，面对的竞争局势却更加严峻。在召开的解放2008商务年会上，一汽解放以"直面挑战，把握机遇，系统提升，同赢共享"为主题，谋划了解放2008年的营销战略。

1．金字招牌依然发光

对于中国卡车市场而言，2007年是一个给行业带来惊喜的收获之年。计重收费法规大范围实施、国家重点项目深入建设、运输市场价格上扬等多种有利因素促成了卡车市场的"井喷"式增长。相关数据显示，2007年我国重型、中重型卡车市场销量同比增长均超过60%。

面对绝佳的市场环境，主力卡车制造厂商间的角逐尤显激烈。在技术储备实力、市场反应速度、营销体系能力的全方位较量中，一汽解放力拔头筹，成为2007年的市场赢家。

自解放"突破战役"首战告捷，一汽集团中重型卡车销售15.6万辆，同比增长27%；其中解放牵引车市场份额达26%，载货车市场份额达23%，稳居行业首位。同时，解放品牌价值增长至128.59亿元，继续蝉联中国卡车制造业榜首。

解放50余年自主发展所累积的研发优势成为其获得市场成功的重要保障。针对重型化趋势日益显著的发展环境，一汽解放推出了具有自主知识产权、与国际先进标准接轨的J6重卡平台，成为代表当前中国重卡最高研发、最高制造水平的领军产品。J6重卡将世界级的卡车科技与中国本土运营需求紧密结合，倡导在全新运营环境中，实现从"重载盈利"向"高效盈利"转变。这不仅符合国家运营法规的发展趋势，同时也创立了良性、和谐的盈利模式。

同时，第五代解放奥威重型自卸车、解放小金牛经济型自卸车等新一代自卸车产品也已全面投放市场，解放自卸车平台的竞争优势得到强化。凭借细分化、差异化、定制化的产品定位，解放于业内率先提出了根据客户运营特性，提供高专业化运输工具的营销概念。解放全新系列自卸车产品以专家级的品质迅速赢得市场追捧，成为解放2008年市场增长最快的产品平台。

2007年，一汽解放针对限载法规和市场需求结构的变化，把握细分市场中的崭新增长点，先后推出了悍威、奥威系列6×2牵引车、悍威轻量化6×4牵引车、悍威8×2及轻量化8×4载货车等极具法规适应性的产品，抢占了市场先机。其中，奥威6×2牵引车在细分市场中的份额达到50%，成为解放牵引车系列中的支柱产品。

在市场之外，解放也收获颇丰。2007年，解放荣获中国名牌产品、中国公众最放心的汽车生产厂商等众多荣誉，成为一汽解放在产品、服务与品牌建设等方面取得长足发展的有力佐证。

2. J6 突破，J5 担主流重任

优异的市场战绩表明，一汽解放体系能力的突破与提升，让解放品牌进入高速增长期。以 2007 年的发展成果为契机，2008 年，解放突破战役将向纵深方向发展。“以 J6 为高端，J5 为市场主导产品。”一汽集团副总经理董春波在接受记者专访时展望了当今一汽解放在产品谋划上的“亮剑”。他表示，解放在 2008 年将充分释放和发挥在节油、轻量化、国三技术等方面领先行业的优势，巩固解放在中重型牵引和载货市场的领导地位，大力扩展自卸车与工程改装车的市场份额。

国民经济的高位运行将推动卡车市场总体增长、计重收费、治超限载的全面规范化实施，奥运经济将拉动解放占据优势的中长途物流市场需求上升，海外出口逐渐趋热、燃油价格将持续上涨……面对 2008 年机遇与风险并存的环境，一汽贸易总公司总经理许宪志从市场环境、用户需求结构、行业整体发展态势等方面透露了解放 2008 年的营销思路。

许宪志介绍说，解放欧Ⅲ系列产品具有准备充分、技术匹配合理、油耗低等优势，在技术转型的过程中，解放将获得进一步提升行业地位的机会。面对新的市场环境，解放营销体系将通过强有力的产品支撑、更加细致的营销策略和切实有效的营销措施，谋求解放品牌的更大突破。

根据细分市场中用户的差异化需求，解放 J5 系列产品将实现全面的调整与提升。解放奥威牵引车、自卸车将分别推出公路版与工程版系列车型，契合现行法规环境的解放轻量版载货车、自卸车系列产品也将于 2008 年上市销售。同时，解放 J6 重卡平台将拓宽产品序列，全面进入高端商用车市场。解放将通过具有细分化、专业化、定制化的主力产品阵营，全力支持区域市场的深入开拓。

许宪志表示，解放的市场推广将围绕多轴化、轻量化、高效节油发展的市场趋势，把 J6 重卡、解放自卸车及解放专用车作为深化解放突破战役的重点产品；解放营销服务资源将进一步整合与优化，通过网络、产品、服务、推广相结合的营销举措，形成长效、稳定的市场增长点。面对日渐广阔的国际市场，解放将全力推进解放卡车的出口业务，谋求解放出口车销量的突破。

根据一汽集团公司的“十一五”规划，2009 年，一汽销量将达到 200 万辆。其中自主品牌达 100 万辆；而突破 300 万辆则是一汽规划在 2012 年实现的销售目标，届时一汽将跻身于世界著名汽车厂商前列，解放身负重任！

本章小结

汽车企业战略从其制定要求看，就是利用机会和威胁评价现在和未来的环境，从优势和劣势的角度评价企业现状，进而选择和确定企业的总体、长远目标，制定和抉择实现目标的行动方案。汽车市场营销战略是指企业从整体利益和长远利益出发，为适应环境变化，对市场营销活动中带有方向性、全局性问题的长期谋划和决策，并依靠企业自身能力将这些谋划和决策付诸实施的动态过程。企业市场营销战略包括营销目标、规模、范围、方式、技术发展、产品开发、组织与人事等重大战略问题，这些战略决策在企业营销管理中占有十分重要的地位。

思考题

1．如何理解汽车营销战略的意义和特点？
2．汽车营销战略制定的主要步骤如何？
3．试简述波士顿咨询集团法。
4．分析三种基本的竞争战略。
5．企业发展战略的方案分为哪几类？

实践训练

给出既定的某汽车企业战略管理案例，学生运用SWOT分析法对该汽车企业的内外部条件（优势、劣势、机会和威胁）进行分析。

第6章

汽车产品策略

【本章重点】

- 汽车产品组合及其策略
- 汽车产品寿命周期及其策略
- 汽车品牌与商标

【本章难点】

- 汽车产品整体概念

汽车企业营销活动是以满足消费者需求为中心，而市场需求的满足只能通过提供产品和服务来实现，企业的成功与发展，关键在于汽车产品能在多大程度上满足消费者的各种层次的需要，以及汽车产品策略的正确与否。

汽车目标市场确定以后，企业就要根据目标市场的需要来开发和生产满足市场需求的汽车产品。企业还要制定相应的品牌包装策略，利用合理的汽车产品组合，根据汽车产品在市场上的寿命状况运用各种营销策略，以使企业的产品能受到消费者的欢迎，同时不断推出新的产品，力争长盛不衰，取得良好的经济效益。

6.1 汽车产品组合策略

6.1.1 汽车营销产品的概念

菲利普·科特勒认为：“产品是指为注意、获取、使用或消费以满足某种欲望和需要而提供给市场的任何事物。”因而从营销学的意义上讲，产品的本质是满足消费者需求的一种载体，或是一种能使消费者需求得以满足的手段。服务是产品的一种形式，是由消费者需求满足方式的多样性、多重性所决定的，所以产品由实体和服务构成，即产品=实体+服务。

人们对汽车产品的理解，有狭义和广义之分，通常我们所说的汽车产品是狭义的理解，即仅指汽车产品实物本身，这过于狭隘。汽车营销产品的概念从广义上来讲，包括汽车实体产品、汽车保险、汽车品牌、汽车服务等。简言之，汽车产品=需要的汽车实体+需要的汽车服务。汽车企业提供的产品=汽车企业生产的汽车实体+汽车企业提供的汽车服务。

广义的汽车产品概念引申出汽车产品整体的概念。消费需求不断的扩展和变化使产品的内涵和外延也不断扩大。从内涵上看，产品从有形实物产品扩大到服务、人员、地点、组织和观念；从外延上看，产品从实质产品向形式产品、附加产品拓展。为此，我们应以发展的眼光，联系消费者需求和企业间的产品竞争，从整体上对产品进行研究，这就是汽车营销学提出的汽车产品的整体概念，如图 6.1 示。

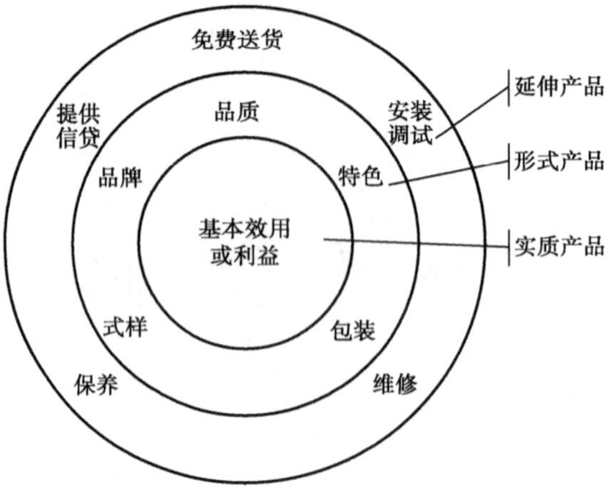

图 6.1　产品的整体概念

1．汽车实质产品

汽车实质产品是指消费者需求核心部分，是产品整体概念中最主要的内容，即向消费者提供产品的基本效用和性能。消费者购买产品，并不是为了获得产品本身，而是为了获得满足自身某种需要的效用和利益。企业的产品生产或营销经营活动，首先考虑能为消费者提供哪些效用和功能，并且着眼于产品的这些基本效用和性能上。汽车营销活动所推销的是汽车产品的基本效用或利益，而不是基于该汽车产品具有什么表面特征。

2．汽车形式产品

汽车形式产品是指产品的本体，是核心产品借以实现的各种具体产品形式，即向市场提供的产品实体的外观。而外观是指产品出现于市场时，可以为消费者识别的面貌，它一般由产品的品质、特色、包装、式样、品牌等有形因素构成。企业在产品设计时，应着眼于消费者所追求的基本利益，同时市场营销人员也要重视如何以独特的形式将这种利益呈现给消费者。因为形式产品的各种有形因素虽然不全部都直接进入产品的使用过程，但也间接影响消费者对产品的满足程度和评价。

3．汽车延伸产品

汽车延伸产品是指消费者购买产品时随同产品所获得的全部附加服务与利益，它包括提供信贷、免费送货、安装调试、维修、保养等。附加产品是产品整体概念中的一部分，是因为消费者购买产品就是为了需要得到满足，即希望得到满足其需求的一切东西。在现代市场经济中，特别在同类或同质产品中，附加产品有利于引导、启发、刺激消费者购买、重复购买和增加购买量。新的竞争不是发生在各个公司的工厂生产什么产品，而是发生在其产品能提供何种附加利益，如包装、服务、广告、客户咨询、融资、送货、仓储及具有其他价值的形式。企业要增强竞争优势，应着眼于比对手提供更多的附加产品。

实质产品、形式产品和延伸产品作为产品的三个层次，构成产品整体概念，是不可分割的一个整体。其中，核心产品是实质、根本，它必须转化为形式产品才能得以实现。在提供产品的同时，还要提供广泛的服务和附加利益，形成延伸产品，提高企业的竞争力。

汽车产品的整体概念这一原理告诉我们，没有消费者需求就没有汽车产品，通过对汽车产品整体概念三个层次的内容进行不同的组合，可以满足不同消费者对同一产品的差异性的需求。消费者对产品质量的评价是从汽车产品整体概念的角度进行的，因而不同企业汽车产品质量的竞争实质上是汽车产品整体概念的竞争。

案　例

“满意到家”（It’s home）服务品牌内涵

2009 年 6 月 30 日，东风自主品牌轿车风神 S30 下线。当天，东风风神专为客户量身打造的“满意到家”（It’s home）服务品牌同步发布。

“满意 365”服务承诺：三大专业体验、六重诚信保证、五项亲切关怀。其内容如下。

三大专业体验：以客户满意体验为核心，为客户量身打造专业服务流程，以专业的维修技师和专业的检测设备，为客户提供专业的服务。

六重诚信保证：保证 100%纯正备件；保证服务价格透明；保证按合同准时交车；引入领先的“四级质检”质量保障体系，即“自检、复检、终检、服务顾问检核”；保证跟踪维修后的效果；保证 24 小时服务热线开通，进行 24 小时紧急救援服务。

五项亲切关怀：“2 对 1 服务”（专营店销售顾问和服务顾问的终身服务）；“零点有约”；四季健诊活动；主动提醒服务和个性化爱车养护服务。

6.1.2　汽车产品组合

1. 相关基本概念

（1）汽车产品组合。其是指汽车企业生产或销售的全部汽车产品线和汽车产品品种的组合方式。汽车产品组合不恰当可能造成产品的滞销积压，甚至引起企业亏损。

（2）汽车产品组合的广度。其是指汽车企业生产经营的汽车产品系列的个数。

（3）汽车产品组合的深度。其是指每一汽车产品系列所包含的汽车产品项目。

（4）汽车产品组合的长度。其是指产品组合中所包含的汽车产品品种总数。

（5）汽车产品组合的相容度。其指一个企业的各个产品线在最终使用、生产条件、分销渠道和其他方面相互关联的程度。

例如，一汽集团生产的重型载货汽车、中型载货汽车、轻型载货汽车、高级轿车、中级轿车、普及型轿车、微型轿车等，这就是产品组合；而其中重型载货汽车或中型载货汽车等就是产品线；每一大类里包括的具体品牌、品种则为产品项目。如表 6-1 所示为上海通用产品结构。

一般情况下，企业增加汽车产品组合广度，有利于扩大经营范围，发挥企业特长，提高经济效益，分散经营风险；增加汽车产品组合的深度，可占领更多的细分市场，满足消费者广泛的需求和爱好，吸引更多的消费者；增加汽车产品组合的长度，可以满足消费者不同的需求，增加企业经济效益；而增加汽车产品组合关联性，则可以使企业在某一特定领域内加强竞争力和获得良好声誉。

表 6-1 上海通用产品结构

产品组合广度	雪佛兰	别克 Buick	凯迪拉克	萨博 SAAB9-3 系列
产品组合深度	科鲁兹 Cruze	昂科雷 Enclave	CTS	运动轿车
	科帕奇 Captiva	林荫大道 Park Avenue	赛威 SLS	多功能运动轿车

续表

产品组合深度	景程 Epica	君越 La Cross	SRX	敞篷跑车
	乐风 Lova	君威 Regal	凯雷德 ESCALADE	
	新乐骋 Aveo	凯越 Excelle	XLR	
	新赛欧	路上公务舱 GL8	CTS-V	

2. 汽车产品组合策略

（1）拓展汽车产品组合。企业可以充分利用资源、发展优势，分散企业的市场风险，增强竞争力。其渠道主要是扩大产品组合的宽度和加深产品组合的深度，即增加一条和多条生产线，拓宽汽车产品经营领域和在原生产线的基础上增加新的产品项目。若企业现有的产品线销售和利润下降时，应及时扩大产品组合宽度，增加生产线；若企业需要进军更多的细分市场，满足更多不同需求的消费者，可以选择加深产品组合的深度，增加新的产品项目。实行这一策略其主要特点是降低企业的市场风险或平衡风险，但企业的投入将增加，成本将提高，利润可能减少。

图 6.2　上海通用的产品线延伸策略——双向延伸

（2）缩减汽车产品组合。与拓展产品组合策略相反，企业为了减少不必要的投资，降低成本，增加利润，必须对一些获利较少的产品线和产品项目进行缩减。该策略的主要特点是集中企业优势，发展利好汽车产品，降低成本，但增加了企业的市场风险。

（3）汽车产品延伸。即企业根据市场的需求，重新对全部或部分产品进行市场定位，对产品线内的产品项目进行延伸。主要分为以下 3 种。

① 向下延伸。即在高档产品线中增加中、低档产品项目。

② 向上延伸。即在现有产品线中增加高档产品项目。

③ 双向延伸。即将原定位于中档市场的产品线向上下两个方向延伸。仍以上海通用为例，如图 6.2 所示。

6.2　汽车产品市场生命周期

6.2.1　汽车产品市场生命周期各阶段的特点及策略

1. 汽车产品市场生命周期的概念

汽车产品市场生命周期是指汽车产品从投放市场到被淘汰出市场的全过程，是指汽车产品在市场上的存在时间，其长短受消费者需求变化、汽车产品更新换代的速度等多种因素影响。产品市场生命与产品的使用寿命概念不同，汽车市场营销学所研究的是汽车产品市场生命周期。

2. 汽车产品市场生命周期各阶段的特点

汽车产品市场生命周期由于受到市场诸多因素的影响，生命周期内其销售量和利润额并非是一条直线，不同的时期或阶段有着不同的销量和利润。因此，产品市场生命周期各个时期或阶段一般是以销售量和利润额的变化来衡量和区分的，如图 6.3 所示。

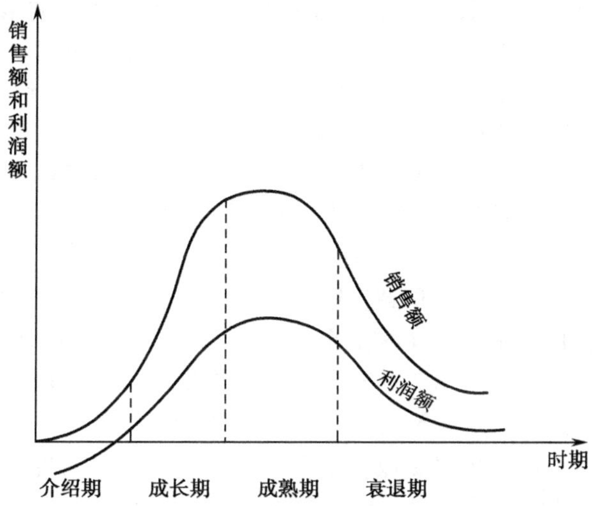

图 6.3　产品市场生命周期

由图 6.3 可知，典型的产品市场生命周期包括四个阶段，即介绍期、成长期、成熟期和衰退期。其生命周期表现为一条“S”形的曲线，对于各阶段则体现出不同的特点。

（1）介绍期（introduction stage）指产品从发明投产到投入市场试销的初期阶段。在此阶段，新产品首次进入市场并实现销售。人们对产品不够了解，所以销售量低，费用及成本高，利润低，有时甚至亏损。其主要特征如下：①生产批量小，试制费用大，制造成本高；②由于消费者对产品不熟悉，广告促销费较高；③产品售价常常偏高。这是由于生产量小、成本高、广告促销费较高所致；④销售量增长缓慢，利润少，甚至发生亏损。

（2）成长期（growth stage）指产品通过试销阶段以后，转入成批生产和扩大市场销售的阶段。在此阶段，产品的销售量迅速攀升。其主要特征如下：①销售额迅速增长；②生产成本大幅度下降，产品设计和工艺定型，可以大批量生产；③利润迅速增长；④由于同类产品，仿制品和代用品开始出现，使市场竞争日趋激烈。

（3）成熟期（maturity stage）指产品在市场上销售已经达到饱和状态的阶段。在此阶段，产品的销售增长会慢下来或保持不变。其主要特征如下：①销售额虽然仍在增长，但速度趋于缓慢；②市场需求趋向饱和，销售量和利润达到最高点，后期两者增长缓慢，甚至趋于零或负增长；③竞争最为激烈。

（4）衰退期（decline stage）指产品不能适应市场需求，逐步被市场淘汰或更新换代的阶段。在此阶段，产品的销售量会下降。其主要特征如下：①产品需求量、销售量和利润迅速下降；②新产品进入市场，竞争突出表现为价格竞争，且价格压到极低的水平。

3．汽车产品市场生命周期各阶段的企业策略

（1）介绍期的汽车营销策略。对进入介绍期的产品，企业总的策略思想应该是迅速扩大销售量，提高盈利，缩短介绍期，尽量更快地进入成长期。主要策略如下。

① 促销活动的重点是向消费者宣传介绍产品的性能、用途、质量，使消费者尝试使用新产品。

② 价格上可采取低价渗透策略，迅速扩大销售量，占有一定的市场，以及采取“高价取

脂”策略提高盈利。

③ 根据市场具体情况，把促销与价格组合运用，并选择相应的策略，策略如下。

a．迅速掠取策略。指以高价格和高促销水平推出新产品的策略。先声夺人，把本钱收回来，采取这种策略，条件是这种产品十分新颖，消费者愿意支付高价，尽快收回新产品开发的投资。国外汽车公司在推出富有特色的中高级轿车时常采用这一策略。

b．缓慢掠取策略。指以高价格和低促销水平推出新产品的策略。这种产品必须有独特的特点，填补了市场上的某一项空白，竞争威胁不大。使企业获得更多利润。东风汽车公司在推出两种车型时采用的营销策略大致就属此类。

c．迅速渗透策略。指以低价格和高促销水平推出新产品的策略。这种策略适合的市场条件是人们对新产品不是很了解，但市场容量大，对价格相对来讲比较敏感，同业竞争激烈，要求企业降低成本，打入市场，该策略可以给企业带来最快的市场渗透率和最高的市场占有率。日本、韩国的汽车公司在刚进入北美市场时，便大量采用此种营销策略。

d．缓慢渗透策略。指以低价格和低促销水平推出新产品的策略。这种策略的目的是为了迅速地占领市场，阻止其他竞争者对市场的渗入，适合的市场条件是市场容量大，汽车消费者对价格十分敏感，汽车产品弹性大，有潜在竞争者。

（2）成长期的汽车营销策略。汽车产品进入该时期，其销售额和利润都呈现出迅速增长的势头，故企业的策略思想尽可能延长成长期时间，并保持旺销的活力。主要策略如下。

① 为适应市场需求，集中企业必要的人、财、物资源，改进和完善生产工艺，改进汽车产品质量，增加花色品种，扩大产品批量；汽车企业努力增强企业的产品质量，努力地树立名牌产品，提高产品竞争力，满足人们的需求。

② 进一步细分汽车市场，扩大目标市场。

③ 改变广告宣传目标，由投入期提高知名度为中心转为树企业和汽车产品形象，为产品争创名牌。

④ 建立高绩效的分销渠道体系。

（3）成熟期的汽车营销策略。汽车产品进入该时期，销售额和利润出现最高点。由于此时期生产能力过剩、市场竞争加剧、销售增长速度缓慢甚至出现下降趋势，所以，企业营销思想应尽量延长生命周期，使已处于停滞状态的销售增长率和利润率重新得以回升。主要策略如下。

① 汽车市场改革策略。即开发新的目标市场，寻求新客户。其方式包括：a．发展产品的新用途，即不改变产品质量、功能而发掘产品新用途，用于其他领域，从而延长产品的生命周期；b．寻求新市场，相对产品原市场而言，原市场在本地区、本省或本国，则其他地区、外省或外国就是新市场。

② 汽车产品改革策略。即通过对产品自身作某种改进，来满足消费者不同的需要，从而为消费者寻求新用途，使销量获得回升。可以从产品的特性、质量、式样和附加产品等方面进行改革。

③ 汽车市场营销组合改革策略。即对产品、定价、分销渠道和促销这四个因素加以改革，以刺激销售额的回升，通常做法如降价、增加广告、改善销售渠道，以及提供更多的售后服务等。

（4）衰退期的汽车营销策略。该时期产品的销售和利润直线下降。主要策略如下。

① 立刻改革策略。对于汽车企业已准备好替代的新产品，或者该产品的资金可能迅速转

移，或者该产品的存在危害其他有发展前途的产品，应当机立断，放弃经营。

② 逐步放弃策略。如果企业立刻放弃该产品将会造成更大损失，则应采取逐步放弃的策略。

③ 自然淘汰策略。企业不主动放弃该产品，继续沿用以往的营销策略，保持原有的目标市场销售渠道，直到产品完全退出市场为止。其中可以采用把企业的人、财、物集中到最有利的细分市场获取利润的集中策略，以及对目标市场做出调整的转移策略。

④ 集中策略。汽车企业把人力物力集中到最有利的细分市场，从而获得利润。

总之，如何放弃衰退期产品是企业最难做出的决策问题，首先必须能正确判断产品是否已进入衰退期；其次选择淘汰产品的最佳方式。而解决好这些问题的基础就是有健全的商情分析制度和确切的市场信息资料。

事实上，各种汽车产品生命周期的曲线形状是有差异的。有的产品一进入市场就快速成长，迅速跳过介绍期；有的产品则可能越过成长期而直接进入成熟期；还有的产品可能经历了成熟期以后，进入第二个快速成长期。

汽车产品生命周期与产品定义的范围有直接关系。产品定义范围不同，所表现出来的生命周期曲线形状就不同。根据定义范围的大小，可分为种类、形式和品牌三种。产品种类是指具有相同功能及用途的所有产品；产品形式是指同一类产品中，辅助功能、用途或实体销售有差别的不同产品；而产品品牌则是指企业生产与销售的特定产品。产品种类的生命周期要比产品形式、产品品牌长。有些产品种类生命周期中的成熟期可能无限延续；产品形式一般表现出上述比较典型的生命周期过程，即从介绍期开始，经过成长期、成熟期，最后走向衰落期。

6.2.2　判断企业产品市场生命周期的方法

对于产品生命周期各阶段的划分是一种理论上的定性划分，其方法主要有以下两种。

1. 类比法

类比法即参照相类似产品的生命周期曲线或资料来划分某一新产品生命周期阶段。如参照黑白电视机的资料来判断彩电的生命周期阶段及其市场发展趋势。

2. 销售增长率比值法

销售增长率比值法即以销售增长率来划分产品生命周期的各个阶段，若以$\triangle Q$表示产品销售量的增量，以$\triangle T$表示时间的增量，若$P=\triangle Q/\triangle T$，按国际惯例，下述$P$值可作为确定产品生命周期阶段的参考。

$0<P\leqslant 10\%$时属于介绍期；$P>10\%$时处于成长期；$-10\%<P<10\%$时处于成熟期；$P<-10\%$时处于衰退期。

6.3　汽车产品品牌与商标策略

6.3.1　汽车品牌策略

1. 汽车品牌的概念

品牌与包装都是汽车产品整体观念的重要组成部分。品牌又称产品的牌子，它是制造商或经销商加在产品上的标志，是指用来识别卖者的产品或劳动的名称、符号、象征、设计或它们的组合所构成，用来区别本企业与同行业其他企业同类产品的商业名称。

汽车品牌是一个集合概念，它包含品牌名称（brand name）及品牌标志（brand mark）等概念。

汽车品牌名称：指品牌中可以用语言来称呼和表达的部分。如“福特”、“奔驰”等。

汽车品牌标志：指品牌中可被识别而不能用语言表达的特定标志。如专门设计的符号、图案、色彩、文字等。

如图 6.4 所示为奔驰的品牌构成。

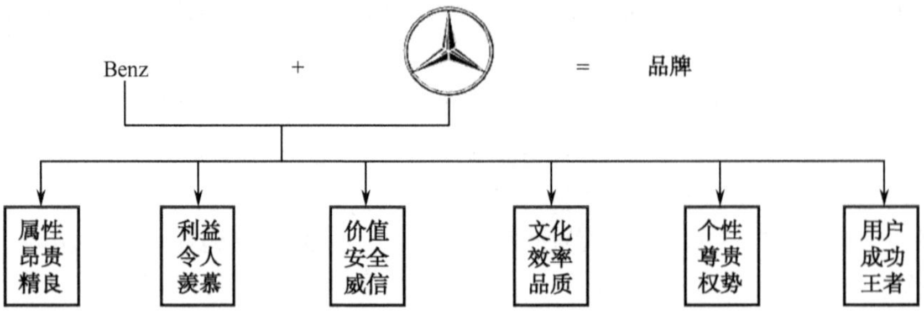

图 6.4 奔驰品牌构成

2. 汽车品牌策略

汽车品牌策略即企业如何合理地使用品牌、发挥品牌的积极作用的方法问题。具体策略如下。

（1）制造品牌与销售品牌策略。由于消费者对所要购买的产品并不具备充分的选购知识，所以消费者在购买产品时除了以产品制造者的品牌作为选择依据外，还根据经销者的品牌购买，即在什么商店购买。当然消费者是希望购买具有良好信誉的商家出售的产品，因此产品制造者就需衡量品牌在市场上的声誉，在采用谁的品牌上做出选择。一般如果企业在一个新的市场上销售产品，或者市场上本企业的信誉不及其经销者的信誉，则适宜采用经销者的品牌，等到这种产品已为市场接受后，取得消费者信任，也可以转而使用制造者的品牌，或者同时使用经销者的品牌和制造者的品牌。

（2）统一品牌和个别品牌策略。统一品牌，即企业对其全部产品使用同一个品牌。这种策略的好处是节省品牌的设计费用，有利于消除消费者的不信任感，壮大企业的声誉。但采用这种策略应注意以下几点：①这种品牌在市场上已有较好的声誉；②各种产品应具有相同的质量水平；③产品属于同一细分市场，否则会造成损害企业的信誉和品牌的错位。

个别品牌，即对各种产品分别采用不同的品牌，如果企业的产品类型较多，产品线之间的关联程度较小，企业生产产品有较大差别，采用个别品牌的策略较为有效。

一个拥有多条生产线或者具有多种类型产品的企业可以考虑将统一品牌和个别品牌相结合的策略。

（3）多重品牌策略，即企业在同类产品中同时使用两种或两种以上品牌。此策略可以为企业带来以下利益：①可以增加品牌的陈列面积，增加零售商对产品的依赖性；②可以吸引喜好新牌子的消费者；③使组织内部直接产生竞争，有利于提高企业的工作效率和管理效率；④可以满足不同细分市场的需要，为提高总销售量创造条件。

其存在的风险包括：使用的品牌量过多，导致每种产品的市场份额很小，使企业资源分散，而不能集中到少数几个获利水平高的品牌。

3．汽车品牌的作用

（1）有利于广告宣传和树立企业及产品形象。

（2）有利于产品组合的扩充。可以在品牌的产品线中增加新的产品项目，使新产品容易为消费者所接受。

（3）有利于扩大市场占有率。品牌的建立可以吸引消费者重复购买，也可以防止假冒伪劣产品的侵害，扩大市场份额。

（4）有利于监督、提高企业产品的质量。无论是创立名牌还是保住名牌，品牌都是公众监督产品质量的重要手段。

案　例

倡导“绿色奥运”　带动品牌效应

2008 年奥运会使得全世界关注的目光都聚焦在中国北京，“绿色奥运”作为北京奥运会的三大理念之一，它所倡导的节约能源、注重环保得到了全社会的广泛重视。为迎接来自世界各国的朋友们，全国各奥运比赛承办城市纷纷增强环保意识，提高环境治理水平，从空气质量的治理到汽车排放量的控制，从绿化构建到奥运场馆建设，全社会都以实际行动热烈响应着“绿色中国迎奥运”。锦湖轮胎作为全球知名的轮胎制造企业，从科技研发、生产标准、产品品质及环保公益等方面入手，积极响应“绿色奥运”的主题。

以领先的科技研发为根本，锦湖轮胎不断推动环保革新。其毗邻北京、位于天津的研发中心引进了业内最高水平的化学分析、性能试验、产品评价等在尖端轮胎研发中所需的实验设备。锦湖轮胎始终把先进技术作为核心竞争力，联合全球四大研发中心的超强研发实力，使锦湖轮胎始终走在行业的前列，也直接推动了环保轮胎的研发面世。

6.3.2　汽车商标策略

1．汽车商标的概念

商标是一个专门的法律术语，品牌或品牌的一部分在政府有关部门依法注册登记后，获得专用权，受到法律保护的，称为商标。经注册登记的商标有“R”标记，或“注册商标”的字样。汽车商标就是利用文字和图画等符号，表达所象征的意义，促使人们在见到汽车商标后引起一定的联想，产生“诉求”，也能区别于不同的产品。

2．汽车商标的特征

汽车商标的主要特征概括如下。

（1）汽车商标是商品或服务的标志。非商品上的图案、符号、标记都不是商标。

（2）汽车商标是受到法律保护的产权标志，是经商标局核准注册而取得的特殊权利，具有独占性，不容他人或企业侵犯。

（3）汽车商标是生产者或经营者的标志，区别于其他商品，它是企业声誉和评价的象征。

3．汽车商标的种类

根据不同的标准可划分为不同的种类，具体划分如下。

（1）根据商标的构成划分。包括文字商标、符号商标、图形商标、组合商标、立体商标与非形象商标。

（2）根据用途划分。包括营业商标、等级商标和证明商标。

（3）根据使用者的不同划分。包括制造商标、销售商标、集体商标和服务商标。

4．汽车商标与品牌的区别与联系

（1）两者的联系。商标的实质是品牌，两者都是产品的标记。

（2）两者的区别。并非所有的品牌都是商标，品牌与商标可以相同也可以不同；商标必须办理注册登记，品牌则无须办理；商标是受法律保护的品牌，具有专门的使用权。

案　例

德国汽车产品商标的现代化策略

德国人历来崇尚质量和精益求精，把汽车生产当作一门艺术来对待。所以，德国的一些汽车公司，如奔驰、宝马等，对自己的汽车型号不使用词汇，而是仅使用了数字的组合。因为在德国，普通消费者对数字名称或标志基本满意，他们认为这种标志比词汇意义的商标要好。从传播理论角度看，数字和字母形式的汽车产品商标，当然强调的是纯粹的技术质量，但它们对还未购买汽车的潜在消费者没有什么说服方面的意义。德国传统的汽车产品商标有24%提供了产品的直接信息；15%的汽车产品商标包含了某些汽车形象与普遍了解的事物形象，它们大多数是军衔和公民爵位封号的名称；不包含任何产品信息的汽车产品商标占61%以上，它们之中以企业创立者命名的居多，还有一些专有词汇、地理名词等。近年来，德国汽车工业也开始使用关于速度、安全、舒适等与现代观念相协调的文字作为商标，主要是为了适应品牌世界化的需要。

本章小结

汽车产品是汽车市场营销的物质基础，是汽车市场营销组合中最重要的因素。营销组合中的其他三个因素，也必须以汽车产品为基础进行决策。因此，汽车产品策略是整个营销组合策略的基石。汽车企业在制定营销组合时，首先需要回答的问题是发展什么样的汽车产品来满足目标市场的需求和消费者的欲望。

思考题

1．什么是汽车产品整体概念？企业应如何正确处理产品整体概念三层次之间的关系？

2．什么是汽车品牌？汽车品牌与商标的区别与联系是什么？

3．什么是汽车产品生命周期及其策略？

4．试述汽车品牌的作用。

实践训练

1．组织学生到某一汽车生产企业进行调研，让学生了解该汽车企业的汽车产品组合情况。

2．学生分组讨论，针对汽车产品寿命周期的四个阶段，举出每一阶段的代表产品。

第 7 章

汽车定价策略

【本章重点】

- 汽车价格的构成及其影响因素
- 汽车定价目标
- 汽车定价方法和策略

【本章难点】

- 联系实践,运用理论知识给汽车产品制定合适的汽车定价策略

汽车价格是汽车市场营销中的一个非常重要的因素，它在很大程度上决定着市场营销组合的其他因素。价格的变化直接影响着汽车市场对其的接受程度，影响着消费者的购买行为，影响着汽车生产企业盈利目标的实现。因此，汽车定价策略是汽车市场竞争的重要手段。汽车的定价策略既要有利于促进销售、获取利润、补偿成本，同时又要考虑汽车消费者对价格的接受能力，从而使汽车定价具有了买卖双方双向决策的特征。

7.1 汽车定价概述

7.1.1 汽车定价的概念

汽车定价即确定汽车价格的过程。汽车价格是汽车产品价值的货币表现，汽车价值决定汽车价格，但在现实汽车市场营销中，由于受汽车市场供应等因素的影响，汽车价格表现得异常活泼，价格时常同价值的运动表现不一致：有时价格高于价值，有时价格低于价值。汽车价格是由汽车生产成本、汽车流通费用、国家税金和汽车企业利润四个要素构成的。

1. 汽车生产成本

汽车生产成本是指在汽车生产领域生产一定数量汽车产品时所消耗的物资资料和劳动报酬的货币形态，是在汽车价值构成中的物化劳动价值和劳动者新创造的用以补偿劳动力价值的转化形态。它是汽车价值的重要组成部分，也是制定汽车价格的重要依据。

2. 汽车流通费用

汽车流通费用是指汽车产品从汽车生产领域通过流通领域进入消费领域所耗用的物化劳动和活劳动的货币表现，它包括汽车生产企业为了推销产品而发生的销售费用和在汽车流通领域发生的商业流通费用，而后者则占了该费用的大部分。汽车流通费用是发生在汽车从汽车生产企业向最终消费者移动过程各个环节之中的，并与汽车移动的时间、距离相关，因此它是正确制定同种汽车差价的基础。

3．国家税金

国家税金是指生产者为社会创造和占有的价值的表现形式，它是汽车价格的构成因素。国家通过法令规定汽车的税率，并进行征收。税率的高低直接影响汽车的价格。

4．汽车企业利润

汽车企业利润是指汽车生产者和汽车经销者为社会创造和占有的价值的表现形态，是汽车价格的构成因素，是企业扩大再生产的重要资金来源。

从汽车市场营销角度来看，汽车价格的具体构成表示如下。

汽车生产成本+汽车生产企业的利税=汽车出厂价格

汽车出厂价格+汽车批发流通费用+汽车批发企业的利税=汽车批发价格

汽车批发价格+汽车销售费用+汽车销售企业的利税=汽车销售价格

7.1.2　影响汽车价格的因素

汽车价格的高低，主要是由汽车中包含的价值量的大小决定的。但是，从市场营销角度来看，汽车的价格除了受价值量的影响之外，还要受以下八种因素的影响和制约。

1．汽车成本

汽车产品的成本是汽车企业为研究开发、生产和销售产品所支付的全部实际费用，以及企业为产品承担风险所付出的代价的总和。如果说市场供需决定了产品的最高价格，而成本则决定了汽车产品的最低价格。因此，汽车成本是汽车价格中最基本、最主要的因素。汽车成本低则汽车产品价格竞争力就强。汽车成本包括汽车生产成本、汽车销售成本和汽车储运成本。汽车企业为了保证再生产的实现，通过市场销售，既要收回汽车成本，同时也要形成一定的盈利。

2．汽车消费者需求

汽车消费者的需求对汽车定价的影响，主要通过汽车消费者的需求能力、需求强度、需求层次反映出来。汽车定价要考虑汽车价格是否适应汽车消费者的需求能力；需求强度是指消费者想获取某品牌汽车的程度，如果消费者对某品牌汽车的需求比较迫切，则对价格不敏感，企业在定价时，可定得高一些；反之，则应低一些。不同需求层次对汽车定价也有影响，对于能满足较高层次的汽车，其价格可定得高一些；反之，则应低一些。

在一般情况下，尤其是在自由竞争市场条件下，市场价格随市场供给与需求的关系的变化而变化。当商品供不应求时，市场表现为卖方市场，价格上涨，企业利润丰厚，市场将刺激生产；当商品供过于求时，进入买方市场，价格下降，企业利润变薄，缺乏竞争力的厂家将被淘汰。从我国目前的汽车市场现状来看，虽然市场（尤其是私家车市场）容量和潜力都非常大，但已是一个买方市场。

3．汽车特征

它是汽车自身构造所形成的特色。一般指汽车造型、质量、性能、服务、商标和装饰等，它能反映汽车对消费者的吸引力。汽车特征好，该汽车就有可能成为名牌汽车、时尚汽车、高档汽车，就会对消费者产生较强的吸引力，这种汽车往往供不应求，因而在定价上占有有利的地位，其价格要比同类汽车高。

4．竞争者行为

价格不但取决于市场需求和产品成本，还取决于市场的供给情况，即竞争者的情况。定价的高低，则要受到竞争者同类产品价格的制约。在同类型的汽车产品中，质量近似时，消费者总是选择价格较低的产品。因此，对竞争者的产品定价要调查研究，深入了解，做到知己知彼，才能使定价适当，在竞争中取胜。在分析价格因素的同时，还要注意非价格竞争的因素，因为在汽车产品的质量、价格近似时，消费者更倾向于选择认知程度高的产品，而消费者对产品的认知程度要靠产品的质量、特色及宣传等。例如，在我国被人们称为“黑马”的奇瑞轿车，其外观是中档次的车型，但面对竞争者的产品定价，他们除了加大宣传，让消费者了解其产品的同时，把售价定在了中低档次价位，因而受到消费者的欢迎，上市初期就赢得了较大的市场份额。

案　例

福克斯“先上市、后定价”

中国汽车市场价格很不稳定，“先定价、后上市”的风险很大，所以福克斯采用“先上市、后定价”的策略。2005 年 8 月福克斯宣布开始接受预订，9 月 21 日才宣布价格。

5．汽车市场结构

根据汽车市场的竞争程度，汽车市场结构可分为四种不同的汽车市场类型。

（1）完全竞争市场，又称自由竞争市场。在这种市场里，汽车价格只受供求关系影响，不受其他因素影响。这样的市场在现实生活中是不存在的。

（2）完全垄断市场，又称独占市场。这是指汽车市场完全被某个品牌或某几个品牌所垄断和控制，在现实生活中也属少见。

（3）垄断竞争市场。这是指既有独占倾向又有竞争成分的汽车市场。这种汽车市场比较符合现实情况，其主要特点如下。

① 同类汽车在市场上有较多的生产者，市场竞争激烈。

② 新加入者进入汽车市场比较容易。

③ 不同企业生产的同类汽车存在着差异性，消费者对某种品牌汽车产生了偏好，垄断企业由于某种优势而产生了一定的垄断因素。

（4）寡头垄断市场。这是指某类汽车的绝大部分由少数几家汽车企业垄断的市场，它是介于完全垄断和垄断竞争之间的一种汽车市场形式。在现实生活中，这种形式比较普遍。在这种汽车市场中，汽车的市场价格不是通过市场供求关系决定的，而是由几家大型汽车企业通过协议或默契规定的。

6．货币价值

价格是价值的货币表现。汽车价格不仅取决于汽车自身价值量的大小，还取决于货币价值量的大小。汽车价格是汽车与货币交换的比例关系。

7. 政府干预

为了维护国家与消费者的利益，维护正常的汽车市场秩序，国家制定有关法规，来约束汽车企业的定价行为。

8. 社会经济状况

一个国家或地区经济发展水平及发展速度高，人们收入水平增长快，购买力强，价格敏感性弱，有利于汽车企业较自由地为汽车定价；反之则恰恰相反。

7.2 汽车定价目标

汽车企业在定价以前，首先要考虑一个与汽车企业总目标、汽车市场营销目标相一致的汽车定价目标，作为确定汽车价格策略和汽车定价方法的依据，科学地确定定价目标是选择定价方法和确定定价策略的前提和依据。

一般来讲，汽车企业的汽车产品定价目标有六种。

7.2.1 以利润为导向的汽车定价目标

利润是汽车企业存在和发展的必要条件，也是汽车企业营销所追求的基本目标之一，汽车企业一般都把利润作为重要的汽车定价目标，这样的目标主要有三种。

1. 利润最大化目标

以最大利润为汽车定价目标，指的是汽车企业期望获取最大限度的销售利润。通常已成功地打开销路的中小型汽车企业，最常用这种目标。追求最大利润并不等于追求最高汽车价格。最大利润既有长期和短期之分，又有汽车企业全部汽车产品和单个汽车产品之别。

2. 目标利润

以预期的利润作为汽车定价目标，指的就是汽车企业把某项汽车产品或投资的预期利润水平，规定为汽车销售额或投资额的一定百分比，即汽车销售利润率或汽车投资利润率。

汽车定价是在汽车成本的基础上加上目标利润。根据实现目标利润的要求，汽车企业要估算汽车按什么价格销售、销售多少才能达到目标利润。一般来说，预期汽车销售利润率或汽车投资利润率要高于银行存款利率。

以目标利润作为汽车定价目标的汽车企业，应具备以下两个条件。

（1）该汽车企业具有较强的实力，竞争力比较强，在汽车行业中处于领导地位。

（2）采用这种汽车定价目标的多为汽车新产品、汽车独家产品及低价高质量的汽车产品。

3. 适当利润目标

有些汽车企业为了保全自己，减少市场风险，或者限于实力不足，以满足适当利润作为汽车定价目标。这种情况多见于处于市场追随者地位的中小型汽车企业。

7.2.2 以销量为导向的汽车定价目标

这是指汽车企业希望获得某种水平的汽车销售量或汽车市场占有率而确定的目标。

1. 保持或扩大汽车市场占有率

汽车市场占有率是汽车企业经营状况和汽车产品在汽车市场上的竞争能力的直接反映，对于汽车企业的生存和发展具有重要意义。因为，汽车市场占有率一般比最大利润容易测定，也更能体现汽车企业的努力方向。因此，有时汽车企业把保持或扩大汽车市场占有率看得非常重要。

许多资金雄厚的大型汽车企业，喜欢以低价渗透的方式来保持一定的汽车市场占有率；一些中小型企业为了在某一细分汽车市场获得一定优势，也十分注重扩大汽车市场占有率。

一般来讲，只有当汽车企业处于以下几种情况下，才适合采用该种汽车定价目标。

（1）该汽车的价格需求弹性较大，低价会促使汽车市场份额的扩大。

（2）汽车成本随着销量的增加呈现逐渐下降的趋势，而利润有逐渐上升的可能。

（3）低价能阻止现有和可能出现的竞争者。

（4）汽车企业有雄厚的实力能承受低价所造成的经济损失。

（5）采用进攻型经营策略的汽车企业。

2. 增加汽车销售量

这是指以增加或扩大现有汽车销售量为汽车定价目标。这种方法一般适用汽车的价格需求弹性较大，汽车企业开工不足，生产能力过剩，只要降低汽车价格就能扩大销售，使单位固定成本降低，汽车企业总利润增加的情况。

我国鼓励和保护公平竞争，保护汽车经营者和汽车消费者的合法权益，制止不正当竞争行为。国家制定了《反不正当竞争法》。在汽车定价时，不得以低于变动成本的价格销售汽车来排挤竞争对手；有奖销售的最高奖的金额不得超过5000元。

7.2.3 以竞争为导向的汽车定价目标

这是指汽车企业主要着眼于竞争激烈的汽车市场上以应付或避免竞争为导向的汽车定价目标。在汽车市场竞争中，大多数竞争对手对汽车价格都很敏感，在汽车定价以前，一般要广泛收集市场信息，把自己生产的汽车的性能、质量和成本与竞争者的汽车进行比较，然后制定本企业的汽车价格。通常采用的方法有以下三种。

（1）与竞争者同价。

（2）高于竞争者的价格。

（3）低于竞争者的价格。

汽车企业在遇到同行价格竞争时，常常会被迫采取相应的对策。如竞相削价，压倒对方；及时调价，价位对等；提高价格，树立威望。在现代市场竞争中，价格战容易使双方两败俱伤，风险较大。所以，很多企业往往会开展非价格竞争，如在汽车质量、促销、分销和服务等方面下功夫，以巩固和扩大自己的汽车市场份额。

7.2.4　以汽车质量为导向的汽车定价目标

这是指汽车企业要在市场上树立汽车质量领先地位的目标，而在汽车价格上做出反应。优质优价是一般的市场供求准则，研究和开发优质汽车必然要支付较高的成本，自然要求以高的汽车价格得到回报。

从完善的汽车市场体系来看，高价格的汽车自然代表或反映着汽车的高性能、高质量及其优质服务。采取这一目标的汽车企业必须具备以下两个条件：一是高性能、高质量的汽车，二是提供优质的服务。

7.2.5　以汽车企业生存为导向的汽车定价目标

当汽车企业遇到生产能力过剩或激烈的市场竞争要改变消费者的需求时，它要把维持生存作为自己的主要目标。生存比利润更重要。对于这类汽车企业来讲，只要他们的汽车价格能够弥补变动成本和一部分固定成本，即汽车单价大于汽车企业变动成本，他们就能够维持住汽车企业。

7.2.6　以汽车销售渠道为导向的汽车定价目标

对于那些需经中间商销售汽车的汽车企业来说，保持汽车销售渠道畅通无阻，是保证汽车企业获得良好经营效果的重要条件之一。

为了使得销售渠道畅通，汽车企业必须研究汽车价格对中间商的影响，充分考虑中间商的利益，保证对中间商有合理的利润，促使中间商有充分的积极性去销售汽车。

在现代汽车市场经济中，中间商是现代汽车企业营销活动的延伸，对宣传汽车、提高汽车企业知名度有十分重要的作用。汽车企业在激烈的汽车市场竞争中，有时为了保住完整的汽车销售渠道，促进汽车销售，不得不让利于中间商。

例如，1974 年的石油危机爆发后，国际汽车市场受到严重冲击，因而汽车市场竞争加剧，日本的马自达公司为了推销汽车，规定每销售一辆汽车给中间商 500 美元的回扣奖励。这一措施使该公司保证了完整的汽车销售渠道，使在 1976 年向市场投放的新型车的销售获得了成功，使该公司受益匪浅。

7.3　汽车定价方法

汽车定价方法是指汽车企业在确定了汽车定价目标后，结合汽车成本、需求及竞争等因素，而给汽车产品制定一个基本价格或浮动范围的方法。汽车产品的成本决定了汽车产品的最低价格，汽车市场的需求决定了汽车产品的价格弹性，竞争对手的价格提供了制定汽车产品价格的参考标准。汽车企业根据竞争者同类产品的价格水平，在汽车市场需求的最高价格和汽车成本费用的最低价格之间，制定高低不同的汽车价格。一般认为，汽车产品的基本定价方法有三种：汽车成本导向定价法、汽车需求导向定价法和汽车竞争导向定价法。

7.3.1 汽车成本导向定价法

汽车成本导向定价法是指在汽车成本的基础上，加上一定的预期利润和应纳税金来制定汽车价格的方法。这是一种按汽车卖方意图定价的方法。具体包括以下两种定价方法。

（1）汽车成本加成定价法。汽车成本加成定价法是一种最简单的汽车定价方法，即在单台汽车产品总成本的基础上，加上一定比例的预期利润作为汽车产品的售价。售价与成本之间的差额就是利润。由于利润的多少是按一定比例反映的，这种比例习惯上称为几成，所以这种方法被称为汽车成本加成定价法。计算公式为

$$P=C（1+R）$$

式中：P——单位产品价格；

C——单位产品成本；

R——成本加成率（R=要求达到的总利润×100%/总成本）。

这种定价方法的优点包括：第一，计算成本比估计市场需求更易把握，企业根据成本定价简便易行；第二，如果同行业的其他企业都采用此定价方法，各企业的成本和加成比例接近，则定出的价格相差不多，可以缓和同行业间的价格竞争；第三，根据成本加成，对于买卖双方更加公平合理，卖方不因买方需求增加而提价，只是“将本求利”。

这是根据企业所要实现的目标利润来定价的一种方法。其计算公式为

单位商品售价=（固定成本+变动成本+目标利润）/预计销售量

固定成本是指成本总额中保持稳定，与产品销售量的变化无关的成本。

变动成本是指其成本总额中随产品销售量的增减变化而成正比例增减变化的成本。

汽车目标利润定价法的优点包括：有利于加强企业管理的计划性，能较好地实现投资回收计划。但这种方法也很少考虑到市场竞争和需求的实际情况，只是从保证生产者的利益出发制定价格。用这种方法制定出来的价格，无法保证预计销售量的必然实现。

（2）汽车边际成本定价法。边际成本是指每增加或减少单位单品所引起的总成本的增加或减少。汽车边际成本定价法是以单位产品的边际成本作为定价依据和可接受价格的最低界限。当汽车价格高于汽车边际成本时，企业出售产品的收入除完全补偿变动成本外，还可以用来补偿一部分固定成本，甚至可能提供利润。

7.3.2 汽车需求导向定价法

汽车需求导向定价法是一种以汽车市场需求为中心，汽车企业根据汽车消费者对汽车产品价值的理解和对汽车需求的差别进行产品定价的方法。本章主要介绍其中的汽车感受价值定价方法。

感受价值（又称理解价值），指的是汽车消费者根据自己的经验、标准或观念对产品定位的认同价值。根据这个价值制定的价格成为感受价值价格。汽车感受价值定价法指的就是汽车企业按照汽车消费者对汽车产品的感受价值来制定汽车价格的方法，而不是根据汽车企业生产汽车产品的实际价值来定价。因此，在对汽车产品定价时，首先要估计和测定汽车产品在汽车消费者心目中的感受价值。这种方法的基本步骤如下。

（1）通过市场调查确定产品的消费者感受价值，决定产品的初始价格。

（2）预测产品在初始价格下的销售量。

（3）预测目标成本：目标成本总额=销售收入总额-目标利润总额-税金总额。

（4）把预测的目标成本与产品实际成本进行对比，确定价格。

利用汽车感受价值进行定价的关键在于要把自己的汽车产品与竞争者的汽车产品相比较，正确估计汽车产品在汽车消费者心目中的形象，找到比较准确的感受价值。

7.3.3 汽车竞争导向定价法

汽车竞争导向定价法是企业依据竞争产品的价格来确定本企业产品价格的一种方法。其特点是只要竞争产品的价格不变，即使本企业的产品成本或需求发生变化，价格也不会变，也就是说，汽车产品的价格不与汽车产品的成本或需求发生直接关系。例如，日产汽车公司的定价，就是先充分研究丰田汽车公司相似产品的价格，然后再给自己的产品制定一个合适的价格，如果丰田的价格调整了，日产公司通常也要做出相应的反应。

汽车竞争导向定价法主要包括以下三种方法。

1. 随行就市定价法

随行就市定价法指的是以同类汽车产品的平均价格或以市场主导者（指在同类汽车产品中消费者认可的某品牌汽车产品）的产品价格为标准来确定汽车产品价格的方法。这种方法适合汽车企业既难于对消费者和竞争者的反应做出准确估计，又难以自己另行定价时运用。

当汽车产品的质量、服务等综合因素与竞争产品相比较没有较大差异时，可以按照同行业的平均价格水平为依据来确定产品价格。这样可以使汽车产品价格与大多数竞争产品保持一致，在和谐的气氛中获得平均报酬。

当汽车产品的质量、销售条件等因素与竞争产品相比较有较大差异时，其定价比照其他竞争产品的价格，或高或低进行调整，但以不引起竞争者较强反应为宜。其计算公式为。

汽车产品价格=用以比较的价格标准×（1+差异率）或

汽车产品价格=用以比较的价格标准×（1-差异率）

2. 竞争投标定价法

竞争投标定价法指的是有一个卖主（或买主）对两个以上并相互竞争的潜在买主（或卖主）出价（或要价）择优成交的定价方法。其特点是招标方只有一个，处于相对垄断地位，而投标方有多个，处于相互竞争的地位。能否成交的关键在于投标者的出价能否战胜所有竞争对手而中标，中标者与卖方（或买方）签约成交。

选择和确定投标价格，一是要分析投标条件及企业的主客观条件及其能否适应招标项目的要求；二是估算直接成本，拟定报价方案；三是分析竞争对手的特点和可能报价，估计中标概率；四是计算每个方案的期望利润，并据此选择投标价格。期望利润与报价成正比，与中标概率成反比。其计算公式为

期望利润=（报价-估计成本）×中标概率

竞争投标定价法主要在政府处理走私没收汽车和企业处理多余汽车时采用，如上海对车牌的竞拍就属于这种形式。

3. 拍卖定价法

拍卖定价法是由卖方委托拍卖行，预先发布公告，展出拍卖物品，卖方预先看货，在规

定时间公开拍卖，由买方公开竞价，利用汽车买方竞争求购的心理，从中选择最高汽车价格来成交的定价方法。此方法一般多用于二手车贸易。

在汽车产品定价的实际工作中，以上几种定价方法是可以同时运用的，汽车企业可根据自身的需要，有重点地采用定价方法。价格一经确定后，并非意味着就不可改变，应根据具体的营销特点，在基本价格水平上进行灵活的浮动。

案　例

三菱戈蓝定价方法分析

三菱戈蓝是中高级轿车市场中的一款重量级车型。根据戈蓝在海外市场的表现，更长、更宽、更高是戈蓝的车型外观优势。而东南汽车高层对戈蓝的评价是排量、动力和豪华程度都令人大吃一惊。

戈蓝在国内市场供应 2.0 升、2.4 升、3.8 升三种排量，这三种排量在中高级汽车市场的代表车型中，仅 3.8 升排量空缺，其他两个排量的产品竞争非常激烈，雅阁、领驭、凯美瑞等重量级产品纷纷涉足。纵观中高级汽车市场，戈蓝面临着艰巨而复杂的市场环境。

1. 戈蓝不可回避的强大对手

中高级汽车市场一直是雅阁和领驭的天下。凯美瑞的上市搅乱了这个细分市场的竞争格局。加上新天籁、君越、新马自达 6 等重量级产品的入市，中高级汽车市场进入了“战国时代”。

戈蓝在与雅阁、领驭、凯美瑞、天籁、君越等的竞争中，究竟应突出哪些方面的优势，又凭借什么与如此强大的竞争对手抗衡?

2. 戈蓝不可回避的潜在威胁

凯美瑞的上市，正在改变中高级车市的竞争格局。中高级车市强大的降价趋势正在考验着每个车型。雅阁、领驭虽然没有采取官方降价来应对凯美瑞、新马自达 6 的上市，但是各地市场的终端降级此起彼伏。雅阁在终端市场的优惠幅度已经突破了 2 万元，新车和降价，是戈蓝面临的致命威胁，选择进入市场的时机和定价策略对戈蓝来说非常重要。

产品方面，戈蓝如果更多地突出动力优势，戈蓝的消费群体将与其他的中高级车型形成较大差别。戈蓝将动力与赛车相关联，也将极大程度地把消费者锁定在运动一族。而这个定位与马自达 6 轿跑车相比，又缺少了时尚元素。因此，定位是戈蓝的另一潜在威胁。

3. 戈蓝的定价方法

五款中高级车型的价格分布情况如表 7-1 所示

表 7-1　五款中高级汽车产品的价格分布

单位：万元

车型	2.0 升			2.4 升			其他排量	
雅阁	19.98	20.98	21.98	23.98	25.68		29.98	
领驭	18.38	19.58		21.48	22.88	24.28	28.80	31.80
凯美瑞	19.78	21.98		22.98	24.78	26.98		
天籁	21.98			23.38	26.48	29.28	36.18	
君越				23.98	26.98		32.98	

戈蓝的明确参数和配置情况目前尚不明朗，但根据上面的分析，戈蓝差异化优势的锁定是支持产品定价策略的一个关键，也是必备因素。因此，抛开产品层面的因素，根据市场竞争策略，分析一下戈蓝的定价策略，内容如下。

第一，新产品上市，大都采用高价撇脂策略。即使戈蓝也会如此，但是因为中高级车市竞争的新环境，戈蓝的定价不会太高。因为凯美瑞和君越都是刚上市的全新车型，从推广、品牌和市场认知等多个因素考虑，戈蓝的定价不会比凯美瑞和君越高。

第二，戈蓝将在 2.0 升和 2.4 升排量市场，与多款车型展开竞争。领驭和君越的价格接近了 18 万元，雅阁的也在 20 万元以下，新上市的凯美瑞为 19.78 万元。凯美瑞对车市引发的冲击波和高超的营销技巧，也决定戈蓝的定价不会高于凯美瑞，加上中高级车市的降价趋势，戈蓝的基本款定价应在 19 万元以下。

第三，2.4 升排量的中高级车市，竞争更加激烈，这个排量的中高级车型，价格平均锁定在 22 万～27 万元，戈蓝要想站稳这个细分市场，价格也将定在 21 万～26 万元。只要戈蓝将凯美瑞作为定价的标杆，竞争力就会强些。

第四，虽然 3.8 升的超大排量是戈蓝在中高级车市的独特优势，但这个消费群体真正对强大动力的需求，值得考证。如果戈蓝仅凭“人无我有”为前提，定高这个排量车型的价格，也并不合理。如果价格稍高，戈蓝会面对诸如皇冠、奥迪系列车型，与这些高级车型相比，戈蓝具备鲜明的优势吗？因此，戈蓝在这个排量的车型中价格不会高于天籁。综上所述，戈蓝的价格空间为 18.58 万～27.98 万元。

中高级车市究竟还可以载动多少新车，中高级车市究竟何时降价，是这个细分市场最大的两个悬念。戈蓝也将受到这两个因素的影响，让我们拭目以待戈蓝的上市和定价策略。

7.4　汽车定价策略

在竞争激烈的汽车市场，产品价格已成为汽车企业营销活动中十分重要的一项内容。对汽车产品的定价直接关系到产品在市场上的发展。汽车企业要想实现既定的汽车营销目标，不仅要研究汽车定价的方法，还要研究汽车定价的策略。现在，汽车产品定价策略已成为汽车企业争夺市场的重要武器，是决定汽车企业营销成败的关键。汽车企业必须根据市场状况、产品特点、消费者的心理及营销组合等因素，采取灵活多变的定价策略，制定出适合汽车市场的产品价格，以使汽车企业能有效地实现营销目标。

7.4.1　汽车产品寿命周期定价策略

处于汽车产品寿命周期不同阶段的汽车产品各有其不同的特征，必须采取不同的定价策略。

案　例

按年龄定价

国外汽车行业按出厂“年龄”定价，“头年俏”、“二年好”、“三年少”、“四年低”、“五年掉”，超过五年没有卖出的轿车会按成本价或低于成本价销售，这种车往往比“二手车”只高出两三千美元，即所谓的“高档车，中低档价”。

1．介绍期定价策略

介绍期的定价策略又称新产品的定价策略。汽车新产品刚刚投放市场，它在技术上和经营上都具有一定的优势，但同时也面临着很多问题。汽车新产品定价得当，就可能使该汽车新产品顺利打入市场，给企业带来利润；反之则相反。

介绍期定价策略主要有三种。

（1）撇脂定价策略。这是一种高价保利的定价策略，是指在汽车新产品投放市场的初期，将汽车价格定得较高，以便在较短的时期内获得较高的利润，尽快地收回投资。这种定价策略就好像把鲜奶中浮在上面的一层奶油撇出来，取其精华，故而得名。采用这种定价策略制定的汽车价格称为汽车撇脂价格。

这种汽车定价策略的优点如下。

① 汽车新产品刚投放市场，需求弹性小，尚未有竞争者。因此，只要汽车新产品能超群、质量过硬，就可以采取高价，来满足一些汽车消费者求新、求异的消费心理。

② 由于汽车价格较高，因而可以使汽车企业在较短时期内取得较大利润。

③ 定价较高，便于在竞争者大量进入市场时主动降价，增强竞争能力，同时，也符合客户对价格由高到低的心理。

这种汽车定价策略的缺点如下。

① 在汽车新产品尚未建立起声誉时，高价不利于打开市场，一旦销售不利，汽车新产品就有夭折的风险。

② 如果高价投放市场销路旺盛，很容易引来竞争者，从而使汽车新产品的销路受到影响。

这种汽车定价策略一般适应于以下几种情况。

① 汽车企业研制、开发的这种技术新、难度大、开发周期长的汽车新产品，用高价也不怕竞争者迅速进入市场。

② 这种汽车新产品有较大的市场需求。由于汽车是一次购买，享用多年，因而高价市场也能接受。

③ 高价可以使汽车新产品一投入市场就树立起性能好、质量优的高档品牌形象。

案 例

标致307：高价定位，降价补偿

标致307正式上市时定价为12.88万～17.58万元，当年12月份公司宣布全系列车型降价2万元，对于已购车者给予价格补偿，消息一出，购车者和看车者增加一倍，当月日均销量200台，被媒体称为“负责任的降价行为”，可谓名利双收。

案 例

奥迪新A6策略：设置陷阱，步步为营

奥迪新A6L 2.4升价格为46.22万元，引起业界一片哗然，这个价格在竞争如此激烈的豪华车市场上毫无竞争力，虽然豪华车市场上价格不是敏感因素，但是德国大众旗下的奥迪轿车过高定价一旦失误，将加速大众汽车在中国市场份额的继续下滑。奥迪的定价策略非常聪明，奥迪新 A6L 的定价既有利于老 A6 的甩卖，又给其 2.0 升的产品留下空间，更重要的是其高端产品的高价位，为国产奔驰和宝马设下陷阱，如果奔驰和宝马定价与其相当，则默认了奥迪竞争对手的地位，如果定价过高，则要冒丧失市场份额的风险，任凭奥迪车独霸豪华车市场。

宝马在奥迪公布定价之后，将其新 3 系的价格定在 36.5 万～55 万元，反将了奥迪一军。但是半个月之后，奥迪又推出了 2.0T，最低价格为 34.68 万元，化解了这一险局。同时，奥迪还表示将推出新奥迪 A4，目标直指宝马新 3 系。

（2）渗透定价策略。这是一种汽车低价促销策略，是指在汽车新产品投放市场时，将汽车价格定得较低，以便使汽车消费者容易接受，很快打开和占领市场。

这种汽车定价策略的优点如下。

① 可以利用低价迅速打开新产品的市场销路，占领市场，从多销中增加利润。

② 低价又可以阻止竞争者进入，有利于控制市场。

这种汽车定价策略的缺点是投资的回收期较长，见效慢，风险大，一旦渗透失利，企业就会一败涂地。

这种汽车定价策略一般适应于以下几种情况。

① 制造这种汽车新产品所采用的技术已经公开，或者易于仿制，竞争者容易进入该市场。利用低价可以排斥竞争者，占领市场。

② 投放市场的汽车新产品，在市场上已有同类汽车产品，但是，生产汽车新产品企业比生产同类汽车产品企业拥有较大的生产能力，并且该产品的规模效益显著，大量生产定会降低成本，收益有上升趋势。

③ 该类汽车产品在市场中供求基本平衡，市场需求对价格比较敏感，低价可以吸引较多客户，可以扩大市场份额。

案　例

本田飞度：低价，一步到位

在国内经济型轿车市场上，像广本飞度一样几乎是全球同步推出的车型还有上海大众的 POLO，但与飞度相比，POLO 的价格要高得多。飞度 1.3 升五速手动挡的全国统一销售价格为 9.98 万元，1.3 升无级变速自动挡销售价格为 10.98 万元，而三厢 POLO 上市时的价格为 13.09 万～16.19 万元。飞度上市后，POLO 及时进行了价格调整，在北京亚运村汽车交易市场上，三厢 POLO 基本型的最低报价是 11.11 万元。即使这样，其价格还是高于飞度，虽然飞度 9.98 万元的价格超过了部分消费者的心理预期，但在行家眼里，这是对其竞争对手致命的定价。

飞度在定价上也体现了广本的营销技巧。对于一般汽车企业来说，往往从利润最大化的角度考虑定价，想办法最大限度地获得第一桶金。这体现在新车上市时，总是高开高走，等到市场环境发生变化时才考虑降价，但这种方式存在一定的问题，即在降价时，因为没办法传递明确的信号，消费者往往更加犹豫，因为他们不知道企业是否已经将价格降到谷底。飞度的做法则不同，它虽然是一个技术领先的产品，但采取的是一步到位法。虽然这种做法会使消费者往往要向经销商交纳一定的费用才能够快速地取得汽车，增加了消费者的负担，但供不应求的现象会让更多的消费者产生悬念。如果产量屏障被打破以后，消费者能够在不加价的情况下就可以买到车，满意度会有很大的提高，因为它给予了消费者荣誉上的附加值。对于飞度为什么能够实现如此低的定价，广本方面的解释是，飞度起步时国产化就已经超过了 80%，而国产化比例是决定国内轿车成本的两大因素之一。

整体看来，飞度良好的市场表现最重要的原因之一是广本采用了一步到位的低价策略。汽车性能和价格在短期内都难以被对手突破，这就使得长期徘徊观望的经济型轿车潜在消费者打消了顾虑，放弃了持币待购的心理，纷纷选择了飞度。

以上两种汽车定价策略各有利弊，选择哪一种策略更为合适，应根据市场需求、竞争情况、市场潜力、生产能力和汽车成本等因素综合考虑。各种因素的特性及影响作用如表 7-2 所示。

表 7-2 汽车撇脂定价策略与渗透定价策略的选择标准

两种汽车定价策略选择标准	撇脂定价策略	渗透定价策略
汽车市场需求水平	高	低
与竞争产品的差别性	较大	较小
汽车价格需求弹性	小	大
汽车企业生产能力扩大的可能性	小	大
汽车消费者购买力水平	高	低
汽车产品目标市场潜力	小	大
汽车产品仿制的难易程度	难	易
汽车企业投资回收期的长短	较短	较长

案 例

凌志“挑战”奔驰

凌志汽车挑战奔驰汽车时，其质量和价格定位是高质中价定位。即用中等价格的费用，获得高等品质的满足，尽管这种价格看起来不是很低，但与其提供的产品和服务品质比较，处于较低水平，因而属于低价定位。

丰田汽车公司了解到全世界有相当多的消费者希望购买并有能力购买昂贵的汽车，该消费群体中有许多人想购买奔驰车，但认为其定价太高，因此，他们希望能买到具有奔驰的质量但价格更合理的汽车。奔驰车的定位是在“高贵、显赫、王者、至尊”的高价位上，只针对一小群非常成功的人士，而对于大多数比较富裕的家庭，质量优越、价格适中的汽车却不多，这正好给了丰田汽车公司一个定位空隙。丰田公司于是产生了这样一个产品概念：开发出与奔驰质量相同的新型汽车，但具有市场竞争力的价格，让购买丰田车的人认为自己做出了明智的选择，而不是为了虚荣去大笔消费。

丰田汽车公司的工程师和设计师在开展市场研究后，便着手开发“凌志”汽车，并通过多种途径来推销。这种汽车的外表犹如雕塑艺术品，十分舒适完美，内部非常豪华。丰田公司在美国宣传凌志汽车时，将其图片和奔驰的并列在一起，并加上大标题：“用 36000 美元就可以买到价值 73000 美元的汽车，这在历史上还是第一次。”同时，丰田公司开辟了独立的经销网络来销售凌志汽车，并挑选了最有能力的经销商。在凌志汽车的陈列室中，场地非常宽敞，周围有鲜花和盆栽树木，并提供免费的咖啡，配有专业的销售人员。经销商送给潜在客户一套精美礼品盒，内装展示凌志汽车性能的录像带，录像带中有一段内容如下：一位工程师分别将一杯水放在奔驰和凌志车的发动机盖上，当汽车发动时，奔驰车上的水就晃动起来，而凌志车上的水却没有晃动；另一个画面上是将一杯水放在行进中凌志车挡风玻璃的内侧，车在街角转弯时杯子仍然立在那里，这说明凌志车发动和行驶时更平稳。事实证明，购买凌志车的客户非常满意，尽管凌志车的象征意义不如奔驰大，但他们只花费了一半的价钱就能享受与奔驰一样性能优异的汽车。

凌志车低价定位的成功有两个方面：一是选择了适当的进攻目标——奔驰，若是选择普通车，即使宣称品质再优越，效果也不大，只有与高级汽车比较才能让人信服；二是提供了实在的资料让客户相信该车质量确实能与高价高质产品媲美，如果质量敏感型的客户相信这些宣传就会理智地购买该商品，以节省开支。

（3）满意定价策略。这是一种介于撇脂定价策略和渗透定价策略之间的汽车定价策略。它以获取平均利润为目标，所定的价格比撇脂价格低，而比渗透价格高，是一种中间价格，风险小，成功的可能性大。

这种汽车定价策略的优点如下。

① 能使汽车新产品较快地为市场所接受，且不会引起竞争对手的对抗。

② 可以适当延长汽车新产品的寿命周期。

③ 有助于汽车企业树立信誉，稳步调价，并使客户满意。

以上三种汽车新产品定价策略的汽车价格和汽车销量的关系如图 7.1 所示。

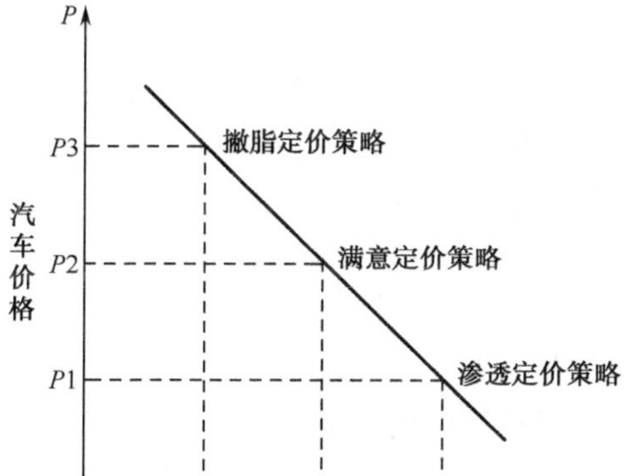

图 7.1　汽车价格和汽车销量的关系

2. 成长期定价策略

在汽车产品的成长期，汽车消费者的注意力不再单纯地停留在汽车产品的效用上，开始比较不同汽车品牌的性能和价格，汽车生产企业的成本迅速下降，竞争者较少，汽车产品销路已打开，销售量呈上升趋势，企业在市场中处于主导地位，这时是取得有利于实现企业预定目标利润的时期，因此，在成长期一般适用目标利润定价策略。方法如下。

目标盈利额=总投入资金×资金目标盈利率

目标销售收入=总成本费用+目标盈利额

这种定价策略关键在于对目标利润水平的把握。一般而言，这个阶段的价格水平以获得社会平均资金利润率的水平为宜。在介绍期采用撇脂价格的产品，可随产量的增加和竞争者的进入适当降低价格；在介绍期采用渗透定价的产品，由于此阶段的成本已大幅度下降，维持原来的渗透价格即可获得社会平均利润；而在介绍期采用满意策略的产品，可随成本的降低适当降低价格，企业仍能取得平均利润，客户享受降价实惠而感到满意。

3．成熟期定价策略

处于成熟期的汽车产品有效定价的着眼点不是努力争得市场份额，而是尽可能地创造竞争优势。这个阶段，汽车企业一般实行竞争定价策略。汽车产品进入成熟期后，虽然生产量和销售量都达到最大，但因大量竞争者进入市场，企业的产品销售肯定会受到影响，而这一阶段的产品成本也进一步下降了，企业可以根据市场情况对产品做出不同程度的降价，同时辅助一些非价格竞争的手段以扩大销售、获得利润。实行竞争定价时，掌握降价的依据和幅度十分重要。降价太多，虽可扩大销售，但可能亏损；降价太少，不足以保证扩大销售量，也无法在竞争中取胜。因此，企业必须对内外部情况进行综合分析，合理确定汽车产品的竞争价格。通常，产品需求价格弹性大降价幅度就大，需求弹性小则降价幅度就小。

4．衰退期定价策略

汽车产品进入衰退期后，新产品、替代品不断出现，汽车消费者对老产品也逐渐失去兴趣，销量直线下降，而且这个阶段的产品成本也会有所上升，利润减少，甚至出现亏损。这个时期的汽车产品定价，主要着眼于最大限度地提取收益和尽快回收占压资金，尽可能发挥产品在汽车市场寿命最后阶段的经济效益。衰退期的汽车产品一般采用驱逐定价策略和维持定价策略。

（1）驱逐定价策略。这种策略是以汽车产品的平均变动成本为价格的底限，大幅度降价，以驱逐竞争者，阻止本企业产品销售下降，延长产品寿命。这种定价策略有较强的价格攻击力，但风险也较大，仅限于产品寿命周期结束阶段，以便清仓出货，迅速转产。

（2）维持定价策略。这种策略是汽车企业对老产品继续保持其在市场成熟期的价格水平。这样，可以保持汽车产品在消费者心目中的良好形象，不至于造成劣质品降价的印象，但容易使销售量大幅度降低，加快产品退出市场。因此要采取一些措施，如调整产品结构、缩减生产量及加强售后服务等，以延长其市场寿命。

7.4.2 折扣和折让定价策略

汽车的价格分为标价和成交价，标价是指汽车产品对外标明的价格，而成交价是指汽车企业为了鼓励消费者购买，在汽车标价的基础上，相对地降低售价后得到的汽车价格。在汽车市场营销中，汽车企业为了竞争和实现经营战略的需要，经常对汽车价格采取折扣和折让的优惠政策，直接或间接地降低汽车价格，以争取消费者，扩大汽车销量。具体来说，折扣和折让分为以下五种。

1．数量折扣

当买方购买汽车产品的数量达到一定数目时，卖方在原标价的基础上给买方一定的折扣。数量折扣是用来鼓励买方集中购买或大批量购买汽车产品的定价策略，买方购买的汽车产品数量越多，享受到的折扣越大。

数量折扣又可分为累计数量折扣和非累计数量折扣。前者规定买方在一定时期内，购买汽车产品达到一定数量或一定金额时，按总量给予一定折扣的优惠。目的在于使买方与汽车企业保持长期的合作，为汽车企业培养忠实的消费者，维持汽车企业的市场占有率；后者是指按每次购买汽车产品的数量多少给予折扣的优惠。这可以刺激买方大量购买，促进汽车多销、快销、减少库存和资金占压，从而降低汽车企业的销售费用。

2. 现金折扣

现金折扣是对在规定时间内提前交款或按期付款的买方给予一定的折扣优惠，目的是鼓励买方尽早付款，从而减少资金占压，加快资金周转，减少财务风险。如买卖双方的成交额为 50 万元，且在合同中注明“3/10 净 30 天”，则表示：此笔交易的付款期限为 30 天，如在 10 天内付款，给予 3% 的折扣优惠；若在第 11 天至第 30 天内交付，买方则付全部款项 50 万元；若超过 30 天则属违约。

运用现金折扣应考虑三个因素：一是折扣率大小；二是给予折扣的限制时间长短；三是付清货款期限的长短。

3. 季节折扣

季节折扣是指在汽车销售淡季时，给购买者一定的价格优惠，目的在于鼓励中间商和消费者购买汽车，减少季节差别对企业生产经营活动的不利影响，有利于企业减少库存，节约管理费，加快资金周转。季节折扣率应不低于银行存款利率。

4. 功能折扣

功能折扣又称贸易折扣、交易折扣，是指汽车企业根据各中间商在汽车产品的营销活动中所担负的功能不同，而给予不同的折扣。交易折扣的折扣比例，主要是考虑汽车中间商在汽车销售渠道中的地位、对汽车企业销售的重要性、购买汽车的数量、所具备的汽车促销功能、承担的风险及汽车产品在市场上的最终售价等。

5. 地区折扣

这种策略是指根据中间商或零售商所处的地理位置，据生产商距离的远近，在运费上给予一定比例的折扣，目的是鼓励远距离的中间商或零售商购买本企业产品，有利于提高市场占有率。

需要我们注意的是，在采用折扣和折让定价策略时，一方面汽车产品一般不宜采用打折的形式，宜采用回扣的形式。虽然同样是降价，但汽车消费者在支出了一笔大数目的费用后能够收到一些返还的货款的感受要比仅仅享受到打折的感受好一些；另一方面，汽车企业是否要采取折扣和折让策略，折扣限度是多少，还要综合考虑市场上各方面的因素。特别是竞争产品实力很强时，一旦实施了折扣定价，可能会遭到竞争对手更大的折扣反击，一旦形成了竞相折价的市场局面，会对企业造成不利的影响，甚至会使企业退出市场。

7.4.3　心理定价策略

汽车消费者处于不同的社会文化中，对价格的心理感受和理解是不同的。心理定价策略就是指根据汽车消费者对汽车产品需求的心理差异而采取的一种在基本价格的基础上作有限的变化，使产品的实际成交价格更具吸引力的定价策略。

1．整数定价策略

这是汽车企业有意识地将汽车产品的价格定为整数的一种定价策略，凭借整数价格让汽车消费者产生汽车属于高档消费品的印象，提高汽车品牌形象，满足汽车消费者的某种心理需求。

主要适用于档次较高、价格需求弹性小、价格高低对需求的影响很小的汽车产品。

案　例

100 万美元的高级豪华轿车

美国的一位汽车制造商曾公开宣称，要为世界上最富有的人制造一款大型的高级豪华轿车。这种车有 6 个轮子，长度相当于两辆凯迪拉克高级轿车，车内有酒吧间和洗澡间，定价为 100 万美元。为什么要定为 100 万美元的整数价呢？这是因为，高档豪华的超级商品的购买者，一般都有显示其身份、地位、富有及大度的心理欲求，100 万美元的豪华轿车，正迎合了购买者的这种心理。对于高档商品、耐用商品等宜采用整数定价策略，给顾客一种“一分钱一分货”的感觉，借以树立商品的形象。

2．非整数定价策略

这是与整数定价策略正好相反的一种定价策略，是指汽车企业利用汽车消费者求廉的心理，在汽车定价时，不取整数而带零头的定价策略。这种带零头的汽车价格在直观上给消费者一种便宜的感觉，同时还会给消费者带来一种汽车企业是经过了认真的成本核算后才定价的心理感觉，可以提升消费者对该价格的信任度，从而激起消费者的购买欲望，促进汽车销量的增加，例如，把一款汽车定价为 9.97 万元，而不是 10 万元，消费者会觉得比较便宜，会激起其购买欲望，达成交易。

非整数定价策略一般适用于档次较低、价格对需求的影响很大的经济型汽车。但在实际定价中，无论是整数定价还是非整数定价，都要考虑到地域的差别。比如，美国、加拿大等国的消费者普遍认为单数比双数少，奇数比偶数显得便宜，所以，在北美地区，零售价为 4.9 万美元的汽车产品，其销量要远远大于 5 万美元的产品，甚至比 4 万美元的产品销量更多。但日本企业多以偶数特别是零作结尾，这是因为偶数在日本象征着对称、和谐、吉祥、平衡和美满。

案　例

汽车定价中的“价格标签”

在中国汽车市场上，不同档次的汽车各自都有相应的“价格标签”，如经济型轿车——两厢夏利 3.98 万元；老款中档轿车——富康新自由人 9.98 万元；新引进的紧凑型轿车——本田飞度 9.98 万元；新引进的中级轿车——别克凯越 14.98 万元；新引进的中高档轿车——本田新雅阁 25.98 万元。

两厢夏利等具体车型的定价不知不觉间成为了相关档次轿车的“价格标签”，它们有一个共同的有趣特征，就是万元级的小数点后边都是 9800 元，离一万元的整数只差 200 元。实际上，作为购买汽车的消费者来说，区区 200 元谁也不会在乎，但是精明的厂家、商家更看重这 200 元带给人们的错觉。比如，将富康新自由人的定价由目前的 98000 元，增加 2001 元，虽然只是增加了 0.2%，但其售价却变成了 100001 元，一下子就跃上了十万元级的价格台阶，给人以价格昂贵的感觉。现在，利用尾数定价原则，既给了人们以价格不足 4 万元、10 万元、15 万元的直觉，又利用“九八”——“就发”的汉语谐音让消费者感到了亲切。

3. 声望定价策略

这是根据汽车产品在消费者心目中的声望、信任度和社会地位来确定价格的一种定价策略，即把名牌产品的价格定得高于其他同类产品的价格，以维护产品的声誉。声望定价策略可以满足某些汽车消费者的特殊欲望，如地位、身份、财富、名望和自我形象等，还可以通过搞价格来显示汽车的优质优价。有报道称，在美国市场上，质高价低的中国产品经常竞争不过相对质次价高的韩国产品，原因就在于在美国人眼中高价是高品质的象征。

声望定价策略一般适用于具有较高知名度、有较大市场影响力的深受消费者欢迎的名牌汽车产品。像英国名车劳斯莱斯的价格高居汽车价格榜首，除了其优越的性能、精致的做工外，产品的低产量也是一个很重要的因素。在过去的 50 年里，该公司只生产了 15000 辆轿车。美国总统艾森豪威尔就因未能拥有一辆金黄色的劳斯莱斯汽车而终生遗憾。

4. 招徕定价策略

这是将某种汽车产品的价格定得非常高或非常低，以引起消费者的好奇心和观望行为，来带动其他汽车产品的销售的一种汽车定价策略。如利用年节时举行“大甩卖”、“酬宾大减价”等活动，江南奥拓将其产品定价为 2.98 万元，成为国内市场上唯一一款低于 3 万元的轿车，吸引了消费者的眼光和购买兴趣。

5. 分级定价策略

这是指在定价时，将同类汽车分为几个等级，不同等级的汽车，采用不同价格的一种汽车定价策略。这种定价策略能使消费者产生货真价实、按质论价的感觉，易被消费者接受，而且买卖结算方便，简化了交易手续，缩短了交易时间。

6. 习惯定价策略

有些汽车产品由于同类产品多，成本相对稳定，使价格在一定水平上维持了较长时间，就在消费者的心目中形成了一个较稳定的习惯价格，这类汽车产品的价格若稍有变动（尤其是提价），就会引起消费者的不满，容易使消费者产生抵触心理。对于此类汽车产品，汽车企业不宜采用调价的方法。

7. 幸运数字定价策略

这种定价策略是根据汽车消费者对某些数字的偏好，如认为“8”可以带来“发”财、“发”达；认为“6”代表“事事如意”、“六六大顺”等。采用相应的幸运数字作为定价依据，容易使汽车购买者对该汽车产品产生一种心理上的好感，认为它可以带来好运，从而购买该产品。

这种定价策略常被用于节假日促销，幸运数字与节日的美好气氛相结合，更容易促进汽车的销售。

案　例

锐志低价入市 领驭高调亮相

2005年车市影响力最为深远的两件事就是锐志的低价入市和领驭的高调亮相——丰田越卖越便宜，大众重提领导品牌，或者说“锐志向下，领驭向上”。

锐志的低价入市，当然不是丰田愿意牺牲自己的利润帮助消费者完成私车梦想。现实情况是，丰田虽然已经错过了大众曾经在中国享受过的高利润、高回报的黄金时期，但在2005年以前，丰田一直试图在中国进行所谓的“高质高价战略”，旗下品牌威驰、花冠等甚至比同级别的德系轿车还贵，可惜市场遇冷。于是在2004年末，在古谷俊男领导下的一汽丰田大幅调整定价策略，花冠和威驰的平均价格下调了两万余元，销量才开始大幅上扬。事实上，随着皇冠、锐志的陆续入市，以及佳美的上市，丰田在中国高中低档车型中均有位置，进军全系列车市格局已定。在这种情况下，锐志的低价入市昭示了丰田在中国开始回归全球范围内赖以称雄的“物美价廉”战略。

可以用“锐志向下”一语概之，这对于丰田而言也是一个标杆，意味着其从此将打破以前所形成的高价印象，回归“物美价廉”的品牌形象。

而领驭的高调亮相，则有更多方面值得回味。长期以来，相比讲究外观和内饰的日韩系轿车，老款帕萨特尽管品质优势明显但外观审美疲劳，内装乏善可陈，尤其是在品牌塑造方面表现平平，由最初的中高级车市领导品牌变成了大众化的普通车型，在时尚、豪华和高端品质的品牌塑造方面几无作为。

失去了品牌支持，南北大众一味地想和日韩系轿车比拼价格，显然不是一件明智之举，短期内也不会在成本控制力上有所成效。可见，坚持高端品牌和口碑，走德系轿车在全球已被证明成功的道路才是可持续发展的方向——在欧美市场，消费者普遍能接受德系车的价格，即使它们要比日韩系车贵20%；在中国，消费者虽然未必能接受如此高的差价，但仍能普遍认可德系车的优越品质。

可以说，就定价策略而言，领驭上市走的并非单纯的低价策略，而是强势品牌引导下的高性价比路线。显然，上海大众要把领驭重新打造成中高级市场的领导品牌，就必须包括价格上的占领和品牌上的塑造两个方面。

案　例

别克凯越的价格策略

上海通用先后推出了经济型轿车赛欧（8.98万～12.98万元）和中高档轿车别克君威（22.38万～36.9万元）。赛欧针对的是事业上刚刚起步、生活上刚刚独立的年轻白领；君威针对的是已经取得成功的领导者。中级轿车市场是中国轿车市场的主流，这一汽车板块为中国汽车带来了巨大的利益，同时也是竞争最激烈的市场。中级轿车市场多以公务商务使用为主，兼顾私用，目前中级轿车月销量在2.4万台左右，而且仍在迅速增长。上海通用由此推出别克凯越，从而正式进军极具潜力的中级车市场。别克凯越的市场竞争对手包括爱丽舍、日产阳光、宝来、威驰、福美来、捷达、桑塔纳等。在2003年8月上市的别克凯越LE-MT豪华版（1.6升手动挡）售价为14.98万元，LS-AT顶级版（1.8升自动挡）售价为17.98万元。目前，中国国内的中档车市场竞争相当激烈，多种因素影响了别克凯越的上市价格。凯越要面对的是一个逐渐成熟的市场，众多竞争车型已经占据了相当大的市场份额，同时，这些车型又具有很高的性价比。中档车市场面对的是中国最具有经济实力的一个阶层，一般来讲，这样的家庭都具有以下特征：男性，已婚，30～45 岁，家庭月收入超过 1 万元，大专以上文化教育程度，在国企或私企担任中级经理或是中小型私营企业主，他们购买凯越的用途是以公务商务为主，兼顾私用。因此，凯越是专为中层经理人、小型私营企业主打造的中档公务商务兼私用座驾，它以现代动感的外观、高效人性化的空间、卓越先进的科技配备，满足了潜在车主实用、可靠、时尚、符合身份档次的用车需求，成为其事业和生活的可靠伴侣。另外，在市场已经被占领的情况下，凯越只有更好的性价比才可以在市场中占有一席之地。在性能上，凯越配置了许多高档车的设备，而在价格上，凯越在同档次的车型中居中上。在分析以上影响因素后，我们可以看出，凯越的市场定价不高，采用了满意定价的方法，制定了不高不低的价格，可以同时兼顾厂商、中间商及消费者利益，使各方面满意。上海通用是世界最大的汽车制造厂商，别克是世界名牌，但凯越采用了一种跟随的定价方式，可见上海通用进入中级车市场的决心。同时，我们可以看到它采用了尾数定价的技巧，这无疑又为凯越占领市场建立了一个好的口碑，凯越 1.6 升的定价虽然离 15 万元只差了 200 元，但是消费者在心理上没有突破 15 万元的心理防线，给顾客价廉的感觉，而同一档次、性能相近的宝来的售价是 15.5 万元，是消费者感到价格偏高。再者，凯越采取了以数字“8”为结尾，很符合中国人的习惯，这与大多数轿车厂商的定价方法是相同的。

7.4.4　汽车产品组合定价策略

一个汽车企业不可能只生产一种产品，常常是多个系列的多种汽车产品同时生产和销售，汽车企业所生产和销售的全部汽车系列和项目的组合就是汽车产品组合。一个汽车产品组合中的不同种汽车产品之间的需求和成本是相互联系的，但同时它们之间又存在着一定程度的“自由竞争”，因而，汽车企业的定价就不能只针对某一产品独立进行，而要结合相关联的一系列的产品组合制定出一系列的价格，使整个产品组合的利润实现最大化。针对汽车产品组合的定价策略主要有两种。

1. 同系列汽车产品组合定价策略

这种定价策略是指把一个汽车企业生产的同一系列的汽车产品作为一个产品组合来定价。在其中确定某一车型的较低价格，低价车可以在该系列汽车产品中充当明星价格，以吸引消费者购买这一系列中的各种汽车产品；同时又确定某一车型的较高价格，高价车可以在该系列汽车产品中充当品牌价格，以提高该系列汽车的品牌效应。

2. 附带选装配置的汽车产品组合定价策略

这种定价策略是指将一个企业生产的汽车产品与其附带的一些可供选装配置的产品看作一个产品组合来定价。比如汽车消费者可以选装该汽车企业的电子开窗控制器、扫雾器和减光器等配置。汽车企业首先要确定产品组合中应包括的可选装配置产品，其次再对汽车及选装配置产品进行统一合理的定价。如果汽车价格相对较低，而选装配置的价格相对较高，这样既可以吸引汽车消费者，又可以通过高价的选装配置获取利润，来弥补汽车的低价，增加汽车企业的利润；而一些不生产汽车选配装置的汽车企业为了获取利润，就只好将汽车的价格相对定高，因而其市场竞争能力就自然要受到不同程度的影响。

附带选装配置的汽车产品组合定价策略一般适用于有特殊、专用汽车附带选装配置的汽车。

7.4.5 汽车产品的价格调整

汽车定价完成以后，由于企业、竞争对手或汽车市场的情况时刻发生着变化，汽车企业应该经常对汽车的价格进行调整。汽车的价格调整主要有两个原因：一是汽车市场的供求环境发生了变化，汽车企业认为有必要对自己汽车产品的价格做出调整，这种汽车的价格调整称为主动调整；二是汽车企业竞争者的汽车价格发生了变动，而使汽车企业不得不做出相应的反应，以适应汽车市场竞争的需要，这种汽车价格调整称为被动调整。

1. 汽车价格的主动调整

汽车价格的主动调整有两种策略。

（1）调高汽车价格。在汽车市场营销过程中，汽车企业为了适应汽车市场环境和企业自身内部条件的变化，可能会将原有的汽车价格调高。造成汽车价格调高的主要原因包括：①汽车成本上升；②通货膨胀；③汽车产品供不应求，汽车市场需求旺盛；④汽车产品的改进；⑤汽车竞争策略的需要。

（2）调低汽车价格。是指汽车企业为了适应汽车市场环境和企业内部条件的变化，把原有的汽车价格调低。造成汽车价格调低的主要原因包括：①汽车企业竞争压力；②汽车企业生产能力过剩，需要扩大汽车销售，但又不能通过产品改进或加强销售等措施来扩大销售；③汽车成本降低；④经济形势发生变化。在经济紧缩的形势下，货币价值上升，汽车总价格水平下降，汽车企业会因此而相应地调低汽车价格。

需要我们注意的是，汽车企业在对汽车价格做出主动调整时，还应该认真分析竞争者对该调整做出的反应，必须要了解竞争对手目前的财务状况及企业目标等问题。

2. 汽车价格的被动调整

汽车价格的被动调整是指在竞争者率先调整汽车价格后，汽车企业在汽车价格方面做出的反应。汽车企业在进行汽车价格的被动调整之前，必须要对竞争者和自身的情况进行深入的分析和研究。

对竞争者的分析研究主要包括以下内容。

（1）竞争者价格变动的目的。

（2）竞争者的价格变动期限，是长期还是短期。

（3）其他竞争者对此做出的反应。

（4）本企业对竞争者的价格调整做出反应后，竞争者及其他汽车企业会采取什么样的措施。

对汽车企业自身情况的分析研究包括以下内容。

（1）汽车企业的实力，包括汽车产品质量、售后服务、所占有的汽车市场份额及财务状况等。

（2）本企业汽车产品的寿命周期及需求的价格弹性。

（3）竞争者汽车价格的调整对本企业所能产生的影响。

案　例

丰富的降价活动

2006 年 6 月 27 日，广州本田雅阁推出了辉煌版车型，在保持原款车售价的基础上，增加了 11 项配置，价值为 2.3 万元。对于雅阁辉煌版的推出，广州本田的解释是借第 50 万辆雅阁轿车下线之际回报消费者。

7 月 4 日，长安福特展开了蒙迪欧“回馈消费者的价格优惠活动”。蒙迪欧全系车型降价，降幅从 7000 ~ 10000 元不等。

广州本田和长安福特的这次降价回馈消费者是次，阻击竞争对手凯美瑞是主要动机。

7 月 7 日，北京现代推出了 1.4 升 MT 和 1.4 升 GLAT 两款新雅神特车型，售价 7.28 万元和 8.98 万元。与此同时，3 月份上市的雅神特车型价格下调 8000 元。

8 月 23 日，长安福特福克斯两厢车型上市，三款车型售价 12.98 万 ~ 15.98 万元，比之前在广州车展宣布的售价范围低 10000 元左右。两厢福克斯降价的同时，三厢福克斯 2.0 自动豪华版厂家指导价从原先的 16.98 万元降为 15.98 万元。

9 月 1 日，天津一汽宣布旗下夏利 N3、威乐、威姿三大系列车型全线降价，幅度从 1000 ~ 5000 元不等。天津一汽销售公司副总经理苏连元表示：“本次价格调整将成为天津一汽撬动‘金九银十’车市的利器。”

9 月 4 日，为了迎接即将来临的车市“金九银十”，东南汽车菱帅全系车型降价 6000 元，这是继天津一汽夏利 N3、威乐、威姿三大车型降价后，首次跟进降价的企业。在此次菱帅车型的降价新闻稿中，东南汽车多次强调菱帅“国际化的品质”。

本章小结

汽车定价策略是汽车市场营销组合中一个非常重要的组成部分，它的运用将直接关系到汽车企业的利润获得，是直接表现为盈利的一个因素。

通过本章的学习，要重点掌握汽车定价的方法和策略，从而能正确地为企业选择合适的汽车定价策略。同时，读者应具有对汽车市场上各种各样、形形色色的汽车定价现象进行分析和判断的能力，通过汽车的价格策略探求其背后汽车企业的销售目标和营销策略。

思考题

1．影响汽车价格的主要因素有哪些？
2．汽车企业的定价目标有哪些？
3．简述汽车产品处于其寿命周期不同阶段应采取何种定价策略。
4．汽车消费者心理定价策略有哪些？试举例说明。

实践训练

教师给出一种汽车产品，学生根据所获得的产品信息，利用所学的理论知识撰写一份有关该汽车产品的定价策略方案。

第 8 章

汽车销售渠道策略

【本章重点】

- 汽车销售渠道的组建方式、性质及其作用
- 汽车销售渠道的类型
- 不同类型中间商在汽车销售渠道中的定位

【本章难点】

- 特许经营
- 辨别汽车销售渠道的模式和中间商类别

汽车销售渠道策略是汽车企业经营管理的重要组成部分，是汽车市场营销组合中的一个关键因素，是汽车产品实现其价值过程中的一个重要环节，它包括：科学地制定汽车销售路线，合理地规划汽车销售网络，认真地选择汽车经销商，高效地组织汽车储运，及时地将品质完好的汽车提供给消费者以满足消费者的需求。它的宗旨是为了加快汽车产品的流通和销售资金的周转，提高汽车企业和中间商的经济效益。

8.1 汽车销售渠道概述

8.1.1 汽车销售渠道的含义

汽车销售渠道的环节主要包括：汽车销售渠道的起点生产企业、中间商和终点消费者。汽车销售渠道是汽车产品从汽车生产企业向最终消费者直接或间接转移汽车所有权所经过的途径，是联系汽车生产者和消费者的纽带。汽车市场营销的目的是要用客户能接受的价格，在客户需要的时候、需要的地点提供其需要数量的汽车产品服务。

销售渠道又称分销渠道，指产品从生产者向最终消费者或用户流动时所经过的途径或环节，或者说是指企业将产品传递给最终购买者的过程中所使用的各种中间商及实体分配机构的总和。

在现代商品经济条件下，大部分产品并不是直接由生产者供应给最终用户或消费者，而要借助于一系列的中介机构。商品在流通领域内的转移，既包括商品所有权的转移过程，又包括商品实体的转移过程。定义分销渠道时，一般指的仅是参与了商品所有权转移或帮助交易达成的中间商组成的商流通道。销售渠道的起点是生产者，终点是消费者或用户，中间环节包括各参与了商品交易活动的批发商、零售商、代理商和经纪人。

销售渠道和营销渠道两个概念不能混为一谈。菲利普·科特勒指出：“一条分销渠道是指某种货物或劳务从生产者向消费者移动时取得这些货物或劳务所有权或帮助转移其所有权的

所有企业和个人。”因此，一条分销渠道主要包括商人中间商（因为他们取得所有权）和代理中间商（因为他们帮助转移所有权），此外，它还包括处于分销渠道的起点和终点的生产者和消费者，但是它不包括资源供应者、辅助商等。

无论是市场营销渠道还是销售渠道，都是为流通渠道服务的，而汽车流通渠道研究的内容更为宽广，不仅要考虑汽车制造商，还要考虑到流通企业，甚至渠道末端的消费者。

8.1.2　汽车销售渠道的组建方式

销售渠道的组建应符合企业的长远经营目标，企业经营目标在销售渠道方面的目标是以控制力强的自销体系为主，还是以利用中间商为主，这就决定了企业营销部门组成销售渠道方式的差别。

1. 自销体系的组成方式

企业建立自销体系的具体方式主要有以下内容。

（1）在目标市场设立合资子公司。这种子公司应是按现代企业制度建立的具有法人资格、自主经营和自负盈亏的经销企业。这种公司是企业可控性最高的渠道成员。

（2）在目标市场设立经销部。这种机构是企业销售部门的派出机构，主要是地区销售管理部门。它不是独立法人，但它经过一定发展后可以成为企业的合资子公司。

（3）联销体。这种机构是企业与中间商或服务站共同组成的合资销售机构，它设有董事会，一般由生产企业销售部门的领导担任董事长和第一副总经理，并委派专职常务董事，而由出资的中间商或服务站派人担任总经理，合资机构设在中间商所在地。由于生产企业出资，因而对联销体有较强的控制力。

（4）股份制。这是由生产企业、中间商及其他出资者共同入股组建的从事汽车经销业务的股份公司，例如，上海汽车工业销售公司与湖南省汽车工业公司等单位组建的湖南申湘汽车股份有限公司即属此类。由于企业可以在股份公司内占较大比例股份，因而也可以提高企业对此类渠道成员的控制力。

（5）代理商。代理商是指接受生产企业委托在生产企业授权范围内以生产企业的名义从事经营活动、但未取得商品所有权的中间商。代理商在经营活动中所取得的收入不是商品的商业利润，而只是代理费。由于企业是根据代理商的经营效果来选择代理商的，因而代理商必须在业绩上令企业满意。显然，代理商的这种努力，有利于企业对其进行控制。代理商制是买方市场形成后，企业既保证渠道中不乏货源，又保障中间商利益，调动其积极性行之有效的方法，是市场供大于求情况下，企业销售产品、开展营销活动中采取的最具效率的销售渠道之一，是西方国家汽车公司广泛采用的形式。例如，德国的疆域只有我国江、浙、皖三个省大，然而德国大众汽车公司在国内的代理商却多达 2000 多家。

2. 非自销体系的组建方式

如果长期销售渠道目标仍以中间商为主，那么企业必须按前一节所述渠道设计内容选择中间商。其具体组建方式主要有以下内容。

（1）协议关系。企业与中间商相互独立，通过签订协议规定双方的责、权、利，双方属于买卖关系，更确切地说是买断关系。在这种关系中，中间商不同于代理商，自己是独立法人且承担风险。在我国目前合同执行尚不规范的情况下，双方的合作是否令人满意，主要取决于双方的信用。

（2）松散型网点。这是一种松散型渠道组织形式，企业与网点既没有资产、名义关系，也不像协议关系有持久的业务合作，双方纯属买卖关系。在开放型渠道策略中，此型渠道成员最为多见。

（3）参股型。企业在建立非自销体系时，亦可采用联销体或股份制形式选择中间商，与前述不同的是，企业出资或入股较少，没有取得中间商的支配权，但比上述松散型的影响大。

对上述各种渠道成员而言，都应做到集整车销售、配件供应、维修服务和信息反馈“四位一体”，实行“四位一体”的好处和优点如下。

①“四位一体”保证了一个完善的销售活动。现代营销理论将销售定义为“不是简单地将商品卖出去”，而是包含运输、安装、调试、维修、服务等的一系列活动。销售不是“卖车”，维修也不是简单的修车，而是同时承担着挽回并保持用户“依赖”和“收集市场技术信息”两大任务。

② 同一网点实现“四位一体”，使其抗拒风险的能力提高和大大加强。即使汽车销售萧条，但配件市场的相对稳定和维修保养服务的固定收益使经销网点的经济效益仍维持在一定水平，不至于出现难以经营下去的局面；另一方面，经销活动作为汽车生产过程的一个延伸，经销网点实现多种功能后，经销商得到来自于生产企业的支持是全方位的，化解风险的能力自然加强。

③ 经销与服务和维修融为一体有利于开展售后服务。厂家不需要再花精力去另建一套维修服务网络，在这种结构下，经销商必须既管销车，又管服务，加强了经销商对售出车辆的责任心，也使其对产品有更深的了解；另一方面，售前、售中和售后的关系紧密联系在一起，提高了营销整车效益，还加深了用户满意程度。

④ “四位一体”使经销商实力和素质大大增强，其为了有更大的发展，必然重视用户意见和市场信息动态，从含有多功能经销商处获得的信息是生产企业最需要的第一手材料，同时，也减少生产企业收集信息的成本，这种结构必将使整个销售网络进入良性循环，从而使销售体系的实力得到加强。

8.1.3 汽车销售渠道的类型

汽车生产企业要想把自己的产品顺利地销售出去，就要正确地选择汽车销售渠道。汽车从生产开始，经过一定的中间销售环节，最终到达消费者手中。汽车销售渠道的类型多样，在庞大的汽车流通领域中，不同的汽车企业有不同的特点，因而也采取了各不相同的汽车销售渠道模式。

从图8.1中可以看出，汽车销售渠道的模式，可以分成以下五种类型。

1. 汽车生产企业直售型（零级渠道模式）

汽车生产企业没有中间商的参与，中间不通过任何环节，直接将汽车销售给消费者。其特点是能缩短产品的流通时间，产销直接见面，环节少，降低产品损耗；有利于降低流通费用，及时了解市场行情，迅速开发与投放满足消费者需求的汽车产品，并拥有产品价格的控制权，有利于稳定价格。但这种销售模式难以广泛分销，不利于企业拓展市场，需要生产企业自设销售机构，因而不利于专业化分工。但是，这种模式会随着电子商务的发展、普及和完善，慢慢地发展成为重要的销售渠道之一。

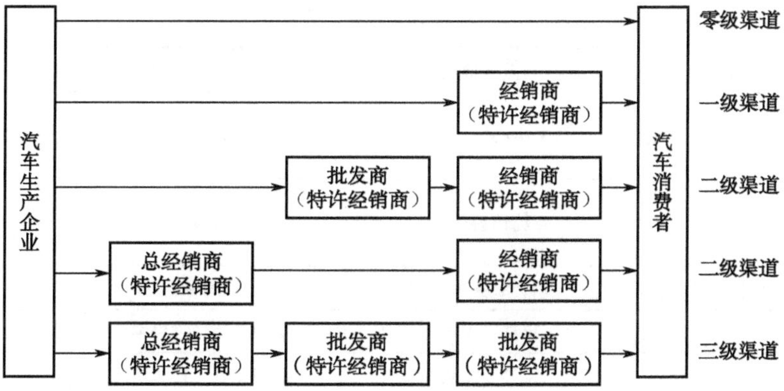

图 8.1　汽车销售渠道策略

2．汽车生产企业—经销商直售型（一级渠道模式）

这是指介入一道中间环节的分销渠道模式。汽车生产企业先将汽车卖给经销商，再由经销商直接销售给消费者。其特点是中间环节少、渠道短，我国许多汽车生产企业都采用这种分销方式。这种方式有利于生产企业充分利用经销商的力量，扩大汽车销路，提高经济效益。

3．汽车生产企业—批发商—经销商（二级渠道模式）

这是指介入二层中间环节的分销渠道模式，也是销售渠道中的传统模式。其特点是中间环节较多、渠道较长，汽车生产企业先把汽车批发销售给批发商（或地区分销商），再由其转卖给经销商，最后由经销商将汽车直接销售给消费者。这种方式有利于经销商节约进货时间和费用，生产企业大批量生产，节省销售费。

4．汽车生产企业—总经销商—经销商（二级渠道模式）

这是指经过两道中间环节的渠道模式。其特点是中间环节较多，在我国的大、中型汽车生产企业的市场营销中较常见。汽车生产企业先委托并把汽车提供给总经销商（或总代理商），由其销售给经销商，最后由经销商将汽车直接销售给消费者。但由于总经销商（或总代理商）不需承担经营风险，易调动其积极性，有利于开拓市场，打开销路。

5．汽车生产企业—总经销商—批发商—经销商（三级渠道模式）

这是指经过三道中间环节的渠道模式。总经销商（或总代理商）为生产企业销售汽车，有利于了解市场环境，打开销路，降低费用，增加效益。汽车生产企业先委托并把汽车提供给总经销商（或总代理商），由其向批发商（或地区分销商）销售汽车，批发商（或地区分销商）再转卖给经销商，最后由经销商将汽车直接销售给消费者。其缺点是中间环节多、流通时间长。

国内主要轿车品牌营销模式如表 8-1 所示。

表 8-1　国内主要轿车品牌营销模式一览表

厂 家 名 称	品 牌 名 称	网点名称谓	营 销 模 式	功 能 组 合
上海通用	别克	授权销售服务中心	品牌专营	三位一体
广州本田	雅阁	特约销售服务店	品牌专营	四位一体
风神公司	风神	专营店	品牌专营	四位一体

续表

厂家名称	品牌名称	网点名称谓	营销模式	功能组合
一汽轿车	红旗	分销中心（自营）	品牌专营	销售中心
				维修中心
一汽大众	捷达	特约销售代理	特许代理	销售中心
				维修中心
	奥迪A6	销售服务中心	品牌专营	三位一体
上海大众	桑塔纳	特许专卖店	品牌专营（推进中）	四位一体（目标）
	帕萨特	特许专卖店	品牌专营（推进中）	四位一体（目标）
神龙公司	富康	经销商（分等级）	品牌专营（推进中）	三位一体（目标）
一汽天津	夏利	分销中心	自营与代理双轨制	销售中心
				维修中心
重庆长安	奥拓	分销中心	自营与代理双轨制	销售中心
				维修中心

8.2 汽车销售渠道中的中间商

汽车销售渠道中的中间商是指介于汽车生产企业与消费者之间，参与汽车流通、交易业务、促使汽车买卖行为发生和实现的经济组织或个人。他一头连着汽车生产企业，一头连着汽车的最终消费者，具有平衡市场需求、集中和扩散汽车产品的功能，在汽车销售渠道中起着十分重要的作用。

8.2.1 中间商的类型

按其在汽车流通、交易业务过程中所起的作用，可分为总经销商（或总代理商）、批发商（或地区分销商）和经销商（或特许经销商）。

1．总经销商（或总代理商）

总经销商是具有自主经营、独立核算下的法人结构，是受汽车生产企业的委托，从事汽车总经销业务，并拥有汽车所有权的中间商。总代理商是某产品在销售过程中由生产厂家授权在某一区域有资格销售该产品的商家。它分为地区级、国家级、省（市、县）级等，又分为独家代理、总代理和分级代理，所有的代理商家都有相应的特权，代理级别低的原则上由高一级的代理商管理，同样是受汽车生产企业的委托，从事汽车总代理销售业务，但不拥有汽车所有权。

2．批发商（或地区分销商）

批发商一方面连着生产企业或总经销商（或总代理商），另一方面连着经销商（或特许经销商），是处于汽车流通的中间阶段，实现汽车的批量转移，达到销售目的的中间商，并不直接服务于最终消费者。通过批发商的转销汽车的交易行为，可帮助生产企业或总经销商（或总代理商）在某地区促销汽车，提供该地区汽车市场信息，承担该地区汽车的转销业务，可帮助汽车生产企业或总经销商（或总代理商）能够迅速、大量地转售出汽车，减少汽车库存，加速资金周转。

3．经销商（或特许经销商）

经销商直接为最终消费者服务，使汽车直接、顺利地到达消费者手中。它是直接将汽车销售给最终消费者的中间商，在汽车流通领域中处于最后阶段。特许经销商（又称受许人）是从特许人（一般是总经销商）处获权在某一特定区域内直接将特定品牌汽车销售给最终消费者的中间商，按照特许经营合同，受许人可以享用特许人的商誉和品牌，获得其支持和帮助，参与统一运行，分享规模效益，是一种新型的汽车销售渠道模式。它是联系汽车生产企业、总经销商、批发商与消费者之间的桥梁，在汽车销售渠道中具有突出的作用。

8.2.2 批发商

1．批发商的类型

批发商是经销商达到目的的中间商，处于流通的中间阶段，实现汽车的批量转移，汽车批发商按其实现汽车批量转销的特征，可分为独立批发商、委托代理商和地区分销商。

（1）独立批发商。独立批发商对其经营的汽车拥有所有权，以获取批发利润为目的。它将自己独立、批量地购进汽车，再将其批发、出售给商业企业。按其业务职能和服务内容又可分为以下两种类型。

① 单一汽车批发商。只批发转销某个汽车生产企业的单一品牌的汽车，批发转销的范围较窄、品种单一、转销量有限。它具备此品牌汽车转销的专业能力，因其批发转销的汽车品牌单一，能够获得此品牌汽车生产企业的直接支持和帮助，能为经销商提供此品牌转销中的专业化服务。

② 多类汽车批发商。可批发转销多个汽车生产企业的多种品牌的汽车，批发转销的范围较广、品种较多、转销量较大。批发转销的汽车品牌较杂，缺乏为经销商提供某品牌汽车转销中的专业化服务的能力，缺少诸多汽车生产企业的全力支持。

（2）委托代理商。委托代理商不是买断企业的产品，而是厂家给额度的一种经营行为，货物的所有权属于厂家，而不是商家。他们同样不是自己用产品，而是代企业转手卖出去。委托代理商按其代理职能和代理内容又可分为总代理商和分代理商、生产企业的代理商和总经销商的代理商、多类汽车代理商和单一汽车代理商。区别于独立批发商的主要特点是，他们对于其经营的汽车没有所有权，只是替委托人（汽车生产企业或汽车总经销商）组织推销汽车，以取得佣金为目的，促进买卖的实现。

（3）地区分销商。得到原厂授权，销售全线产品，代表厂家处理业务，它是指在某一地区为生产企业（或总经销商）批发转销汽车的机构，是由汽车生产企业（或总经销商）为减少层层批发和跨地区销售等问题而设立的。它使汽车从生产企业（或总经销商）到某地区内的经销商只经过其一道批发转销环节，经销商将全部直接面对其所辖区域内的消费者进行直销。从而大大提高效率，增强企业的竞争力。

2．批发商的定位

汽车销售渠道组成包括：汽车生产企业、总经销商、批发商、经销商、运输商和消费者。

批发商的定位如图 8.2 所示。

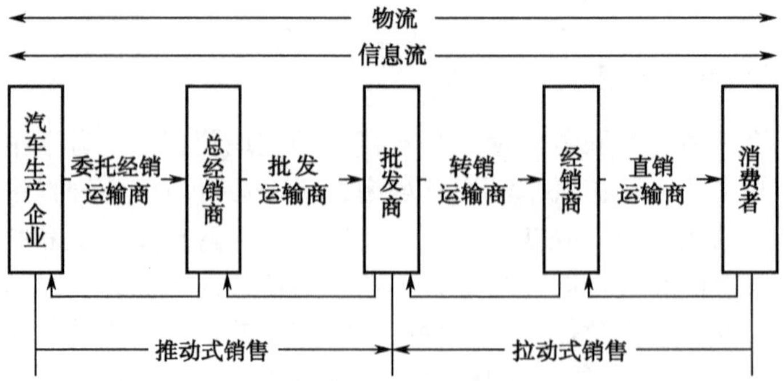

图 8.2　批发商在汽车销售渠道中的定位

这条销售渠道中，在传统的推动式销售和以市场为导向的拉动式销售之间，批发商处于过渡位置。批发商在消费者、经销商和总经销商之间，更大程度上是由消费需求拉动着经销商的销售活动和批发商转销业务的开展，同时批发商批发业务的开展进行，又是通过汽车生产企业（或总经销商）年度目标和销售任务推动着。因此，批发商是通过发展营销网络，改进转销方式，提高转销能力，来协调供需矛盾，平衡销售计划和市场需求来实现主要功能的。

批发商将建立总经销商与经销商、消费者之间紧密的合作伙伴关系，并协调管理总经销商与经销商、消费者之间连续的物流、信息流和资金流，来提高汽车的市场竞争能力。批发商的地位如图 8.3 所示。

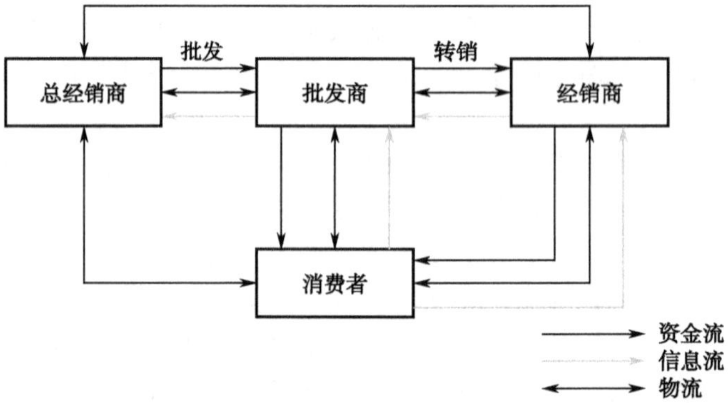

图 8.3　批发商在销售网络系统中的地位

3．批发商的功能

由于汽车批发商在汽车销售渠道和销售网络系统中处于十分重要的地位。因此，它应具有以下几个方面的功能。

（1）市场营销功能。批发商应加强汽车的产品定位，在工作开展过程中，有效扶植并利用已建立的市场共同体开展各项工作，通过行之有效的市场营销活动，进行市场调研、开展营销和促销及建立公司标识体系（Cl），建立和发展经销商销售网络系统，促使经销商销售体系正规化。

（2）售后支持功能。批发商主要对经销商进行技术支持及对零部件的集散进行管理，应对经销商提供维修技术、产品知识及零部件供应的支持，提高经销商的职业化水平，并充当总经销商与经销商的协调桥梁。

（3）销售管理功能。应通过销售管理，进行供需矛盾的协调、销售计划的制订和执行、销售模式的转换及对经销商销售网络的重组，使经销商在自己的领域内规范销售，减少经销商之间的内耗，合理处理渠道冲突（水平渠道冲突及垂直渠道冲突），稳定销售价格，集中精力去开拓市场和开展服务营销。

（4）资金结算与管理功能。批发商应免除经销商为购车而频繁地奔波于销售地与总经销商之间而浪费的时间和精力，让经销商更集中于销售及服务。它主要进行经销商购车结算、资金管理和业绩评估。

（5）储运分流功能。批发商主要进行质量把关、二次配送及中转库的管理。应更及时、更准确地把汽车送至经销商手中，减少甚至免除经销商在拿车上投入的精力和财力。

（6）经销商评估功能。批发商应通过对经销商全面的业务评估（包括业务水平、营销技巧及最终成绩），综合参考客户满意度的评价结果，发现各经销商的长处与短处，并通过奖惩制度达到实现经销商业务目标的效果。它主要进行硬件与非硬件指标体系的评估、用户满意度的考核。

（7）经销商培训功能。批发商应通过对经销商的培训，改变经销商的传统经营理念，并提高经销商的业务素质，使对经销商的控制通过培训加以落实。它主要进行熟悉所管辖地区的现状、制订培训计划以及开展多方面培训。

（8）信息系统功能。批发商为扭转对物流、消费者及经销商缺乏客观监控的局面，建立信息系统网络，以实现以下目标。

① 合理降低经销商的库存量。

② 大幅度缩短汽车储运时间，并尽可能减少脱库现象。

③ 及时准确地获得经销商经营状况的主要指标，供评估使用。

④ 拥有完善的汽车产品客户信息，供营销决策及考核经销商时使用。

⑤ 主要进行系统安装、操作人员培训和信息系统的扩展。

8.2.3 经销商

1. 经销商的类型

在汽车销售渠道中，经销商的形式多种多样，我们以目前市场上常见的几种为例来了解一下。

（1）品牌专卖。

① 品牌专卖的概念。品牌专卖是一种以汽车厂家的营销部门为中心，以区域管理中心为依托，以特许或特约经销商为基点，受控于厂家的全新营销模式。汽车生产厂家与汽车经销商签订合同，授权汽车经销商在一定区域内从事指定品牌汽车产品的营销活动。通常是汽车生产厂家对汽车经销商的销售方式、宣传方式、服务标准、销售流程、专卖店设计等做出要求。在同一专卖店中一般销售同一品牌的汽车产品。

品牌专卖模式是目前各汽车生产厂家发展的重点，也是现在汽车市场存在的主要模式之一。

譬如说“上海通用汽车授权销售服务中心”、“广州本田汽车特约销售服务店”，这是别克和雅阁品牌经销商的专用名称标志。这些特许经营单位，则是各品牌按照自己品牌全球统一的标准在众多商家中挑选建立的。取得授权的经营商从外观形象到内部布局、从硬件投入到软件管理，以及售前、售中、售后一系列服务程序等，都有统一规范、统一标识。这种在国外成熟的汽车市场已有良好表现的体制，显然比国内轿车市场传统的粗放经营模式更利于“精耕细作”，更利于开发激烈竞争市场上的潜在客户，同时也更利于提升和保持品牌形象和品牌价值。如今，桑塔纳、捷达、奥迪、富康、夏利等更多品牌的专营单位也都开始逐步实施从外在形象到内部服务的统一，这无疑是国内汽车市场营销模式的一大进步。

案　例

意义重大的品牌专卖店

宽敞明亮的大厅、崭新锃亮的轿车、先进便携的计算机、舒适简洁的沙发、光彩照人的广告……汽车品牌专卖店一在中国亮相，便引来叫好声。它们散落在城市的大街小巷，不仅装饰着风景，也装饰着人们的汽车梦，成为都市现代化、国际化不可或缺的元素。

说起买车，消费者以往只能去汽车交易市场，或露天或大棚，闹哄哄地围着各种品牌的汽车转来转去，毫无舒适之言。现在，可以在装修气派、高档、华丽的专卖店里，一边品着咖啡，一边看着录像，聆听西装革履的经销商介绍产品。而且，专卖店把销售、零部件供应、维修服务和信息反馈四功能集于一身，打着“四位一体”的牌子，推行服务营销、品牌营销，让客户享受到上帝的感觉。

这仅仅是消费者的观感。对汽车厂家来说，品牌专卖店最大的意义在于革新了中国汽车市场的营销模式。品牌专卖店在外观形象和内部布局上，统一规范、统一标识，给人以强烈的视觉冲击，有助于提升企业、品牌形象。由于专卖店是特许经营，不销售其他产品，这使汽车厂家和经销商的关系稳定；它规定市场范围，实行区域性销售，一改层层推销、层层加价的弊端；它建立完备的信息反馈系统和客户管理系统，使汽车厂家及时跟踪用户使用情况，以便改进产品设计。

品牌专卖店将国内轿车市场传统的粗放经营模式改进为“精耕细作”的集约化模式。

② 品牌专卖的应用。

a．品牌专卖的发展。品牌专卖具有品牌和服务两重优势，根据其提供的服务可分为 2S、3S、4S、5S 等形式。目前在我国汽车市场上应用最多的是 4S 经营方式。

4S 即“四位一体”，指的是融整车销售（Sale）、零配件供应（Sparepart）、售后服务（Service）、信息反馈（Survey）四位为一体的营销模式。4S 品牌专卖模式除了销售汽车产品，还可以给汽车消费者提供质量优良的汽车原厂配件，以及汽车生产厂家认可的售后维修服务，并且通过信息反馈，可以给汽车生产厂家提供及时有用的客户信息，是汽车生产厂家的信息触角，同时保证汽车制造商在售后方面的收入和利润。

案　例

4S 店在中国的出现

1999 年，上海通用别克和广州本田雅阁进入中国市场，随着两品牌营销体制和销售方式的全面亮相，市场营销模式的主旋律走向品牌专卖。上海通用别克和广州本田雅阁的销售方式一改以往国内车商“坐商”、“官商”的作风，充分体现了“以人为本”的经营理念，突出在服务中实现销售，在整个售前、售中、售后服务中让用户满意。其中广州本田的经营理念为“通过提供舒适的购车环境、专业健全的售后服务、纯正的零部件，赢得用户的信赖和满意，吸引源源不断的新老用户”。而上海通用授权的特约销售服务中心所开展的顾问式销售行为，在我国汽车流通领域，更使“以人为本”的经营理念得到了体现。

目前市场上大部分的 4S 品牌专卖店都属于特许品牌专卖。特许品牌专卖体制使汽车生产厂家的营销质量明显提高，主要表现在以下几个方面：一是厂家与经销商关系比较稳定，专营店是特许专营，不再经销其他厂商的产品；二是划定市场范围，实行区域性销售，便于统一销售政策；三是开展直销为主的终级用户销售；四是转入“团队式”精益型程序化经营管理，提高了经销商的服务功能；五是银行介入汽车个人消费信贷；六是现款开票，较大地规避了资金风险；七是汽车置换、车辆租赁作为汽车贸易的补充，开始进入市场，汽车销售方式呈现多元化；八是建立完备的信息反馈系统和客户管理系统，利于跟踪用户使用情况，并利于改进产品设计。

b. 品牌专卖的弊端。在品牌专卖依靠其优点在我国汽车市场上迅速发展的同时，我们也必须充分地认识到它所存在的弊端。

对汽车消费者来说，同一专卖店销售的汽车产品品种相对单一，没有更多的同档次车型进行对比，不符合中国消费者“货比三家”的消费习惯，而且通常不能提供购车一条龙服务。有些实力强一点的经销商，已经同时申请多家不同的品牌的专卖店，强化自己的品牌，进行多品牌集团化销售，以期获得规模效益。

对汽车生产厂家来说，汽车品牌专卖店的投资大，投资回收周期长，寻找合适的经销商，以及对经销商的管理都有一定的难度。

案　例

宝马全球首家 5S 店在中国落成

作为全球豪华车的领军者，宝马再度做出了新举动。2012 年 6 月 18 日，全行业内第一家根据可持续发展理念设计、建设的全新 5S 店北京星德宝正式开业，这标志着宝马在 2011 年初提出的“5S 经销商”这一创新概念取得实质性成果。据悉，未来导入中国的 BMW i 品牌将通过宝马 5S 店进行销售和售后服务，而 2012 年内，国内将有 20 家 5S 店建成运营。

据了解，5S 店经销商管理体系是在传统 4S 店标准（展示、销售、零部件和信息反馈）之上，将“Sustainability-可持续性”作为重要指标来管理经销商的体系。其可持续发展指标总体上涵盖经济、环境和社会三大领域，具体设置了 174 项量化考核，在所有这些考核项目上达标才能获得认证。而认证工作由独立的第三方专业机构完成，每次审核有效期为两年，到期后经销商需要重新接受考核，即每两年都必须审核一次。

其中，对于全新建设的 5S 店，环境保护方面的指标在首次认证中占有较大权重，两年期满后再进行全面评估。4S 升级店在因地制宜提升原硬件设施的环保属性后，重点考核经销商的经济发展和社会效益等指标。

（2）汽车交易市场。

① 汽车交易市场的概念。汽车交易市场是指将许多 3S、4S 专卖店和普通经销商集中在一起，提供多种品牌汽车的销售和服务，同时还提供汽车销售的其他延伸服务如贷款、保险、上牌等的一种汽车营销模式，它在汽车市场上已经存在多年了，凭借规模效益，一方面降低了经销商的经营费用，一方面因为汽车交易市场有着可观的销量和客户群，使汽车生产厂家

必须接受这种营销模式。

集约型汽车交易市场在我国的汽车产品销售中发挥了重要的作用，其核心优势在于：品种全、价格低、服务好，如在北京亚运村汽车交易市场，购车的 13 项手续在交易所能完成 11 项。

② 汽车交易市场的应用。

a．汽车交易市场的发展。20 世纪 90 年代中期，以亚运村、北方为代表的店铺经营、拼凑交易的集约型汽车交易市场兴起，当时的消费群体对汽车的性价比的关注远大于对汽车品牌的关注，汽车交易市场拥有的价格低、品种全、服务态度好的优点，满足了当时人们的这种传统消费心理，尤其难能可贵的是汽车交易市场提供一条龙服务，交通、保险、银行等部门现场办公，烦琐的购车手续得到简化。由当时的客户心理及营销环境所决定，汽车交易市场成为一段时间内汽车营销模式的大赢家。

在集约型汽车交易市场内，代理制成为主流经营体制。汽车生产企业主要有三种产品销售方式：厂家直销、经销公司买断销售和代销。在汽车营销中，通常将从事后两种间接销售形式统称为代理。在我国的汽车市场中，代理已为完成汽车销售发挥了不可忽视的作用。然而与西方成熟的代理制相比，我国的代理制仍存在不小的差距，主要表现为在西方国家中，代理与其他中间商的重要区别之一就是不占有产品的所有权，主要职责是促进买卖双方交易的达成，并且只完成有限的一种或几种渠道功能。而我国目前的代理，在交易过程中则一般占有产品所有权，并且参与营销渠道中几乎所有的渠道活动，如产品所有权交换、实体分配、促销、谈判、订货、付款等。这实质上是营销理论中界定的全功能型批发商概念。但西方的全功能的批发商一般负责产品的售后服务，而我国的代理却不负责售后服务。售后服务工作则由制造厂家设立或委托的维修网点来完成。同时我国目前尚未实行佣金代理制，代理主要从产品的买进和卖出的差价中获取利润，而不是靠代理佣金为生；西方国家中对代理劳动的报酬形式是根据代理达成的合同额的大小支付一定比例的佣金。我国的代理由于占有产品的所有权和实体分配权，因此必须具有仓储功能，保持一定量的库存，要承担库存带来的各种风险；西方国家代理的主要职责是帮助生产厂家同客户之间实现合约的签订，一般不具有仓储功能，不参与资金流的活动，不提供赊账销售，因此承担的风险较少。

b. 汽车交易市场的弊端。汽车交易市场的缺陷也是很明显的：大部分的汽车交易市场（包括规划中的）地理位置在郊区，商业氛围比较淡；汽车交易市场内的品牌专卖店仍然各自为营，没有形成相应的规模优势，缺乏整体策划与运作，形成不了规模效益。

（3）其他汽车市场营销模式。

① 连锁经营。

a．连锁经营的概念。连锁经营是指授权者将自己所拥有的商标（包括服务商标）、商号、产品、专利和专有技术、经营模式等以合同的形式授予被授权者使用，被授权者按合同规定，在授权者统一的业务模式下从事经营活动，并向授权者支付相应的费用的营销模式。现在连锁经营已成为我国汽车市场上的一种主流营销模式。

连锁经营是一种授权人与被授权人之间的合同关系，即授权人与被授权人的关系是依赖于双方合同而存在和维系的。

b．连锁经营的发展。连锁经营可分为直营连锁（由公司总部直接投资和经营管理）和特许加盟连锁（通过特许经营方式组成的连锁体系）。目前我国汽车市场上主要是特许加盟连锁模式。

特许经营模式很好地适应并满足了中国的消费形式与特点。特许经营模式经销商订定单量较其他形式的渠道要多，订单量大必然要求汽车生产厂家为其提供更低的价格或更优惠的车型，连锁经营利用优惠的价格吸引更多的消费者，从而其销售量进一步加大，销售量的进一步加大又使得经销商有更大的实力从生产厂家处得到更低的价格和更优惠的车型，从而进一步降低汽车价格。这一点与中国汽车的消费特点是一致的：中国汽车增长最快的是经济型及中档车型，这部分消费者群体对价格较为敏感，特许连锁经营正好满足了这一点。同时，随着连锁规模的扩大，实力的增强，客观上起到整合汽车生产厂家的作用，那些实力较差的经销商由于得不到渠道的支持而逐渐淡出舞台。连锁销售经营较多的汽车品牌满足了消费者“货比三家”的需求，免去了消费者由于中低档车品牌众多而东奔西跑的麻烦；同时，最终在一个城市形成几家连锁主宰车市的情形可以解决目前购车手续烦琐的问题。

现在汽车连锁经营的现状是全国连锁店统一标识，具有良好的整体形象；不局限于某一品牌汽车的销售，多品牌经营；仍以汽车信贷为主要业务，多数不能提供售后服务；连锁店大部分为加盟店，与总店关系松散，连锁只具其形。

c．连锁经营的弊端。通过对我国汽车市场连锁经营发展现状的分析，我们必须意识到连锁经营存在的一些问题。

连锁经营模式切入市场靠的就是树立自主的品牌形象，建立庞大的营销网络，运用领先的营销技术。目前连锁经营多以汽车信贷业务拓展市场，一时间汽车信贷和连锁经营画上了等号，自身品牌和主营业务均已声名远扬。但是汽车信贷毕竟是营销技术，很快就被其他经销商掌握，连锁经营失去了汽车信贷业务上的优势后，在营销技术上整体并不占优势。

汽车营销环境在一定程度上制约了连锁企业的发展：宏观上，中国的个人信用制度尚未健全，汽车信贷服务没得到长足发展，使以汽车信贷业务为主营业务的连锁经营受到很大的影响；微观上，连锁经营企业实力不是足够强大，在汽车生产厂家心目中的地位被置于品牌专卖店之后，和加盟店的关系松散，导致不能实现连锁经营应具有的基本功能：统一进货、统一配送、统一价格。

所以，汽车连锁经营必须坚持走品牌之路，加强加盟店之间的团结合作，真正实现资源共享、网络共享，只有团结成一个整体，汽车连锁经营才能真正提升在整个营销体系中的地位。

② 汽车超市。汽车超市（carest）是汽车（car）和休息（rest）的英文单词合成而来的一个新名词，把汽车销售和休闲组合到一起的汽车销售模式，它可以代理多种品牌汽车销售和服务，目前在世界各国都比较流行。如北京东方汽车超市就同时销售上汽大众、上汽通用、东风本田、广州本田等多个汽车品牌，并且进口车和国产车摆在一起销售。

汽车超市最大的优势在于产品品种齐全，方便了消费者对车型的挑选，很容易“货比三家”；另一个优势是把汽车营销和日常生活融合在一起，尽量给消费者创造一个好的环境，让消费者在休闲娱乐中体会汽车文化，增强了对消费者的吸引力。真正意义上的汽车超市需要具备车辆展示、销售、美容保养及贷款、保险、上牌等“一站式”的服务功能，使消费者在超市里就能完成购车的各环节事宜，例如，2001 年 10 月法国首家汽车超市“汽车乐园”在巴黎正式开业。该超市设在巴黎市区通往凯旋门与香榭丽舍大街相对的大军街，营业面积达 1 万平方米、上下共 5 层，汇集了新车销售、汽车维修、汽车配件、电子零件及专用服装和书籍等，超市的停车场里还有各种汽车的样品展示。目前我国汽车市场上的汽车超市还只是一种雏形，需要继续努力发展。

但汽车超市的运营成本相对要高，这主要是因为大多汽车生产厂家会担心在同一个场所里展示的其他品牌会影响到自己品牌的销售，所以生产厂家都不会直接将代理权交给汽车超市，很多汽车超市只能从生产厂家的品牌专卖店购买产品，增加了成本，因此汽车超市通常是一些具有实力、获得了多个汽车品牌销售代理权的经销商进行运作的。

③ 汽车园区。汽车园区是汽车交易市场在规模和功能上的“升级版”，以 3S、4S 店集群为主要形式，具有先进的营销体制、多元功能设置和国际商务水准。相对于汽车交易市场和专卖店而言，汽车园区的最大优势就是功能的多元化。比如北京国际汽车贸易服务园区设计的九大功能服务区——国际汽车贸易区、汽车试车区、二手车贸易区、汽车特约维修区、国际汽车检测中心、汽车物流配送中心、北京国际汽车保税区、休闲娱乐区、汽车解体厂，在某种程度上诠释了汽车园区的功能内涵。实现了现金交易、信贷交易、租赁交易三种方式的集成；并且具有销售、融资、办理手续“一站式”的服务功能，成为国际汽车交易中心、售后服务中心、展览信息交流中心和国内外汽车厂商咨询服务中心。最终体现“车辆一切相关服务均在园区内解决”的服务理念，为商家、客户及广大消费者提供最大便利。

④ 汽车大道。汽车大道是指在方便客户进入的快速公路两侧，建立若干品牌的 3S、4S 专卖店，在独立经营、自主经营的基础上形成专卖店集群的营销模式。汽车大道集汽车交易、服务、信息和文化等多种功能于一身。如地处上海闸北区的“联合汽车大道”，作为国内第一条汽车大道，它吸引了国内外知名汽车销售商入驻，并兴建连片成市的汽配商店、汽车旅馆、餐饮娱乐、汽车俱乐部、汽车金融保险和文化中心等相关产业组成的全方位贸易区；还有在上海浦东兴建的以汽车销售服务为主体的汽车大道，主要包括国际汽车展览中心、4S 品牌展示中心、车市信息中心、试车场和超大型汽车交易市场等；在上海市政府“三桥三隧”连接浦江两岸的大背景下，由汽车博览区、品牌展示区、综合贸易区和服务区组成的“上海车市”融汽车展示、交易、办公、生活和服务为一体，同嘉定安亭汽车城互为犄角，遥相呼应。

汽车大道作为一种先进的营销模式，其优势在于它的规模经济和范围经济，但要实现规模效益需要庞大的投资，投资的风险比较大，再者，汽车大道的规模比较大，在建设规划上难度比较大，建设周期相对比较长。

⑤ 汽车城。汽车城是一种大型的、多样化的汽车交易市场，在统一场地容纳众多的汽车经销商和汽车品牌，是集咨询、选车、贷款、保险、上牌、售后服务于一身的营销模式，具有服务快捷、管理规范的优势。

国际上比较著名的汽车城大多是依赖当地发达的汽车制造产业，集汽车贸易、物流、服务多功能于一身，并发挥文化交流和产业集聚的效应，进行功能外延，成为融汽车贸易、博览中心、物流中心、研发中心、信息中心、服务中心为一体的汽车城。目前国际比较著名的十大汽车城如表 8-2 所示。

表 8-2　国际比较著名的十大汽车城

名　　称	状　　况
美国底特律	美国通用汽车公司、福特汽车公司和克莱斯勒汽车公司总部所在地，美国第五大城市，全美 1/4 的汽车产于这里，全城 440 万人口中约有 90%的人靠汽车工业为生，现在虽已破产，但它在汽车领域的影响却无法取代
日本丰田	原名爱知县，因丰田公司建于此而闻名于世，有“东洋底特律”之称。全城从业人员均服务于丰田汽车公司。丰田市的出口港是名古屋，建有世界第一的、最高容量为 5 万辆的丰田汽车专用码头

续表

名　称	状　况
德国斯图加特	著名的戴姆勒-奔驰汽车公司所在地，全城人口约 60 万，每年要接待 14 万名来自全球各地的汽车用户和汽车商
意大利都灵	意大利最大汽车集团菲亚特公司总部所在地，全城有 120 万人口，其中 30 多万人从事汽车工业，每年生产的汽车占意大利总产量的 75%
德国沃尔夫斯堡	又称“狼堡”，大众汽车公司所在地
日本东京	日产、三菱和五十铃汽车公司所在地
法国巴黎	标致-雪铁龙汽车公司所在地
英国伯明翰	利兰汽车（Leyland）公司所在地
德国吕塞尔海姆	欧宝汽车公司所在地
法国比扬古	雷诺汽车公司所在地

随着我国汽车工业的飞速发展，汽车城在我国汽车市场上也日渐成熟，譬如说名声渐起的上海国际汽车城，坐落在上海西侧的嘉定区安亭镇，上海汽车工业的龙头企业上海大众所在地。它既是我国最大的轿车生产基地和汽车制造的重要基地，也是上海通往华东乃至全国的汽车配件集散地。汽车城核心贸易区规模正在不断扩展，并由原来单一的汽车零配件生产延伸发展为集汽车生产、贸易、服务于一身的多功能综合性汽车城。主要功能如表 8-3 所示。

表 8-3　上海国际汽车城的主要功能

汽车贸易功能	包括轿车贸易、零配件贸易、二手车贸易、电子商务等
汽车科教博览功能	包括品牌展示、汽车会展、汽车博览、教育培训等
汽车研发制造功能	包括技术开发、整车制造、零部件制造
汽车物流功能	包括仓储运输、配送服务、供应链优化
汽车文化旅游功能	包括汽车科普、汽车休闲、汽车体育、汽车旅游
汽车服务功能	包括“一站式”服务、金融服务、租赁服务、维修服务、培训服务、俱乐部服务

8.3　汽车销售渠道的管理

汽车销售渠道实施管理，主要是由汽车企业对物流、资金流和信息流实施管理，加速汽车产品的流通和资金的周转，提高汽车企业和中间商的经济效益。

8.3.1　汽车销售渠道的物流管理

汽车企业制定正确的物流策略，对于降低成本、增强竞争实力、提供优质服务和提高企业效益具有重要的意义。其中，最为重要的有运输和仓储，它们和企业的销售渠道相辅相成，构成了汽车销售渠道的物流系统。汽车产品由汽车生产企业最终到达消费者手中，不仅要通过汽车所有权的转移，而且要经过运输、仓储、存货等管理活动，才能实现汽车产品实体的空间转移。

1．物流的定义

物流译自英文 physical distribution，又称实体分配，是指通过有效地安排商品仓储、转移和管理，使产品在需要的时间到达需要的地点的经营活动。物流管理的任务包括汽车生产所需原料及最终产品。

物流作为市场营销的一部分，它以企业销售预测为开端，在此基础上来制定生产计划和存货水平。不仅包括汽车产品的运输、保管和包装，还包括在开展这些活动的过程中所伴随的资金流通和信息传播。客户订购使汽车产品的存货水平降低，而汽车制造活动则使之上升。物流管理的职能，就是将汽车产品由其生产地转移到消费地，从而克服时间和空间差距，创造时间效用。产品经过装配、包装、厂内仓储、装运处理、出厂运输和厂外仓储，最终送到消费者手中。生产计划规定了采购部门为满足汽车生产产品，而汽车产品存货则是客户订购与汽车企业制造活动的联结点。

2．物流成本的制定

每一个特定的汽车物流系统都由仓库数目、库址、规模、运输策略及存货策略等构成，因此，每一个汽车物流系统都存在着一套总成本。可用数学公式表示为

$$D=T+FW+VW+S$$

式中：D——汽车物流系统总成本；

T——该系统的总运输成本；

FW——该系统的总固定仓储成本；

VW——该系统的总变动仓储成本；

S——因延迟销售所造成的销售损失的总机会成本。

3．储存的规定

汽车的储存策略主要包括：汽车仓库的选择、汽车存货水平的控制和订货时间的确定。汽车的储存是指汽车产品离开生产领域而尚未进入消费领域之前在汽车销售渠道流通过程中的合理停留，它把采购、生产、销售等企业经营的各个环节有效地连接起来。为了保证汽车企业再生产的顺利进行和满足消费者的消费需求，必须保持一定数量的汽车储存。

（1）订货时间的确定。经销商要时时检查库存，掌握库存车辆的款式、型号、颜色及数量等信息，科学、合理地确定订货时间。为了及时满足消费者的需求，应采取“定量订货”方式。根据市场需求状况，当库存量下降到预定的最低库存数量（订货点）时，及时进行订货补充，从而达到用户满意度最大化和库存成本的最低。其中订货点计算公式为

$$R=LT\times D/365$$

式中：R——最低库存数量；

LT——送货天数；

D——全年用货量。

（2）汽车库存容量的控制。必须按照消费者需求的变化情况，及时确定当前某一时期内的汽车需求量，因为汽车库存容量的大小与消费者的需求量密切相关。库存容量太小，可能造成脱销，不能满足消费者的需求，将失去商机；库存容量太大，又会增加成本，降低经济效益。因此，就采取有效的调控方式，使汽车库存容量保持在最适中水平，在及时满足消费者需求的同时，使其总成本最低。

（3）汽车仓库的选择。主要应考虑两个因素：一是向消费者发货的运输费用；二是消费者对服务水平的要求。目的是加速汽车产品的运输，降低汽车储存费用，提高服务质量。汽车仓库是汽车产品储存的主要场所，是组织汽车产品流通的必要设施。汽车仓库地址的选择是一个较难处理的问题，选择汽车仓库地址的主要标准是看是否有利于增加汽车生产企业的经济效益。

4．运输的规定

这是指借助各种运输工具实现汽车产品由生产地运送到消费地的空间位置上的转移。

（1）汽车的运输路线。选定的运输路线要力求做到把货物交给客户的时间最短，以确保及时交货，提高服务质量，减少总的运输里程。

（2）汽车的运输方式。主要有铁路运输、水路运输和公路运输。具体选择哪种运输方式主要取决于运输成本和客户需求服务的内容。

（3）汽车的运输策略。即汽车生产企业选择何种运输方式和运输路线，将汽车产品运送到销售地点。在做出汽车运输策略时，必须对各种汽车运输方式之间复杂的利害关系加以平衡，同时还要考虑其他销售要素（如仓储和存货水平）的潜在影响。

8.3.2　汽车销售渠道的信息流管理

信息流几乎渗透到汽车销售渠道中的每一个环节，如图 8.4 所示。控制和利用好这些信息流，可以及时掌握相关的信息，从而制订合理的销售计划，并依此完善内部管理，扩大汽车企业的业务规模。

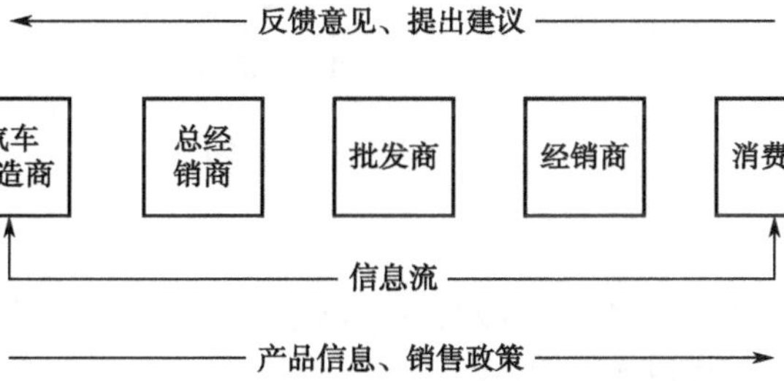

图 8.4　汽车销售渠道中信息流的流程示意图

信息系统应包括营销管理系统、条码管理系统、库存管理系统、财务管理系统和 PDI 管理系统。有效地控制和利用信息流必须建立信息管理系统，利用目前流行的 Internet 通信线路，使用统一的分销系统、营销模式和管理控制方式，来加强经销商自身的营销管理，加强经销商对市场信息的采集汇总，提高总经销商的市场运作效率，为经销商提供更加及时周到的服务，来增强经销商的应变能力和在同类市场中的竞争能力，力求获得最大的效用，并推动整个模式向电子商务模式转换。

1．信息系统的模块和运作结构

信息系统的模块结构和运作结构分别如图 8.5 和图 8.6 所示。

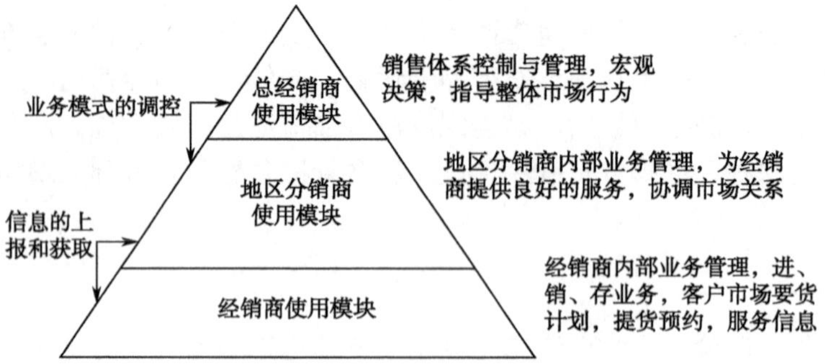

图 8.5 信息系统的模块结构

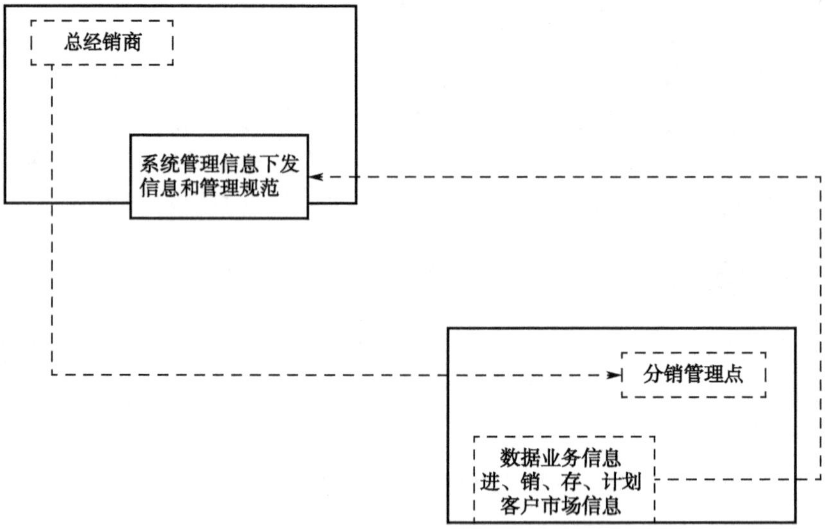

图 8.6 信息系统的运作结构

2．信息系统优势的表现

（1）系统应用界面美观、简捷，易操作、易培训。
（2）系统只需要简单的安装即可实施运作。
（3）具有可靠的安全机制，方便、实用、廉价的通信方式。
（4）各地工作不会因线路问题而受到影响，数据的保存、查询、安全性得到充分的保障。
（5）同办公软件实现无缝连接，报表格式定义及打印更为灵活方便。

3．对现有业务模式的影响

（1）利益。
① 信息的沟通将变得迅速而容易。
② 管理将逐步迈向正规。
③ 系统将帮助你获得更高的工作效率。
（2）弊端。
① 新的管理模式会给目前的经营模式带来风险。
② 系统试运行期间工作量将会增加。
③ 系统的模式与现有模式之间的差异和冲突可能让你困惑。

案　例

奇瑞销售渠道的发展

在奇瑞公司发展历程中，根据企业实际的发展情况和市场形势，奇瑞公司由 4S 渠道模式先后进行了分网销售、直营店销售和汽车城等创新。

1. 4S 渠道模式

奇瑞公司从成立之初就开始采用 4S 渠道模式。但是，2004 年底渠道中出现了严重冲突，此后，奇瑞公司按照分销模式建立了专卖店（整车销售、售后服务、零部件供应、信息反馈“四位一体”的 4S 店）。但奇瑞公司的专卖店有三种形式：有“四位一体”的 4S 店、有做销售功能的 3S 店、有专做售后服务的 1S 店。奇瑞公司的该分销模式主要是按国内合资厂家模式建立起来的，但由于奇瑞公司和这些合资公司在市场上存在明显不同的特点，如企业经营管理能力、经销商实力、市场环境等因素不同，所以在实行相同的专卖店分销模式时却出现了不同的市场反应。2004 年，全国汽车行业整体增幅较大，但是奇瑞的销量却大幅下降。

随着奇瑞公司的不断发展，4S 渠道模式运作一段时间以后，奇瑞公司渠道中逐步出现了以下一些问题。

（1）经销商不愿意开发周边市场，也不愿意采取任何市场推广行动，经销商没有开发市场的积极性。

（2）在同一个城市中同一种车型有多个经销商，相互之间以价格战的形式进行恶性竞争，这极大地影响了奇瑞品牌战略的实施。

（3）有一部分经销商伴随着奇瑞公司的发展而逐步发展壮大，但后来由于竞争激烈，他们中的相当一部分开始兼营其他品牌，甚至有的经销商脱离了奇瑞公司而加入其他品牌的行列。

2. 分网销售渠道模式

从 2005 年 1 月开始，奇瑞公司着手对销售渠道进行重大调整，重点推行了分网销售和品牌专营制度。奇瑞公司进行分网时采取的主要措施如下。

（1）奇瑞公司将现有车型划分为 S 系列（QQ）、A 系列（风云和旗云）、B 系列（东方之子）、T 系列（瑞虎）四大系列。将这些车型分成两张网，一张网销售 ST 系列车，也就是 QQ 与瑞虎这两款车放在同一个经销店里销售；另一张网销售 AB 系列车，也就是风云和东方之子这两款车型。

（2）奇瑞公司分配品牌的依据是经销商的实力。具体方法就是通过竞标方式，经销商上报自己期望销售的车型、目标销售量，随后厂家进行分配。

（3）减少销售网络中一级成员的数量，增加市场覆盖面。要求每一个区域只容许一家销售 AB 系列车的一级经销商和另一家销售 ST 系列车的一级经销商，所以每个区域最多只有两家一级经销商。如果一个地区只有一家奇瑞的 4S 店，那么他可以销售奇瑞的所有车型。如果某个区域内没有奇瑞一级经销商，其他区域的销售商可以在那里建店。

（4）在实行专卖店的基础上，建立二级代理销售制。奇瑞公司所有的一级经销商都必须互为二级代理。对于经销商而言，做一级经销商和二级经销商的最大不同就是奖励方式。一级经销商在销售自身代理的车型时，可按双方拟订的条款进行阶梯式返利；但作为二级代理商销售车辆，仅能获取销售奖励提成，其销售业绩将被计入该车型一级代理商名下。一级经销商享受到的是奇瑞公司的统一销售政策，二级经销商则根据自身的销量和能力受到一级经销商的管理。

（5）在分网销售的基础上建立了一系列严格的规章管理制度。为了保证分网销售取得成功，奇瑞公司实行了一些市场网络管理、经销商管理和服务支持的措施。分网销售使得奇瑞公司渠道系统得到了进一步的优化。由于分网销售，奇瑞公司具备了在同一地区选择不同销售平台的机会，授权经销商范围的扩大保证了奇瑞公司的运行效率。

3. 直营店销售方式

2005 年，奇瑞公司在销售欠佳的广州建立了第一个厂家直营店，之后由于广州市场表现提升比较快，奇瑞公司很快就把直营店转给当地的经销商来运营。作为市场推动的一种方式，直营店存在的时间并不长。2007 年 7 月，为了更好地推动浙江市场的发展，奇瑞在杭州建立了第二家直营店。这个直营店经营的效果非常好，不仅直接带来销量的增长，还大大提高了当地经销商的积极性，为当地市场注入了极大的活力。后来又由于 2006 年江苏市场上奇瑞车型的销售达不到奇瑞公司全国的年平均增长水平，于是 2007 年 10 月奇瑞公司在南京的直营店开业。奇瑞公司除了重资营建南京直营店，还抽调优秀的销售人员给予支持。南京直营店对当地市场起到了很好的推动作用。在表现欠佳的市场，奇瑞公司采用这种直营店来帮助当地经销商进行市场开拓，因此直营店是其他渠道模式重要的补充形式。

4. 汽车城渠道模式

2007 年初，作为对分网渠道模式的补充，奇瑞公司推出了另一创新的渠道模式，提出了建立超级 4S 店集群的“纵横中国”计划。这是在中国首次出现的单品牌汽车城，奇瑞公司计划于 2007 年在全国共规划 20 个汽车城。经销商只要有一张独立营业执照、一个独立 4S 店、一个独立的组织机构、一笔独立且封闭的运营资金就可以申报奇瑞汽车城，不受一个企业只能代理一个事业部产品的政策影响。这种设置若干个经销不同奇瑞产品的销售大厅，配备统一的服务及配套设施，成为“品”字布局的奇瑞汽车城。奇瑞汽车城的功能在 4S 店功能外继续向外延伸，为用户提供保险、上牌、客户联谊等“一站式”的附加服务。之所以称“纵横中国”，是因为从地理方位上，奇瑞公司在整个中国市场进行了新一轮的营销版图布局：纵线是指北起哈尔滨，通过长春、沈阳，沿 102 国道线到达北京，再沿着 107 国道南至深圳、东莞、广州。横线则是东始上海，向西延伸，顺着 312 国道一直到达乌鲁木齐。2007 年 4 月份奇瑞公司第一个中国汽车城在西安开业，5 月份北京、上海的两个汽车城同时开业，随后其他的汽车城陆续建立起来。

本章小结

本章主要阐述了汽车销售渠道相关的定义及其内容，并讲解了销售渠道的主要功能是把汽车从生产企业送到消费者手中，描述了其重要作用，介绍了它的相关参数和主要类型，以及介绍了目前国内外常见的汽车中间商的营销模式。同时，说明了使用销售中介机构的目的在于能使产品更及时地到达目标市场。最后，详细地讲述了汽车销售渠道的体系及其科学的管理方法，以及加强对销售渠道的管理并能保证销售渠道的正常运转，降低渠道运营成本，因此选择和建设汽车销售渠道对于汽车生产企业至关重要。

思考题

1．简要分析批发商（或地区分销商）在汽车销售渠道中的地位和作用。
2．为什么特许经营会在汽车销售渠道策略中得到广泛应用和迅速发展？
3．结合我国汽车市场的实际情况，简述品牌专卖的发展趋势。

实践训练

1．学生收集国内几种主要轿车品牌营销模式的相关资料，并分组讨论某品牌汽车销售渠道策略。

2．学生分组，每一组选择一个功能比较齐全的汽车营销企业（如某汽车交易市场、某汽车园等），调查了解该场所具有哪些功能。

第 9 章

汽车促销策略

【本章重点】

- 汽车促销的含义
- 汽车促销的四种方式

【本章难点】

- 通过学习相关的汽车促销方式，学会制定汽车促销策略

汽车促销策略是汽车市场营销的基本策略之一。现代汽车市场营销不仅要求汽车生产企业生产出适合市场需求的汽车产品，制定出有吸引力的汽车产品价格，还要求汽车企业开展各种能够促进汽车产品销售的活动，激发汽车消费者的购买欲望，实现汽车产品的销售，满足汽车消费者的需求。本章我们将要学习的便是汽车企业促进产品销售的汽车促销策略。

9.1 汽车促销策略概述

9.1.1 汽车促销策略的含义

1. 汽车促销策略的概念

汽车促销策略是指汽车企业如何通过人员推销、广告、公共关系和营业推广等各种促销方式，向汽车消费者或用户传递汽车企业和汽车产品的相关信息，引起消费者或用户的注意和兴趣，激发消费者或用户的购买欲望和购买行为，以达到促进销售的目的。汽车企业将合适的汽车产品，在适当地点、以适当的价格出售的信息传递到目标市场，一般是通过两种方式：一是人员推销，即推销员和客户面对面地进行推销；另一种是非人员推销，即通过大众传播媒介在同一时间向大量客户传递信息，主要包括广告、公共关系和营业推广等多种方式。这两种推销方式各有利弊，起着相互补充的作用。一个好的促销策略，往往能起到多方面作用，如提供信息情况，及时引导采购；激发购买欲望，扩大产品需求；突出产品特点，建立产品形象；维持市场份额，巩固市场地位，等等。

2. 汽车促销策略的作用

现代汽车市场营销中的促销策略不仅要有助于说服潜在消费者购买汽车产品，还要刺激消费者需求的产生。在现代汽车市场营销活动中，汽车促销策略具有以下作用。

（1）传递信息。在汽车产品未进入汽车市场之前，汽车企业通过各种促销手段及时向中间商和消费者提供信息，吸引公众注意，通过传递汽车企业和汽车产品的相关信息，把消费者与企业联系起来，给消费者提供便利，促使其购买行为的实现。

（2）增加需求。在促销活动中向客户介绍汽车产品，不仅可以诱导需求，还可以增加需求甚至创造新的需求，获得扩大销售的效果。通过介绍新的汽车产品，展示合乎汽车市场的消费模式和标准，提供满足汽车消费者生存和发展需要的承诺，从而唤起客户的购买欲望，创造出新的消费需求。

（3）突出特点。通过汽车企业的促销活动，可以显示企业自身的特点，以及产品的特色、风格、性能，宣传自己的产品与竞争者产品的区别，尤其是不易为客户所觉察的细微差别，这样可以使潜在客户和社会公众较全面地了解本企业产品所具有的特殊的附加利益，促进销售的实现。

（4）稳定销售。由于激烈的市场竞争，使汽车产品的销售量起伏不定，通过促销活动不仅能改变潜在客户的某些顾虑或观望的态度，还能使客户形成对本企业产品的“偏好”，从而稳定产品销售，达到巩固企业市场地位的目的。

9.1.2 汽车促销策略的基本方式

汽车产品促销的方式主要有两类：人员促销和非人员促销。非人员促销又包括广告、销售促进和公共关系等多种促销方式。

1. 人员促销

这主要是指汽车企业派出汽车销售人员，通过他们与一个或几个可能的购买者进行交流，宣传介绍汽车产品，以实现促进产品销售的目的。人员促销是汽车销售商与汽车消费者的直接沟通。这种方式灵活，针对性强，容易促成即时成交。而且，通过人与人之间的沟通，可以培养汽车销售商与汽车消费者之间的感情，以便建立个人友谊及长期的合作关系，也可以迅速反馈消费者的意见及要求等。

2. 非人员促销

（1）广告促销。汽车广告是一种高度大众化的汽车信息传播方式，其信息传播面广，形式多样，渗透力强，可以多次重复同一汽车信息，便于消费者记忆。

（2）销售促进促销。销售促进又称营业推广，是一种沟通性极好的促销方式。通过提供汽车信息，诱导消费者接近汽车产品；通过提供优惠，对消费者产生招徕效应；通过提供奖励，对消费者产生激励。

（3）公共关系促销。公共关系具有较高的可信度，其传达力较强，吸引力较大，容易使消费者接受，还可以提高企业的知名度，树立汽车企业的良好社会形象。

9.1.3 汽车促销组合策略

在汽车促销活动中，将各种促销方式进行运用搭配称为促销组合。汽车促销组合策略就是把人员促销、广告、销售促进和公共关系等各种不同的汽车促销方式有目的、有计划地结合起来，并加以综合运用，以达到特定的促销目标。汽车促销组合既可以包括上述四种方式，也可以包括其中的两种或三种。汽车企业在选择促销组合时，应根据各种汽车促销方式的特点，结合企业自身特点和市场现状考虑以下几种因素。

1．汽车促销目标

要确定最佳的汽车促销组合，首先要确定汽车促销目标。由于汽车促销目标不同，所以应采用不同的汽车促销组合。如果汽车促销目标是为了提高汽车产品的知名度，那么汽车促销组合重点应放在广告和销售促进上，辅之以公共关系宣传；如果汽车促销目标是为了让消费者了解汽车产品的有关信息，那么汽车促销组合应采用适量的广告、大量的人员促销和某些销售促进；如果汽车促销目标是立即取得汽车产品的销售效果，那么汽车促销组合重点应放在销售促进和人员促销上，并安排一些广告宣传。

2．促销的思路

汽车企业促销活动的思路有两种："推动式"销售和"拉引式"销售。"推动式"销售是一种传统的销售方式，是指汽车企业以中间商为主要促销对象，将产品推向销售渠道，进而推向用户；"拉引式"销售则是以市场为导向的销售方式，是指汽车企业以最终消费者为主要促销对象，利用各种促销方式激发汽车消费者的消费需求，吸引消费者购买。在"推动式"销售思路指导下，汽车企业通常会采用人员促销方式向中间商促销，而在"拉引式"销售思路的指导下，汽车企业则会广泛采用广告等促销方式，以吸引汽车消费者。

3．汽车市场性质

不同的汽车市场，由于其规模、潜在消费者数量，以及市场上存在的产品类型等不同，应该采用不同的促销组合策略。例如，重型汽车因使用上的相对集中，市场也比较集中，因而人员促销比较适合；轻型、微型汽车由于市场分散，广告的促销效果更好。规模大、地域广阔的汽车市场，多以广告为主，辅之以公共关系宣传；反之，则应以人员促销为主。汽车消费者众多却又比较分散的汽车市场，应以广告为主，辅之以销售促进、公共关系宣传；汽车消费者较少、购买量较大的汽车市场，则应以人员促销为主，辅之以销售促进、广告和公共关系宣传。潜在汽车消费者多的汽车市场，应采用广告促销，有利于开发需求；反之，则应采用人员促销，有利于深入接触汽车消费者，促成交易。

4．汽车产品生命周期的阶段

当汽车产品处于介绍期时，需要进行广泛的宣传，以提高知名度，因而广告的效果最佳，营业推广也有一定的作用。当产品处于成长期时，广告和公共关系仍需加强，销售促进可相对减少。产品进入成熟期时，应增加营业推广，削弱广告，因为此时大多数用户已经了解了产品，在此阶段应大力进行人员促销，以便与竞争对手争夺客户。产品进入衰退期时，某些营业推广措施仍可适当保持，广告则可以停止。汽车产品生命周期的促销变化如图 9.1 所示。

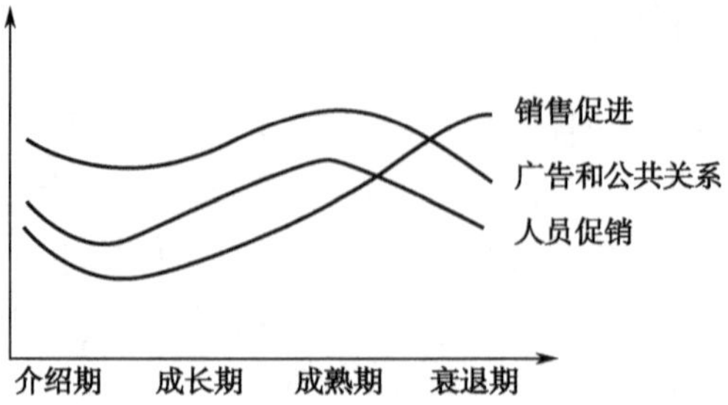

图 9.1 汽车产品生命周期的促销变化曲线

总之，汽车企业在充分了解各种促销方式的特点，并考虑影响促销方式各种因素的前提下，才能做出最佳的促销组合决策。

案　例

分步推进的促销组合策略：福特“野马”轿车的成功营销

1964 年，福特汽车公司的新产品“野马”在一年内销售出 36 万辆，创下了美国汽车历史上的奇迹。野马汽车的成功，是与汤姆逊广告公司的一套分步推进的促销组合系列活动形成的强大宣传攻势分不开的。主要做法如下。

（1）利用媒体进行宣传，取得轰动效应。

（2）提高产品知名度。

（3）播放广告，扩大宣传。

（4）竖立广告牌，保持影响。

（5）炒热野马车。

（6）宣传售后服务，直接促销。

9.2　汽车人员促销策略

汽车人员促销是一种最古老、最常用、最富有技巧的促销方式，但又是现代汽车市场营销中最重要、最直接的促销方式之一。

9.2.1　汽车人员促销概述

1. 汽车人员促销的概念

汽车人员促销是指通过促销人员深入中间商或消费者进行直接的宣传介绍活动，使中间商或消费者采取购买行为的促销方式。

2. 汽车人员促销的形式

汽车人员促销主要有两种形式：一是上门促销，其优点是促销员可以根据各个用户的具体兴趣特点，有针对性地介绍汽车产品的有关情况，并容易促成即时成易；二是会议促销，具有群体促销、接触面广、与客户接触充分、促销集中、易形成订货气候、实现大批量交易、成交额大等优点。

3. 汽车人员促销的特点

（1）双向传递信息。在人员促销的过程中，促销人员可以向客户宣传、介绍汽车产品的质量、 性能、售后服务等，起到促销作用。促销人员还可以倾听客户的意见和要求，了解客户的态度和疑虑，收集和反馈汽车企业在营销工作中存在的问题，为汽车企业改进营销管理提供决策依据。

（2）具有较大的灵活性。促销人员在对客户的访问过程中，可以亲眼观察到客户的反应，揣摩客户的心理变化，因而能及时灵活地改变陈述和销售方法，以适应各个客户的需要，促进最终交易的完成。

（3）针对性强。广告所面对的消费者十分广泛，其中一部分并不能成为汽车产品的最终用户，而人员促销总是带有一定的倾向性，目标明确，可以直达客户。

（4）及时促成购买。人员促销的直接性大大缩短了消费者从接触促销活动到采取购买行为之间的时间间隔。采取其他促销方式，汽车消费者会有一个接受、思考、比较、认定及到商店购买的过程，而人员促销活动可以使消费者的种种问题迎刃而解，在促销人员面对面地讲解、说服帮助下，可以促使消费者立即采取购买行为，实现即时交易。

（5）巩固营业关系。促销人员在与消费者进行长期反复的交往过程中，往往能培养出亲切友好的人际关系。一方面促销人员帮助客户选择称心如意的汽车产品，解决汽车产品使用过程中遇到的种种问题，使客户对促销人员产生亲切感和信任感；另一方面，客户对促销人员的良好行为予以肯定和感激，也会积极宣传企业和产品，帮助促销人员拓展业务，从而形成良好的长期稳定的营业关系。

人员促销在具备了上述优点的同时，也存在一些不可避免的缺点：如果汽车市场比较广阔而又分散时，人员促销的成本会比较高；促销人员的管理也比较困难；人员促销策略对进行促销活动的促销人员要求很高，理想的促销人员不易获得。

4. 汽车人员促销的任务

在现代汽车市场营销活动中，人员促销不仅是出售现有的商品，还要配合汽车企业的整体营销活动，以适应、满足和引导汽车消费者的需求。因此，促销人员的具体任务在不同的情况下是不同的。具体的任务可以分为以下三类。

（1）订单处理。订单处理是促销人员和电话营销人员都要完成的任务，可以分为批发商和零售商两个水平的订单处理。销售人员在进行订单处理时，一般是在确定客户需求后完成订单。订单处理是销售环节最基本的工作之一。

（2）创造销售。创造销售通常是通过增加新客户和引进新产品或服务来实现的。新产品通常需要高水平的创造性销售。在人员促销的三个任务中，它是最重要的。创造销售可以通过电话营销、现场销售和外勤销售等进行。

（3）专使销售。专使销售是指非直接销售。例如，医药公司的销售人员试图说服医生开处方时选用本公司产品，此时，医生是一个非直接客户。然而，公司的实际销售人员最终通过批发商或将产品直接卖给医院，并没有与医生产生交易。在公务汽车销售中，汽车促销人员可以通过说服单位用车者，选择本公司汽车产品，然后将汽车产品销售给单位负责部门，在交易过程中，汽车销售人员并没有与单位用车者发生交易关系。

5. 汽车人员促销的步骤

汽车人员促销的步骤如图 9.2 所示。

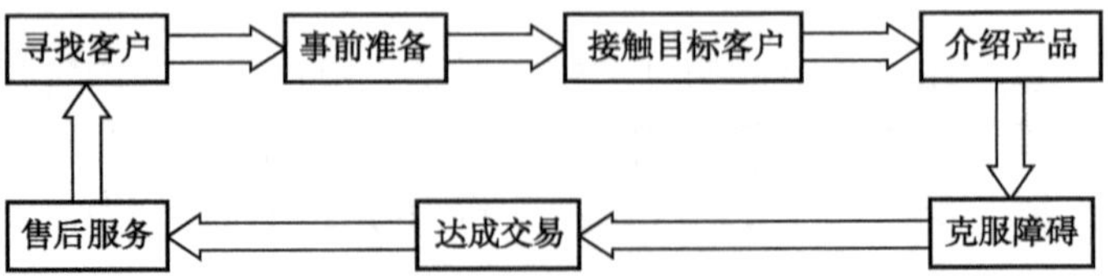

图 9.2 汽车人员促销步骤

（1）寻找客户。这是汽车销售工作的第一步。

（2）事前准备。汽车销售人员必须掌握三方面的知识：①产品知识。即关于本汽车企业及其产品的特点、用途和功能等方面的信息；②客户知识。即包括潜在客户的个人情况，包括客户的职业、爱好、需求及性格等；③市场知识。即包括当前汽车市场的发展状况和竞争产品的相关信息。同时还要准备好产品样品、说明材料等，以及和客户约定好的访问时间，与客户的接近方式，接触时的语言交流等。

（3）接触目标客户。即开始对客户进行登门访问，与客户进行面对面的交流。

（4）介绍产品。在介绍产品时，要注意说明该产品可能给客户带来的好处，着重介绍汽车产品的优点，要注意倾听对方的谈话，判断客户的真实意图。

（5）克服障碍。在交流过程中，客户可能会有不同的反应，甚至有抵触情绪，销售人员应设法应对各种不同的意见。

（6）达成交易。接触目标客户和成交是汽车销售工作中最难的两个阶段。

（7）售后服务。汽车销售人员要及时征询客户在产品使用过程中对产品的意见，提供优质的维修服务，了解客户的反馈信息，与客户建立长久的合作关系，树立良好的服务形象。有人说，第一辆汽车是靠汽车销售人员卖出去的，而第二辆、第三辆则是靠售后服务卖出去的，可见售后服务的重要性。如法国的雷诺和雪铁龙向汽车消费者承诺全天 24 小时接受和受理客户的售后服务要求，由此培养了忠实的客户群体。

9.2.2　汽车促销人员的素质要求

一名优秀的汽车促销人员必须具备以下素质。

（1）良好的语言表达能力。这是胜任销售工作的基本条件。语言表达能力是指汽车促销人员运用有声语言及行为语言准确地传达信息的能力。语言艺术是汽车促销人员用来说服客户的主要手段，每一次销售过程都要使用陈述、提问、倾听及行为语言等多种语言技巧。可以说，没有良好的语言表达能力，就没有成功的销售。

（2）较强的社交能力。汽车促销人员向客户销售汽车产品的过程，实际上也是一种交际过程。汽车促销人员必须善于与他人交往，有较强的沟通能力，同时也能维持和发展与客户之间长期稳定的关系，与人随和，热情诚恳，能设身处地地为客户着想，为客户解决实际问题。

（3）敏锐的观察能力。汽车促销人员应善于察言观色。把客户的手势、反应、面部表情等表现在头脑中迅速整理，做出准确的判断。哪些客户有购买欲望，哪些客户有购买能力等，都要在短时间内判断出来。优秀的汽车促销人员应具备洞察客户心理的能力，对人们通常所忽略的细节有较强的敏感性。

（4）快速的应变能力。汽车销售工作的对象比较复杂，汽车促销人员应逻辑缜密，思路清晰，适应能力强，反应速度快，面对不同客户的不同反应，及时做出应对措施，遇到困难要处变不惊，随机应变，要善于处理被动局面，变被动为主动。

（5）高超的处理异议能力。汽车产品是比较昂贵、耐用的产品，客户往往对汽车产品的质量、价格、式样等提出疑难，甚至是故意挑剔。汽车促销人员首先应认识到客户异议是交易得以进行的信号。因此，汽车促销人员应把握主动权，按照需要引导谈话走势，对客户提出的各种异议要区别对待。

9.2.3 汽车促销人员的管理

1．招聘和选拔

汽车促销活动要想获得成功，关键在于选出高效率的汽车促销人员。好的促销人员，可以从汽车企业内部招聘，也可以从社会上招聘。

（1）招聘标准。对汽车消费者来说，好的汽车促销人员是诚实、可靠、十分了解产品并热心助人的。对汽车销售企业来说，汽车促销人员应该是能承担风险、认真对待每一位消费者和每一次访问，具备市场学、心理学、口才表演等综合知识与能力的人。

（2）招聘工作。汽车销售企业可以通过各种途径招聘，包括由现有促销人员推荐、利用人才市场和通过媒体刊登招聘广告等。选拔过程可以是一次非正式的单独面谈，也可以采用各种能力测试、经历调查等，从众多应聘人员中选拔出最优秀的促销人员。

案　例

优秀的丰田汽车销售人员

丰田汽车公司之所以能在汽车销售方面取得巨大的成绩，是因为他们拥有一支优秀的丰田销售人员队伍。“丰田精神已经彻底贯彻到丰田系统的销售人员中去了”，“丰田系统的销售人员不但人数多，而且他们都坚决相信丰田公司的车是最好的”。他们具有踏实的工作作风、持之以恒的热情和信心。一名丰田汽车公司的销售人员在发现一名潜在客户时，两星期之内拜访该客户达 20 次，最终使他变成了丰田汽车的用户。

2．培训

招聘到合格的汽车促销人员后，应对他们进行必要的培训。培训的方法包括讲课、示范、讨论、学习及以老带新等。日本丰田汽车公司将录用的汽车促销人员送到设在丰田市的公司培训中心接受为期三天的培训。以后每年的 4～6 月定期开展培训。培训期内，新促销人员接受从促销入门到交货全部促销过程的培训。由于丰田汽车公司的促销人员十分出色，被日本企业界誉为最有促销能力的“销售军团”。1990 年，雪铁龙公司在 Villepinte 开办了一个商业培训国际中心（CIFC），也取得了很好的效果。

对汽车促销人员进行培训的内容应包括以下方面。

（1）公司的历史、经营目标、组织机构设置、财务状况等各方面的情况。

（2）公司汽车产品的型号、性能、制造过程、技术工艺特点、产品配置等汽车产品情况。

（3）各种类型的汽车消费者的购买动机、购买习惯、购买行为特点等目标消费者情况。

（4）竞争对手的战略、政策、实力等情况。

（5）促销要点、促销说明、促销术的基本原理。

（6）促销的工作程序和职责。

（7）促销人员的气质、风度、礼仪、社交能力等综合素质的培训。

3．激励

尽管有的汽车促销人员不需要企业的监督就会竭尽全力的工作，并且热爱促销工作，具有自发精神，但是企业如果能采取适当的激励措施，则会更好地调动大多数促销人员的工作积极性，激发他们的工作潜力。激励措施包括报酬激励措施和辅助激励措施两种。

报酬激励措施包括：促销员的薪金和佣金，以及一些其他的福利，如带薪休假、无偿用车等。

辅助激励措施包括：定期的销售会议为销售人员提供了一个社交场所，一次摆脱日常例行性工作的休息，是一个重要的沟通和激励方法；销售竞赛可提供旅游、现金等奖品激励促销人员并获得满意的效果。

4. 评价

汽车企业必须对促销人员的工作业绩加以考核和评价，以作为激励促销人员的依据，也可为企业制定营销战略提供必要的参考。另外，公司应及时向促销人员反馈对其评价的标准和结果，以使他们能尽力按照公司的目标和要求去改进工作。

（1）评价的信息来源。企业获得促销人员工作业绩的信息来源主要是销售报告，如促销工作计划、区域营销计划、访问报告等，其他来源有消费者与其他促销人员的评价意见、主管领导的综合考察等。

（2）评价的方法。

① 现在与过去销售额的比较。就是把促销人员目前的成绩与过去的成绩进行比较，从而获得该促销人员工作进展的直接指标。

② 消费者满意评价。通过信件调查或电话访问收集消费者对促销人员服务的意见，用以作为对促销人员激励的依据之一。

③ 促销人员品质评价。包括促销人员对企业、产品、消费者及竞争对手的了解程度，对自身职责、有关法规的执行情况，例如，促销人员的陈述必须与广告内容一致，不能误导消费者，不可以诽谤竞争对手等。

9.3 汽车广告策略

汽车广告是汽车企业用以对目标消费者和公众进行说服性传播的工具之一。汽车广告要体现汽车企业和汽车产品的形象，从而吸引、刺激和诱导消费者购买该汽车产品。在汽车营销活动中，汽车广告具有十分重要的地位和作用。

9.3.1 广告促销概述

1. 广告的概念

自 1841 年美国费城出现世界最早的广告公司以来，广告已发展成为集商业、艺术、美学、摄影和音乐等于一身的综合体。在汽车市场营销活动中，广告是指由特定的广告主以付费形式使用一定的媒体，传播产品和劳务信息给目标消费者的促销行为。

广告有商业性广告和公益性广告之分。所谓商业性广告，是指被确认的广告主，按照付费原则，通过大众传播媒介，以其所选择的多数人为目标对象，为了使他们遵循广告主的意图而行动，对商品、劳务、观念等方面信息所采取的非人员方式的介绍和推广活动；公益性广告是一种非商业广告，不付费，如电视台经常播放的精神文明广告、环境保护广告等。

2．汽车广告的作用

汽车广告的作用如下。

（1）建立知名度。通过各种媒介的组合，向汽车消费者传达汽车新产品的有关信息，吸引目标消费者的注意，汽车广告宣传可避免促销人员向潜在消费者描述汽车产品时花费大量的时间，快速建立知名度，迅速占领市场。

（2）促进理解。汽车广告一般是以新产品上市为宣传目标，汽车新产品有新的特点，通过广告，可以向目标消费者有效地传递新车的外观、性能、使用等方面的信息，引发他们对汽车新产品的好感和信任，激发其进一步了解新产品的兴趣。

（3）有效提醒。如果潜在消费者已了解汽车产品，但还未准备购买，广告能不断地提醒他们，刺激其购买欲望，这比人员促销要经济得多。

（4）再保证。广告能提醒消费者如何使用、维修和保养汽车，对他们再度购买汽车产品提供保证。

（5）树立企业形象。对于汽车这样一种高档的耐用消费品，汽车消费者在购买时，十分重视汽车企业形象（包括信誉、名称、商标等），汽车广告可以提高汽车生产企业的知名度和美誉度，扩大其产品市场占有率。

案 例

英菲尼迪的植入式广告

2013年最火的综艺节目非《爸爸去哪儿》莫属，五对萌娃星爸结伴展开了一场没有妈妈的旅行，趣事温情交织在一起，迅速俘获无数粉丝。可以说，《爸爸去哪儿》让星期五变成了许多人一周之中最期待的日子。这个节目捧红了五对萌娃星爸，也令其赞助商英菲尼迪受益匪浅。英菲尼迪中国区总经理戴雷在广州车展时透露："通过赞助《爸爸去哪儿》，英菲尼迪JX 8月至10月三个月的销量已突破前七个月的销量总和。"由于与节目主题契合，英菲尼迪为节目组提供的车型JX的核心消费人群恰好为注重家庭的年轻人，因此得到了意想不到的传播效果。随着《爸爸去哪儿》的热播，英菲尼迪的品牌认知度水涨船高。

案 例

科鲁兹的好声音之旅

凭借第一季吸引的超高人气，《中国好声音》第二季播出后继续保持居高不下的关注度。根据央视发布的CSM46城收视数据调查，第二季《中国好声音》的收视率高达3.62，高居同时段节目的全国第一。作为《中国好声音》的合作伙伴，雪佛兰在节目中频频出镜。某期节目中，主办方安排诸位好声音学员盘腿坐在科鲁兹掀背车的后备箱里，将科鲁兹掀背车强大的后备箱空间展露无遗。相信这一幕给许多准车主都留下了深刻的印象。此外，雪佛兰还推出了衍生营销计划：在《中国好声音》热播时，雪佛兰七个大区在全国如火如荼地举行了500多场线下的"雪佛兰好声音"巡展及路演，并后续推出好声音定制版车型，持续传播热度。

9.3.2 汽车广告促销过程

汽车企业进行汽车广告促销主要包括确定汽车广告目标、确定汽车广告预算、确定汽车广告定位策略和选择汽车广告媒体四个方面。

1．确定汽车广告目标

所谓汽车广告目标，是指汽车企业广告活动在一定时期内所要完成的特定传播任务。汽车企业的广告目标取决于汽车企业的整体营销目标，还要服从于汽车企业的目标市场、市场定位和营销组合等决策。汽车广告按其目标可分为通知性、说服性和提醒性广告三种。

（1）通知性广告。主要用于汽车新产品上市的开拓阶段，旨在为汽车产品建立市场需求。

（2）说服性广告。主要用于汽车产品的竞争阶段，目的在于建立对其某一特点汽车品牌的选择性需求。

（3）提醒性广告。主要用于汽车产品的成熟期，目的是保持消费者对该汽车产品的记忆。

2．确定汽车广告预算

汽车广告有维持一段时间的延期效应。虽然汽车广告被当作当期开支来处理，但其中一部分实际上是用来逐渐建立汽车品牌与产品商誉这类无形价值的投资。因此，在确定汽车广告预算时，除了考虑汽车企业实际需要和实际财务状况外，还要考虑以下五个因素。

（1）汽车产品寿命周期。在汽车产品寿命周期的不同阶段，所需的广告费用不同。一般来说，汽车产品在介绍期需要较多的广告投入，以提高消费者对汽车产品的认知程度；成长期的广告活动频率可以降低，广告费用支出逐渐减少而又有所侧重，以维持公众对产品的印象；成熟期则需要投入大量广告费用，大力进行广告促销，以增加产品竞争力，维持企业的市场地位；衰退期则应缩减广告费用。

（2）市场份额和消费者基础。一般而言，市场份额大的汽车产品，广告投入应该多一些；市场份额小的汽车产品，广告投入可少一些。如果想提高竞争力，扩大产品的市场份额，则要增加广告投入。

（3）竞争情况。在竞争者众多和广告开支很大的汽车市场上，汽车品牌必须加大宣传，才能引起目标消费者的注意，因此汽车产品需要大量的广告费用。

（4）广告频率。把汽车产品传达给消费者的重复次数，即广告频率。广告频率决定了广告预算。

（5）产品替代性。当某一整车厂打算在汽车市场众多品牌中树立自己与众不同的形象，宣传自己可以提供独特的物质利益和特色服务时，广告预算也要相应增加。

3．确定汽车广告定位策略

汽车广告的有效性远比广告花费的金额更为重要。一则汽车广告只有获得消费者的注意才能增加销量，因此汽车广告内容能否引起消费者的注意十分重要。

标题、文稿的选择等能对汽车广告的效果产生不同的影响。例如，一个汽车广告标题为“一辆新轿车”，另一个广告标题为“这辆轿车是为你设计的吗？”第二个标题运用了一种称为“贴标签”的广告策略，在这种策略中，消费者被标明是对这类汽车产品感兴趣的人。两则汽车广告的区别在于，第一则广告描述了汽车产品的特点——新，而第二则广告描述了汽车产品的利益。试验表明，第二则广告在整个印象方面远胜于第一则广告。

4．选择汽车广告媒体

汽车广告的目的是向消费者传播某汽车企业或产品的相关信息，传播信息要依靠广告媒体来完成，只有选择好适当的汽车广告媒体，才能使汽车企业以最低的成本达到最佳的宣传效果，对汽车产品的销售起到促进作用。广告媒体的经典形式有四种：电视、广播、报纸和杂志；而辅助媒体比较多，例如，广告牌、印刷品、公共汽车、流动广告车、霓虹灯、商品包装物等，甚至人们所穿的衣服鞋帽等都是广告媒体形式。广告无孔不入，可以说广告已存在于社会的每一个角落。而随着经济和科学技术的发展，近年来出现的互联网网络媒体成为一种新兴的、利用率比较高的广告媒体。如表9-1所示为各类汽车广告的媒体情况。

表9-1 各类汽车广告媒体情况

媒 体	优 点	局 限 性
电视	综合利用各种艺术形式，色彩、声音、图像并存，表现力强；覆盖面广，注意率高；传播速度快，信息量大	成本高，制作复杂，竞争激烈，信息瞬间即逝，观众选择少
报纸	本地市场传播范围广，覆盖率高；传播及时，信息量大；说明性强，适合复杂的汽车广告；制作简单，费用低	时效性差，复制质量低，广告的表现能力有限（不能声像并茂或产生直观感受）
杂志	目标消费者可选性强，可信度高，说服力强；时效性高，可保存；传播的信息量较大，可以作为内容较复杂的汽车广告；精良的印刷品质增强视觉冲击力	传播的范围小，灵活性差；版面无保证，发行周期长，不适合刊登时效性很强的汽车广告
广播	听众广泛，宣传大众化；传播速度快，及时；制作简单，成本低	传递的信息量有限，只能刺激听觉；难以把握收听率；信息瞬间即逝；不适合做说明性广告
网络	内容全面、覆盖面广；针对性强；使生产者能直接面对消费者，淡化了中间商的作用，使市场多样化；减少市场的不确定因素	信息管理的无序化，使得虚假信息泛滥，可信度不高；接受方式受限，普及程度不够

有调查显示，汽车广告媒体的选择中，电视和报纸仍然占据着重要的地位，如图9.3所示。

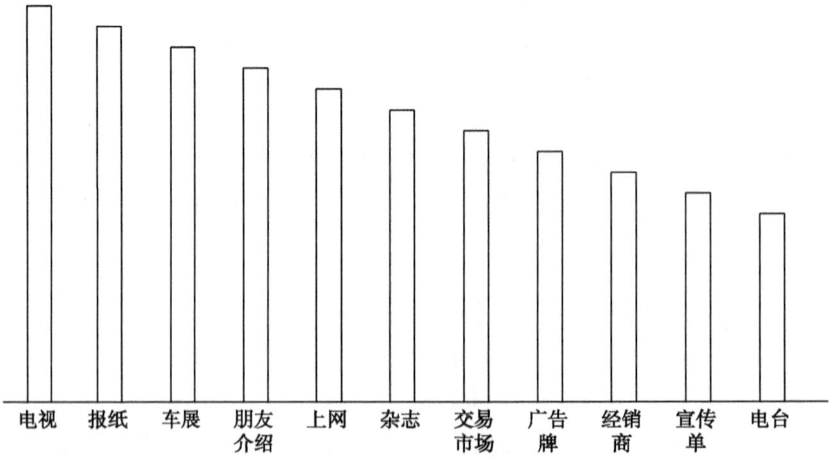

图9.3 汽车广告媒体的选择

案　例

宝马的网络电影广告

为进一步提升品牌价值，宝马北美分公司不惜重金，集结了8位世界级的一流导演，拍摄了8部超炫的网络广告短片。每一位导演都拍摄了独立的作品，这8位导演的8部广告电影都以鲜明的个人风格体现了宝马汽车的优越性能。宝马公司将这些广告短片放在公司的官方网站上供观众们观看，这些短片吸引了5500万网民观看，每天进入宝马官方网站下载广告短片的流量达到8万人次，至今下载人数已过亿，观看人数无法统计。

据观众反映，观看这8部广告短片时，一点也不觉得它们是广告，更像是一部部惊险的电影短片。

宝马北美分公司负责市场营销的主管说："我们想尝试一些新的不同的东西，即使不成功也算是有所付出。但我想，这些广告短片正是人们真正想看的。"经过这几年，宝马的这8部广告短片确实达到了预期的效果，不但稳固了宝马高性能高档汽车的品牌形象，还因为高档汽车导演的创新、电影情节和演员出色的演绎获得了更加广泛的文化意义，为宝马品牌和产品的宣传起到了巨大的促进作用。

案　例

大众靠全国的盛会奥运会夺取宣传的胜利

大众汽车作为2008年汽车行业的唯一赞助奥运会的汽车厂，其产品上面都贴有奥运会的五环标志。奥运会是中国人民的盛事，经过了多年的准备，于2008年8月8日召开。在此之前，全国上下进行了声势浩大的火炬接力活动。在火炬接力活动中，我国最大的电视媒体——中央电视台做了不间断地几十天的全程转播，在火炬手的后面，大家都能看到紧跟火炬手的一汽大众的迈腾车，该车是一汽大众的新产品，有很好的质量和声誉，通过此次奥运火炬接力活动，让关心奥运的人更加认识这款优良的汽车，有很多没有被选上的汽车厂对此很是羡慕，此次公关活动的成功取得了任何广告都达不到的效果——13亿人两个多月的持续观看。

9.4　汽车销售促进策略

9.4.1　汽车销售促进策略概述

汽车销售促进又被称为汽车营业推广，是汽车市场营销活动的一个关键因素。指的是汽车企业运用各种短期诱因，鼓励汽车消费者或中间商购买或销售本企业汽车产品或服务的促销活动。

汽车销售促进包括各种短期性的促销工具，这些工具可以分为两种：第一种是针对汽车消费者的促销工具，如赠送优惠券、有奖销售、特价包装和折扣等各种有益于汽车消费者的促销活动，目的是鼓励汽车消费者大批量购买，吸引更多新消费者和争夺竞争对手的部分市场；第二种是针对汽车销售人员的促销工具，如销售红利、提成等，目的是鼓励汽车销售人员销售汽车产品，增加汽车产品销量。

9.4.2 汽车销售促进的促销工具

1. 针对汽车消费者的促销工具

（1）分期付款和低息贷款。汽车产品的价格相对来说比较高，普通消费者一次性付款比较困难，因此世界各汽车公司都有分期付款业务。1997年末长安奥拓推出分期付款业务，车型就是定价为每辆58800元的奥拓汽车，第一次付款18000元即可提车，余款在其后的18个月内付清即可，即“首付一万八，奥拓开回家”。此举使得这种微型车的销量在较短时期内在北方市场增长1倍，并且有80%的产品走入家庭。目前日本丰田汽车公司有2/3的新车销售是使用汽车生产企业提供分期付款金融借贷服务的。2000年的北京车市，有近一半的汽车消费者采取了分期付款的购车方式。

低息贷款是用户购车前先去信贷公司贷租购车款，然后购车，用户的贷款由用户与信贷公司结算，汽车销售部门则在用户购车时一次收清全部购车款。贷款业务可以由银行办理，也可以由汽车企业提供。如克莱斯勒汽车公司每年要向数十万名客户提供卖方贷款，用户的贷款可以在两年内分18次偿还；福特汽车公司不仅给予客户400～4000美元的价格折扣，还给予2.9%的低息贷款。

案 例

大众迈腾“苦肉计”

现在汽车厂家纷纷为有欲望暂时没财力的消费者准备了零利率贷款买车方式，不但让消费者能够提前消费，还可以更大地刺激汽车的市场需求，而上海大众在2007年底推出的“零利率”分期购车的优惠措施，是目前众多的零利率促销策略中唯一按真正的市场销售价进行零利率贷款的企业。

促销招数：选择大众金融“利率”分期购车的消费者，只要首付30%以上的车款，并且保证在一年或两年内将余款按月还清，就可以在5个工作日之后将一部迈腾手动挡车型开回家。同时，大众还推出了与之相配套的“一元车险”套餐。当消费者选择了“零利率”分期购车后，只要再缴纳“一元钱”便可获得包括“车损险、盗抢险与第三者责任险”等三项主险，但前提是消费者要在4S店内做整车全险的服务。

（2）汽车租赁销售。汽车租赁销售是指承租方向出租方定期缴纳一定的租金，以获得汽车使用权的一种消费方式。汽车专业租赁公司，是继出租用车市场后又一大主体市场，是汽车生产企业长期稳定的用户之一。据美国市场调查机构公布的数字表明，1993年以租赁方式销售的轿车和卡车占总销量的1/4，销售总额达43亿美元，是1984年的4倍，其中高级轿车中有超过半数以上的被租售。

租赁销售促进了汽车销售，使汽车工业获得了自我发展的资金来源，为汽车生产企业技术更新提供了资金保证。租赁销售促使经销商不断地改进服务，大大地提高了用户的满意度。

（3）汽车置换业务。汽车置换业务包括汽车以旧换新、二手车整新跟踪服务和二手汽车再销售等项目的一系列业务组合。汽车置换业务已成为全球流行的销售方式。在美国，二手车与新车销量比例为4:1，汽车经销商30%的利润来自于二手车，美国每年二手车的销量数倍于新车销量，其二手车市场以汽车经销商为主、二手车连锁店为辅，分别占比60%和25%。汽车置换业务加速了汽车的更新改造，其投资回报很快，加速折旧及置换，还可以使企业在税负方面享有优惠。

案 例

不问出身的二手置换

旧车换新车不新鲜，但是宝马这种豪华品牌，让消费者拿着自己随便什么品牌的旧车去置换还是很新鲜的，至少在二手车置换尚处于起步阶段的中国是这样的。宝马公司对外宣布，宝马部分授权经销商从即日起，与当地旧机动车交易市场及二手车商密切合作，为购买国产宝马的客户提供二手车准置换服务。购买宝马新车的消费者，可与宝马授权经销店及二手车商一起一次性地完成出售旧车和购买宝马新车的两个过程。值得一提的是，宝马的二手车准置换服务包括了所有品牌的旧车，而不只局限于宝马品牌，这在国内的汽车企业，尤其是高档汽车品牌中还是头一次。有专家称，宝马这种史无前例的做法，正是一种巧妙的营销方式，目的就是促进销售。任何品牌的旧车都可置换宝马，也说明了在当前汽车市场竞争比较激烈的情况下，识时务者为俊杰。据悉，宝马开始置换后，销量已经明显提升，看来面子不是最重要的，放下身段去争取才是最要紧的。

（4）赠品。购买汽车产品附带赠送某些礼品，如计算机、印有产品标识的日常用品、打火机、手表、真皮笔记本、夹克衫、伞和烟灰缸等小型纪念品，以及不同年限的汽车维修卡，不同价值的保险费（如第三者责任险），不同里程的汽车免费保养卡，免费代办汽车牌照等，还有直接给汽车购买者现金优惠，等等。对汽车这样的昂贵产品来说，尽管一般的小礼品对销售促进的影响不大，但可以提高消费者的满意度，在一定程度上刺激消费者的购买欲望，使某些汽车产品特别是家用经济型轿车在局部地区的销量直线上升。

案 例

奇瑞——“树上开花”

奇瑞在2007年可谓出尽风头，先是携26款新车风光上海车展，继而百万辆下线震动中国车市，此后，与克莱斯勒、菲亚特、中国石化、宝钢集团等巨头企业陆续牵手，把奇瑞推向了国内外媒体的风口浪尖，也让奇瑞成为2007年中国汽车市场曝光度最高的企业，而其在中国车市位列第四的销量，也充分证明了它的实力。这时，奇瑞A5借奇瑞大形势打出连环招。

从2007年6月1日起至8月31日，凡购买奇瑞A5的用户，可在“畅行无忧”、“服务无忧”、“安全无忧”和“舒适无忧”四大价值均为3000元超值无忧礼包中任选其一，也可以根据自身需要选择不同的礼包组合，内容涉及现金、油卡、保险、车饰等多方面。

自7月7日在全国展开的“奇瑞A5挑战有礼与世界冠军共竞技”世界冠军全国巡游活动中，携手体坛名宿李小双陆续在全国十几个城市展开了签售促销活动，亲身体验后优惠购车。

自10月底在全国拉开的“感·动·节”活动，不但在全国组织大规模的媒体、车友试驾比赛活动，而且在消费者购车始末的四个环节都有大礼相送：来电/来店有礼、试驾有礼、挑战有礼、购车有礼。

奇瑞A5促销持续时间长，促销手段设计精巧，促销内容实惠，贴合消费者切实需要，更重要的是，奇瑞将体验活动引入到促销活动中，让消费者能够先近距离地接触和了解汽车的各项性能，然后放心购买，不但体现了企业对自身产品的自信，也拉近了企业与消费者之间的距离，提高了消费者对企业的认同感。

（5）免费试车。邀请潜在消费者免费试开汽车，刺激其购买欲望。免费试车为消费者提供了亲身体验，有利于进一步加强消费者的购买需求，最终达成交易。

案　例

体验式营销 事实胜于语言

体验式营销的目的是通过用户对产品本身的深切体验从而产生深切认同。2013年，由于新汉兰达上市以来反响平平，为了增强媒体对其产品价值的体会，广汽丰田开展了“行无界、心无界”的长途试驾活动，其中试驾途中路况多样，除了城市道路、高速公路，同时还面临诸多的弯道和高低起伏的复杂路况，可充分考验新汉兰达的动力、操控能力、舒适性等。不仅如此，广汽丰田以“征服青藏高原”这一具有话题性的试驾目标吸引了媒体和消费者的关注。此次营销活动引起了广泛关注，除了加强了媒体对新汉兰达的认同，由于特殊环境的考验，也凸显了新汉兰达一车多用的优点，对潜在消费者产生了积极影响。

（6）售点陈列和商品示范。在汽车展厅通过布置统一标准的室内装饰画和广告陈列架等，结合汽车的陈列，向消费者进行展示。上海大众帕萨特上市时，上汽销售总公司为所有特许经销商提供统一的装饰画，带有浓烈的现代感，符合大多潜在消费者的审美观念。

（7）使用奖励。汽车企业为了促进销售，对使用该企业汽车产品的优秀用户给予了精神或物质上的奖励。一汽大众对哈尔滨地区30万～40万千米无重大修理的汽车驾驶员给予了在德国参观学习的重奖。东风汽车公司也对使用本企业汽车达到数万千米，且从未出过事故的驾驶员给予了物质奖励，并举行庆功表彰大会等。

2. 针对经销商的促销工具

（1）价格折扣。对经销商的购车给予低于定价的直接折扣，例如，鼓励经销商购买一般情况下消费者不愿购买的汽车产品；增加其进货的数量；如果经销商提前付款，还给予一定的现金折扣等，从而刺激其销售的积极性。

（2）折让。汽车生产企业的折让用于作为经销商宣传汽车产品特点的补偿。广告折让用以补偿为该产品做广告宣传的经销商；陈列折让用以补偿对该产品进行特别陈列的经销商。例如，一汽大众对汽车的专营公司免费提供广告宣传材料，以成本价提供经销商工作用车及优先培训等。

（3）免费商品。对销售特定车型的汽车或销售达到一定数量的经销商，额外赠送一定数量的汽车产品，也赠送促销资金，如现金或礼品等。

9.5 汽车公共关系促销

在现代社会中，任何企业在其各种活动中都必须与其相关的公众打交道，发生各种社会关系、物质关系、经济关系和利益关系。对企业来说，在日常营销活动中，要和企业外部的原材料供应商、产品经销商、代理商、客户、政府管理部门，以及各种社会团体进行相关的事项处理，要和企业内部的合伙人、股东、董事，以及职工等内部公众进行接触，因而存在错综复杂的公共关系。

9.5.1　汽车公共关系概述

1．汽车公共关系概念

汽车公共关系，是指汽车企业运用沟通手段使自己与公众相互了解和相互适应，以争取公众的理解、支持和协作的一系列管理活动。

汽车公共关系不仅在于汽车产品的公共宣传，还在于树立汽车企业的形象和汽车产品的品牌形象，它通过媒体或直接传播的方式传播信息，有助于汽车企业妥善处理与公众的关系，为汽车企业的发展创造一个良好的外部环境。

2．汽车公共关系的作用

（1）建立知名度。公共关系利用媒体来传播信息，吸引公众对汽车产品的兴趣。例如，在上海帕萨特的诞生过程中，企业便充分利用了媒体宣传和各种公关活动，来吸引目标消费者对该车的注意力。

（2）树立可信度。如有必要，公共关系可以通过社论性的报道来传播信息以增加企业及其产品的可信度。例如：“一汽汽车质量万里行”的报道，获得了公众对一汽及其产品的认可和信任，提升了企业形象。

（3）激励促销人员和经销商。公共关系有助于提高促销人员和经销商的积极性。新车投放市场之前先以公共宣传的方式披露，便于汽车经销商将新车促销给目标消费者。

（4）降低促销成本。公共关系的成本要比广告的成本低得多，促销预算少的汽车企业，适宜较多地运用公共关系，以便获得更好的宣传效果。

9.5.2　汽车公共关系的促销工具

现在有越来越多的汽车企业采用汽车公共关系促销来支持他们的营销部门树立和推广产品品牌形象，接近和影响目标市场。

目前汽车企业最常用的汽车公共关系促销工具有以下几种。

1．公开出版物

包括汽车年度报告、小册子、文章、视听材料，以及公司的商业信件和汽车杂志等。美国克莱斯勒公司的年度报告几乎就是一份促销小册子。小册子能在向目标消费者介绍汽车产品的性能、使用和配备等方面起到很重要的作用。汽车企业领导人撰写的文章能引起人们对汽车企业及其产品的注意。企业的商业信件和汽车杂志可以树立汽车企业形象，向目标市场传递重要新闻。如《中国汽车报》、《中国交通报》等，都是权威的汽车行业报刊，以获得消费者的信赖。视听材料的成本高于印刷材料，但是电影、幻灯、录像等形象、生动，能给消费者留下很深的印象。

2．事件

汽车企业通过安排一些特殊的事件来吸引人们的注意力，使人们对该企业的新产品和企业其他事件感兴趣。这些事件包括记者招待会、讨论会、展览会、竞赛、周年庆祝会、运动会和各类赞助活动。1998年上海汽车工业销售公司为了配合新型桑塔纳“时代超人”的推出，与上海大众合作在新疆举行桑塔纳轿车拉力赛活动；美国福特汽车公司的雷鸟牌汽车推出时，发邀请信给有关主管，提供给他们当天汽车使用权；日本丰田公司的“破坏性”试验等，都是比较成功的案例。这些事件不同程度地使目标消费者对新产品上市产生了良好的印象。

案　例

微信=即时通信？吉利教你玩转微信营销

您觉得微信现在还只是即时通信软件吗？2013年之后除了核心的免费即时通信功能外，微信已衍生了更多的功能，包括公众账号、微信支付、微信游戏等功能陆续推广和风靡开来，尤以“打飞机”为代表的简单易操作的手机游戏一度成为民众茶余饭后的消遣。而对于营销嗅觉敏锐的企业而言，“打飞机”带来的关注度可以作为一个很好的商机。吉利汽车便是将“打飞机”游戏应用到汽车营销上的代表企业。

吉利举办的“吉利GX7飞机争霸赛”历时两个多月，为吉利带来了足够的曝光度。据悉，为了加强消费者的实际感知，并促成潜在消费，吉利不仅采取了线上争霸的推广活动，同时还开展了线下营销，二者相得益彰。在调动消费者与经销商参与积极性的同时，也树立了活泼的企业形象。

案　例

热点事件营销——雾霾给沃尔沃带来的商机

2013年以来，全国大范围地区出现了雾霾天气。有医学专家指出，雾霾天气的持续出现将会大大增加呼吸道疾病和肺癌的发病率。此言一出，具有过滤有毒物质的PM2.5口罩销量立马走俏，消费者对于雾霾的恐惧心理由此可知。而素以环保著称的沃尔沃汽车便从雾霾天气中嗅到了商机。

“开门是北京，关门是北欧”成为沃尔沃针对雾霾天气的营销口号。为了证明车内空气质量的安全，沃尔沃邀请权威机构测试了其车内的PM2.5浓度并展示给消费者，并趁机引出其车内空气质量管理的理念，包括了对外部空气质量的控制、内饰物排放控制、整车气味管理、材料使用与接触过敏源管理等的系统介绍。利用消费者对于雾霾天气的担忧宣传清洁空气的理念，沃尔沃可谓选对了时机。

3．新闻

公关人员发展或创造对汽车公司及其汽车产品有利的新闻，并争取传媒录用新闻稿和参加记者招待会。

案　例

别开生面的新闻发布会

福特汽车公司在甲板上举行新产品新闻发布会是一次成功的公共关系促销。福特汽车公司的“金全垒打”在上市之前，针对新闻媒介的发布会极具创新性和新闻性，因而引起了广泛关注。媒体不但作图文并茂的介绍，甚至创造了话题，使该车未上市先轰动。

这项被传播媒介称为“海陆大餐”的别开生面的新闻发布会，是福特汽车公司在高雄港处租用的一艘豪华邮轮的甲板上举行的，总费用包括记者的食宿和交通费用等，大约在 100 万美元以上。但这些花费是值得的，因为第二天的报纸就都刊登了这则新闻，甚至电视台也不避讳当作新闻处理，而且还将甲板上的热闹气氛播映出来。

这一次福特将汽车搬上轮船，在海上举行发布会，不但在我国台湾尚属首举，也吸引了众多记者深入了解这项产品，从而达到了很好的宣传效果。

4．演讲

公关人员和公司领导人鼓动性的演讲能创造汽车公司和汽车产品的知名度，大大推动汽车产品的销售。公司负责人应经常通过宣传工具圆满地回答各种问题，并在销售会议上演说，树立汽车公司良好的品牌形象。如美国汽车业奇才、克莱斯勒公司原总裁艾柯卡在众多听众面前发表的具有超人魅力的讲话，大大增强了公众对克莱斯勒汽车的喜爱。

5．公益服务活动

公司可以通过向公益事业捐赠一定的款项或实物，提高公司信誉。

案　例

宝马汽车：爱心营销

BMW 儿童交通安全训练营自 2005 年首次登陆中国，从模拟真实交通环境的 BMW 交通安全主题公园，到生动有趣的木偶剧；从向全国 500 家幼儿园发放交通安全大礼包到 BMW 在线儿童交通安全游乐场等活动陆续展开，不仅受到孩子们的欢迎，还受到了各地政府、老师和家长的好评。同时，在成都 BMW 还通过中华慈善总会宝马爱心基金为地震灾区的小朋友举办交通安全训练营爱心专场，用关爱和知识帮助孩子们在新建家园中健康成长。

案　例

奇瑞的公益之行

“5 · 12”大地震使汶川满目疮痍，无数生命猝然倒下。从那一刻起，全中国的目光聚焦汶川，爱心与公益一夜之间在这里汇流。作为自主品牌汽车产业代表——奇瑞，在地震后第一时间迅速反应，仅三天就捐赠达 1600 余万元的现金与物资，之后又补充捐赠 500 万元现金，共计捐赠 2100 万元的款物，帮助灾区重建家园，不仅如此，奇瑞又通过学习用品的捐赠，为孩子们尽快重返校园点亮希望。奇瑞与“中华社会文化发展基金会”、北京光爱学校共同联手，举办了“祈福汶川 · 点亮希望”——奇瑞微车公司捐助灾区公益活动启动仪式，号召全社会来捐赠学习用品给那些灾区的孩子，帮助他们重返校园。奇瑞用自己的实际行动来帮助孩子们走出阴霾、重树信心。全国十几家主流媒体到场共同见证了奇瑞的爱心行动。一直以来，奇瑞都积极投身于各种社会公益活动，从“奇瑞 21 世纪东方之子奖学金”的设立，到在甘肃民勤设立“奇瑞中国绿化防沙基金”，再到“奇瑞东方之子 Cross 百万助学行动”，奇瑞汽车的义举树立了中国汽车的一面公益旗帜。

奇瑞汽车的公益活动引起社会大众的高度赞扬，为奇瑞汽车公司及其产品树立了良好的形象。

还有一些具有代表性的汽车公益活动已取得了很好的宣传效果。

案　例

广州本田建“绿色工厂”

基于广州本田的环保理念，2006 年 9 月落成的广州本田增城工厂采用了领先同行的先进的环境技术，不设对外排污口，实现了废水零排放，在涂装车间采用水溶性涂料，达到了世界最低水平的可挥发性有机物的排放。增城工厂成为与自然和社会和谐相处，在中国乃至世界都具有影响力的“绿色工厂”。在做好自身环境保护工作的同时，广州本田还积极参与环保活动，通过各种媒介和活动宣传环保。2006 年，广州本田继续推进绿化植树项目的管理和维护；在 4 月 22 日“世界地球日”这天，为推动广州市环保事业的发展，引导社会各界支持环保、参与环保，广州本田还向广州市环保局捐赠了 20 台全新的环境监察车。6 月 15 日为了推进社会主义新农村建设、加强广州文明示范村建设，广州本田先后向增城长岗新村各捐赠了 30 万元，用于建立助学基金和教育基金。

6．形象识别媒体

通过公司的持久性媒体——广告标识、文件、招牌、企业模型、业务名片、建筑物和制服标记等来创造一个公众能迅速辨认的视觉形象，赢得目标消费者的注意。

本章小结

汽车促销策略是连接汽车产品与消费者之间的桥梁，已经成为汽车企业营销策略中最重要的一方面。有效的汽车促销策略要正确运用和搭配人员促销、广告、销售促进和公共关系等多种促销方式，选择最佳的促销组合。

思考题

1．汽车促销组合主要包括哪些方式？简单概括一下各促销方式的特点。

2．人员促销策略对促销人员的素质要求有哪些？

3．你认为在目前的中国汽车市场，哪些销售促进的方法和工具对消费者最有吸引力？

4．列举现在汽车市场上汽车企业运用的汽车公共关系促销的常用工具。

实践训练

1．请学生介绍并评价一下他认为最精彩、给他印象最深的一则汽车广告，然后指定几种汽车产品，让学生为每一种汽车产品选择一位合适的代言人，并为该产品创作合适的广告语。

2．请学生收集某一段时间内汽车市场上比较有影响力的促销策略，并对其进行分析讨论。

第 10 章

汽车电子商务与网络营销

【本章重点】

- 电子商务的基本概念、特点、作用及其模式
- 网络营销的基本概念和基本流程
- 我国汽车电子商务及网络营销的应用情况和发展动向

【本章难点】

- 网络营销的商务模式
- 电子商务与网络营销的区别

随着网络的普及与发展，企业正借助网络开展各种电子商务和网络营销活动，汽车电子商务在我国目前逐步起航，多元化的汽车电子商务和网络营销已成为汽车企业立足及发展的重要砝码。中国已加入 WTO，外在的形势要求我国汽车市场与世界接轨，而汽车电子商务则是一个重要途径。进入汽车电子商务领域，企业拥有了同等参与竞争的机会。从这一意义上讲，大力发展汽车电子商务，开展网上营销，对于我国的汽车企业来说将起到事半功倍的作用。尽管国内大部分消费者购车前还只停留在先上网转一转、了解一些相关信息，但它表明，汽车电子商务和网络营销在我国已迈出重要的第一步。

10.1 汽车电子商务

10.1.1 电子商务概述

1. 电子商务概念

概括来讲，电子商务就是利用计算机和网络技术进行的商务活动。它的本质是商务，是传统商务在现代信息技术环境下的表现形式。电子商务包括两个方面：一是商务活动；二是电子化手段。目前，对电子商务概念的理解有广义和狭义两种。

广义的电子商务（E-business），是指利用不同形式的互联网络（Internet、Intranet、Extranet、LAN、WAN、EDI、有线和无线通信等）进行的各类商务活动，以及对整个商务活动实现电子化。这些商务活动既包括了企业外部的业务流程，如网络营销、电子支付等，又包括了企业内部的业务流程，如企业资源计划、管理信息系统、客户关系管理、供应链管理、人力资源管理、网上市场调研、战略管理及财务管理等。

狭义的电子商务又称电子贸易（E-commerce，EC）。仅指通过 Internet 进行的商业活动，是在 Internet 开放的网络环境下，基于浏览器/服务器应用方式，实现消费者的网上购物、商户之间的网上交易和在线电子支付的一种新型的商业运营模式。

从电子商务概念的构成要素看，它主要是由交易主体、电子市场、交易事务、物资流、资金流、信息流等基本要素构成。

交易主体：是指能够从事电子商务过程的客观对象。

电子市场：是指 EC 实体从事商品和服务交换的场所。

交易事务：是指 EC 实体之间所从事的具体的商务活动的内容。

物资流：是指商品和服务的配送和传输渠道。

资金流：是指资金的转移过程，包括付款、转账及兑换等过程。

信息流：既包括商品信息的提供、促销营销、技术支持和售后服务等，也包括诸如询价单、报价单、付款通知单和转账通知单等商业贸易单证，还包括交易方的支付能力、支付信誉和中介信誉等。

其中，信息流、资金流和物资流被称为电子商务的“三流”。物资流是资金流的前提和条件；资金流是物资流的依托和价值担保，并为适应物资流的变化而不断进行调整；信息流对资金流和物资流的运动起指导和控制作用，并为资金流和物资流活动提供决策和依据。

2. 电子商务的特点

电子商务与传统的商务活动方式相比，具有以下特点。

（1）交易虚拟化、透明化。电子商务是通过以 Internet 为代表的计算机网络所进行的贸易，贸易双方从贸易磋商、签订合同到支付等均通过计算机互联网络完成，无须当面进行，整个交易过程完全虚拟化。而且，买卖双方从交易的洽谈、签约到支付、交货等整个交易过程因为在网络上进行，使得通畅、快捷的信息传输可以保证各种信息之间互相对接，防止伪造信息的流通。

（2）消除时空差异。传统的商务是以固定不变的销售地点和固定不变的销售时间为特征的店铺式销售。Internet 上的销售通过信息库为特征的网上商店进行，销售空间随网络体系的延伸而延伸，已没有了空间和时间之分。因此，电子商务的销售相对于传统销售模式具有全新的时空优势，这种优势可以更大程度、更大范围地满足网上客户的消费需求。

（3）全方位展示产品及服务。电子商务的销售可以利用网上多媒体的性能（如精美的图片、逼真的声音和视频短片），全方位地展示产品及服务功能，从而有助于消费者完全认识商品或服务，然后选择是否购买。传统的销售在店铺中虽然可以把真实的商品展示给客户，但对一般客户而言，对所购商品的认识往往是很肤浅的，也无法了解商品的内在质量，容易被商品的外观、包装等外在因素所迷惑。从理论上来说，消费者的理性购买既提高了自己的消费效用，又节约了社会资源。

（4）密切客户关系，加深客户了解。由于电子商务的实时互动沟通，以及没有任何外界因素干扰，使消费者更易表达出对产品或服务的评价。一方面，网上的经销商可以通过客户的反馈更深入地了解其内在需求；另一方面，经销商们的即时互动式沟通也可以促进两方之间的密切关系。

（5）提高交易效率，降低交易费用。电子商务克服了传统交易方式费用高、易出错、处理速度慢等缺点，极大地缩短了交易时间，使整个交易相当快捷而且方便。由于 Internet 将贸易中的商业报文标准化，使商业报文能在世界各地瞬间完成传递与计算机自动处理，使得原料采购、产品生产、需求与销售、银行汇兑、保险、货物托运，以及申报等过程无须人员参与便可在最短的时间内完成。与传统销售相比，电子商务可以避开传统销售渠道中的许多中间环节，降低流通费用和交易费用，并加快信息流动的速度。

10.1.2　汽车电子商务的作用和模式

1. 汽车电子商务的作用

互联网是一个平台，它不仅是经销商提供展示产品和报价的窗口，同时也是消费者了解信息的平台。

汽车电子商务的作用可分为以下两方面。

一是对汽车经销商而言，信息技术的广泛应用和电子商务的发展可以为汽车企业降低采购、营销成本，减少库存，拓展销售渠道，提高服务效率提供可能，是汽车企业增强实力、融入经济全球化格局的必由之路。因此，利用网络不仅能展示产品，使产品具有“导购功能”，更主要的是达到宣传自己企业，获取相关信息，进行信息沟通和信息反馈的目的；对汽车经销商而言，电子商务已成为企业提供给消费者的服务，因此，开展汽车电子商务不但能提高汽车销售服务水平，也有利于提升汽车企业的形象。

二是对汽车消费者而言，他们中的大多数对汽车知识并不是真正地了解，汽车作为高档商品，消费者不可能仅凭感性认识就做出购车决定，通过汽车电子商务，他们可以通过网络这个窗口，了解汽车行情、市场变化情况及时尚车型、款式及价格等，可以足不出户便了解汽车产品的所有信息，为自己的购车做好完全的准备，省去了到每个销售点进行比较的麻烦。

2. 汽车电子商务模式

目前汽车电子商务的主要模式如下。

（1）网上车展。向汽车消费者提供汽车产品展示是汽车销售工作的第一步。网上车展通过汽车企业自己的网站或依托专业从事车展服务的网站来实现。网上车展具有信息量大、展示形式多样、展示费用低廉及交互性好等优点，越来越多的汽车企业采取了这种形式进行产品展示。

（2）汽车零部件网上采购。汽车产品的特点决定了汽车产品的生产牵涉到数量巨大的零部件，而零部件采购一直是汽车制造中投入大量人力、物力的环节。应用电子商务零部件网上采购，可以及时获得市场、用户对产品的需求信息，便于汽车企业分析汇总，做出科学的采购决策，处理订货信息和订单。

（3）汽车客户关系管理。服务在汽车行业中的地位越来越重要，汽车企业已经开始由生产型企业向服务型企业转变。因此，客户的管理成为汽车企业服务中最重要的内容。对于汽车企业来讲，通过规范的客户关系管理，可以实现共享整个体系的客户资源，提高整个汽车业供应链的服务质量。

（4）汽车专业信息服务。汽车电子商务网站向不同类型的消费者提供专业化的知识服务具有十分重要的意义。通过网络向客户提供全方位的产品和服务信息，如网上产品介绍、提供技术支持、查询订单处理等。同时，还可以减轻客户服务人员的工作量，使他们有更多的时间与客户进一步接触，开发更多的新客户。

（5）网上订购服务。汽车企业可以利用网站建立网络销售平台，鼓励客户直接在网上订购汽车配件、养护用品、工具、设备等，依托整个连锁体系开展对客户直接销售和配送业务，并通过互联网延伸客户服务。最大限度地满足客户的个性化消费需要，如客户通过网络销售，实现对车型、颜色、内饰等要求的单独订货。另外，汽车企业还可以通过客户实际需求信息，及时调整各经销店的货源配置，缩短客户收获时间。

尽管现在世界上还没有真正完全按照订单组织生产的企业，但这是今后汽车企业发展的方向，也是企业提高竞争力的必由之路。

案 例

进军网购 东风雪铁龙初尝甜头

2013 年被汽车行业称作“电商元年”，天猫商城借助往年打造的“双 11 购物节”美誉，成功联手 18 家车企举办首届“天猫汽车节”。作为汽车销售新渠道的探索，不少消费者对于汽车网购还是持观望之态，不过也不排除部分愿意吃螃蟹的消费群体。从活动后的反馈来看，汽车厂商初探网络营销多少都有收获，其中以东风雪铁龙的战果最为显著，累计销量 281 台，居所有车企之首。

其实在国外通用、宝马等车企同样也是试水网络销售，不过结合汽车产品的本身特性，一些保险、税费、售后等问题在现阶段远不是在汽车交易平台上就可以圆满解决的。因此，说网络销售的重要意义在于品牌推广倒是比较贴切的，从这层意义来看，参与天猫汽车节的车企应该是均有收获。

（6）汽车企业内部网络管理。企业内部管理信息系统（ERP）是汽车电子商务的重要组成部分，包括汽车配件的进销存管理系统、汽修业务管理系统、办公自动化等。业务范围涉及汽车总厂、分销中心、仓储配送中心、连锁店、维修厂及养护中心等多家机构和部门。通过内部网络化管理可以起到强化内部管理、规范经营管理模式等作用。如财务管理方面，电子商务可以使企业动态地掌握企业各环节的销售、库存情况，分析优化资金流，提高资金管理的效率和效益；在库存管理方面，形成汽车整个产业供应链的高效管理，以便实现原材料无库存、产品无库存的准时化生产，有效降低生产经营成本，并降低高库存带来的经营风险。

（7）汽车新产品协同设计。汽车新产品协同设计可以使汽车设计师、汽车工程师、供应商、制造商代表和客户通过互联网形成紧密的联系，既可以节约高额的通信费用和交通费用，又可以明显地缩短汽车开发设计时间，有助于提高汽车新产品的开发设计水平、质量和效率。

（8）物流运输的信息化管理。物流系统的电子商务对汽车业的发展也具有重要的作用。汽车产品体积大、重量大的特点，决定了物流运输在汽车业中占有极其重要的地位。传统的物流运输由于缺乏信息流的支持，导致效率低下，物流成本较高，严重影响汽车企业的经济效益。实施物流运输的电子商务解决方案，在分销中心与供货商、分销中心与连锁店、分销中心与客户、各分销中心，以及各连锁店之间构筑畅通的物流运输网络化通道，全方位统筹运输任务，提高运输效率，大幅度降低运输成本，并可以大大降低库存。

（9）汽车零部件电子商务交易平台。对于从事汽车零部件经营和生产的中小型企业，由于规模、资金和管理方面的实力相对较弱，适应市场的能力较低，受地域和自身条件限制，一般只能为数量有限的客户服务。电子商务可以帮助这些企业全面提升开拓市场的能力。通过网络减少了汽车零部件的生产和流通的中间环节，提高了流通效率，降低了流通成本，使汽车零部件产业的发展进入了一个全新的阶段。

案　例

易　车　网

（1）易车网简介。

易车网创办于 2000 年，秉承“让汽车生活更简单”的理念，现已成为国内最领先的汽车专业媒体集团。易车以北京为中心，在全国 40 多个城市建立了分公司和办事处，为汽车企业和用户提供立足区域市场的本地化服务支持。 易车网价值观是冠军车队文化：专业、合作、创新。如图 10.1 所示为易车网首页。

图 10.1　易车网首页

（2）网站内容、服务可用性对比，如图 10.2 所示。

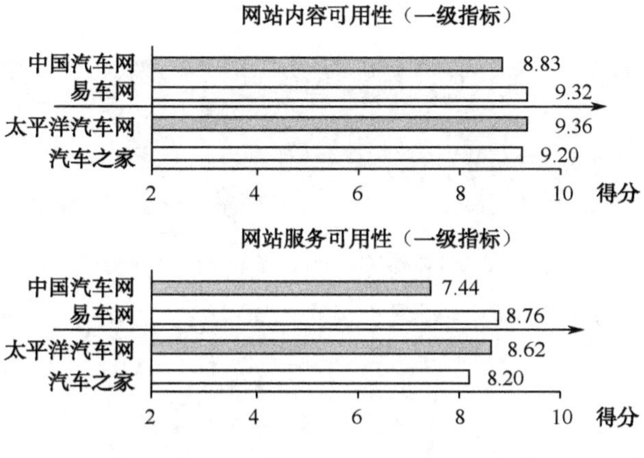

图 10.2　网站内容、服务可用性对比

（3）主要功能及服务，如图 10.3 所示。

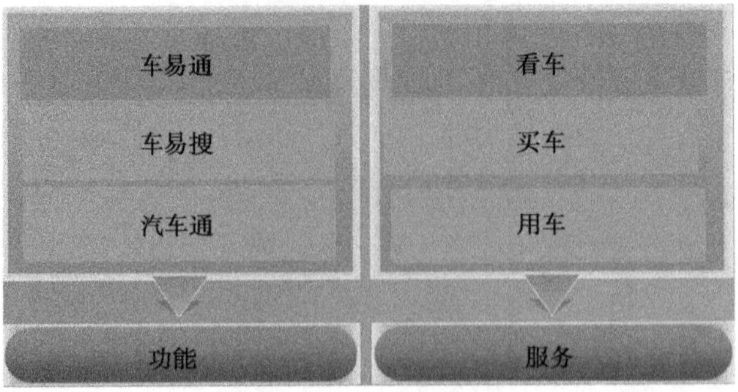

图 10.3　主要功能及服务

案例评析：

易车网之所以受到业界和网民的推崇及喜爱，究其原因主要表现在以下几方面。

（1）以专业的内容与服务，赢得尊重与信任。

（2）持续创新，为用户不断地带来超越期待的惊喜。

（3）覆盖全国的运营，立足区域市场的本地化服务。

（4）合作共赢的理念，与中国汽车行业共同成长。

案　例

吉利汽车入驻淘宝商城

吉利上淘宝商城卖汽车，并且一分钟就卖出了 300 辆，应该算继 2010 年 3 月吉利汽车 18 亿美金收购沃尔沃后，第二次爆出大新闻。2010 年 12 月 6 日，吉利汽车正式进驻淘宝商城开启旗舰店，成为淘宝商城上首家汽车销售企业。初期吉利采取网络 4S 店销售与线下 4S 店体验及售后服务相结合的方式进行网上销售。网购成为主流生活方式，作为大宗消费品的汽车行业也开始进入网购时代。如图 10.4 所示为吉利淘宝商城首页。

图 10.4　吉利淘宝商城首页

观望多年，随着吉利汽车迈出第一步，汽车行业终于进入了电子商务时代。相信会有越来越多的汽车企业加入网上销售行列。长远来看，跟其他行业正在发生的颠覆一样，传统的汽车销售模式将因为电子商务而发生颠覆性的变化！

案例分析：

根据中国互联网络信息中心发布的《中国互联网络发展状况统计报告》，截至 2010 年 6 月中国网民规模达到 4.2 亿，而淘宝网注册用户数已经达到 3 亿。所以，网购已成为人们的主流生活方式。随着网络支付手段的畅通以及信用机制的完善，网络购买大宗产品的门槛逐渐降低，汽车网上销售并非空谈。对于汽车企业来说，将 4S 店开到网上不仅可以减少构建成本和营销成本，而且能同时提高汽车企业对于市场的把握；对汽车经销商而言，可以减少店铺成本，拓宽营销平台和消费群体，提升品牌与车型的知名度和关注度，给消费者提供便利和更优质的增值服务。未来网销市场将和传统市场一样，两者将是一个大同的市场，相辅相成。网购汽车一方面体现出互联网平台对于品牌商的价值已经从营到销的延伸。虽然互联网媒体长期以来已经成为汽车厂商拼杀的前沿阵地，但是互联网的价值始终只是停留在营销推广方面。吉利汽车入驻淘宝商城并在短时间中取得这样的销售业绩，可作为互联网价值延伸的强有力信号。

案例思考：

根据以上的案例可以总结出要做好电子商务在汽车行业的应用企业还应该做到以下几点：

① 实施大型汽车制造集团的原材料 B2B 的电子商务采购；

② 大型汽车制造集团内部业务系统的建设与集成——ERP 准备阶段；

③ 做好零部件供应模式的变革及企业 ERP 系统的扩展；

④ 形成汽车集团公司战略同盟，采购平台应用范围扩展到汽车集团公司战略同盟范围；

⑤ 销售管理的纵向扩展；

⑥ 形成客户关系管理 CRM 系统。

当今时代，网络已渗透到政治、经济和社会文化的各个领域，进入人们的日常生活中，并带来社会经济和人类生活方式的重大变革。近几年网络用户数量的激增为网络营销的发展奠定了基础。美国《财富》杂志统计的全球前 500 家企业有超过 80%的已经在网上开展营销业务，每年在互联网上做广告的费用已增至几十亿美元。根据美国国际电信联盟和国际数据公司统计，全球互联网上的交易额 2000 年突破 2230 亿美元，2010 年全球网络购物交易额超过 8000 亿美元，预计 2014 年底全球网络购物交易额将超过 10000 亿美元。

根据中国互联网络信息中心发布的《第 27 次中国互联网络发展状况统计报告》显示，截至 2010 年 12 月底，中国网民规模达到 4.57 亿人。艾瑞咨询联合总裁邹蕾表示，2010 年中国网络购物用户规模已达到 1.48 亿人，占中国互联网网民比例近 1/3，也即三个中国网民中就有一个参与网络购物。易观智库数据显示，2011 年，中国网络广告市场规模达到 492.5 亿元人民币，较 2010 年增长 78.4%网络营销正以超乎人们想象的速度狂奔，并且在市场实战中显现出以小博大的功效。随着网络的发展和网络用户数量的增加，网络提供的营销平台正朝着多元化方向发展。

汽车产业作为国民经济的支柱产业，已跨入了网络化时代。越来越多的汽车企业意识到网络对于汽车营销的重要作用，纷纷投资发展这一科技制高点，并视为未来营销竞争优势的主要途径。

10.2 汽车网络营销

10.2.1 网络营销的含义

1. 网络营销的概念

网络营销又称电子营销，是指以互联网为营销环境，传递营销信息，沟通消费者需求的信息化营销过程。随着汽车市场的发展，市场营销组合由“4P”（产品、价格、渠道和促销）转向了“4C”（客户、成本、方便和沟通），营销中心由“销售已有产品”转变为“满足客户需求”，应该说，真正能实现“以客户需求为中心”的现代营销方式就是网络营销。

2. 网络营销的特点

（1）营销成本低。传统的营销方式往往要花费大量的经费用于产品目录、说明书、包装、储存和运输上，并设专门人员负责向客户寄送各种相关数据。而运用网络营销后，企业只需将产品的信息输入计算机系统并上网，就可以让客户自己查询，无须再设专人寄送数据，电子版本的产品目录、说明书等不必再进行印刷、包装、储存和运输，这样就大大地节约了营销费用，降低了营销成本。

（2）营销环节少。在网络营销中，营销数据不必再求助于出版商，企业可以直接安排有关数据上网，供客户查询，潜在的客户也不必再等企业的营销人员打电话告知他们所要查询的信息，可以自己在计算机上查找。网络营销的运用使企业的营销进程加快，信息传播更快，电子版本的产品目录、说明书等随时可以更新。网络营销可以使商品信息发布、收款至售后服务一气呵成，大大减少了营销环节。

（3）营销方式新颖。网络营销中，消费者在购买商品的同时，可以自行控制购买过程。网络营销是一对一的、理性的，由消费者主导的、非强迫性的、循序渐进的营销过程。现在的客户需求多种多样，他们在购买产品时，希望能够掌握更多的有关产品的信息，得到更好的售后服务。有的营销者运用多媒体展示技术和虚拟现实技术，使得客户可以坐在家中就能了解最新产品和最新价格，选择各种商品，做出购买决策，自行决定运输方式，自行下订单，从而获得最大的消费满足。

（4）营销国际性。经济一体化和全球化是经济发展的趋势，网络营销有助于企业进军国际市场。网络已经形成了一个全球体系，企业运用网络进行营销，能够不受时间和空间的限制，随时随地地提供全球性的营销服务，使国外的客户与本企业在网上达成交易，实现全球营销。

（5）营销全天候性。网络营销可以一直进行，没有时间限制。企业的营销信息上网后，电子“信息服务员”就可以一直进行工作，一天24小时，一年365天不间断地工作。

10.2.2 网络营销的基本模式

按照交易对象分类，网络营销可以分为以下四类营销模式。

1. 企业—企业模式

企业—企业模式（Business to Business，B2B）的网络营销是指企业与企业之间进行的网络营销活动。企业是网络营销最有力的推动者，并且将是网络营销中的主导者。

在 Internet 出现之前，企业—企业的网络营销主要是通过 EDI 方式进行。所谓 EDI，就是按照商定的协议，将商业文件标准化和格式化，并通过计算机网络，在贸易伙伴的计算机网络系统之间进行数据交换和自动处理。EDI 的应用范围很广，主要内容包括贸易中供应商与客户的文件交换、运输文件交换、保管、订货、零售分配中心、电子竞争等。它的主要用户有进出口公司、运输公司、银行、制造商、供应链、跨国公司和大中型企业等。互联网出现后，可以以 Internet 作为互联手段，同 EDI 技术结合，为企业间进行网络营销提供更廉价的服务环境。

2. 企业—消费者模式

企业—消费者模式（Business to Customer，B2C）的网络营销是指企业为满足消费者的个性化需求而进行的网络营销活动。随着 Internet 的发展，全球网民急剧增多，促使这种网络营销模式快速发展。由于 Internet 提供了快速、便捷的搜索浏览功能和多媒体界面，使得消费者很容易查找和深入了解所关心的商品。因此，企业—消费者模式的网络营销具有很大的发展潜力，是今后网络营销发展的主要动力。

3. 企业—政府模式

企业—政府模式（Business to Government，B2G）的网络营销是指企业与政府机构之间进行的网络营销活动。政府与企业之间的各项事务都可以涵盖在此模式中，包括政府采购、税收、商检和管理条例的发布等。如政府的采购清单可以通过 Internet 发布，企业可以以电子信息的方式回应。在此模式的网络营销中，政府扮演了双重角色：既是通过网络进行电子商务的使用者，进行购买互动，属商业行为；又是通过网络进行电子商务的宏观管理者，对企业进行电子商务活动起着扶持和规范的作用。

4. 消费者—政府模式

消费者—政府模式（Customer to Government，C2C）的网络营销是指政府与个人之间的网络营销活动。例如，政府福利基金的发放及个人报税等。这种网络营销模式目前还没有真正形成，但随着企业—消费者和企业—政府网络营销模式的反战，各国政府将会对个人实施更为完善、便利的电子方式的服务活动。

10.2.3 电子商务与网络营销的区别

需要指出的是，人们往往将电子商务与网络营销混为一谈，这是不正确的。电子商务与网络营销是一对紧密相关又具有明显区别的两个概念。两者的主要区别如下。

1. 两者的研究范围不同

电子商务的核心是电子化交易，在营销方面仅仅是把信息传递给客户，利用网络为现有客户提供服务，电子商务还必须解决与之相关的法律、安全、技术、认证、支付和配送等问题；网络营销对此方面的要求不是很高，它注重的是以互联网为主要手段的营销活动，基本上不牵扯订单的提交，发生在电子交易过程中的网上支付和交易之后的商品配送等问题也不是网络营销所包含的内容。同样，电子商务中所涉及的安全、法律等问题也不包含在网络营销中。

网络营销活动不可能脱离一般营销环境而独立存在，网络营销也不等于网上销售和电子商务。企业建一个普通网站就认为是开展电子商务，或是将网上销售看作网络营销等都是不正确的。

2. 两者的关注重点不同

网络营销的重点在交易前的宣传和推广，电子商务的标志之一则是实现了电子化交易。网络营销是企业整体营销战略的一个组成部分，无论传统企业还是基于互联网开展业务的企业，无论是否有电子化交易的发生，都需要网络营销。但网络营销本身并不是一个完整的商业交易过程，而是为促成交易提供支持。因此，网络营销是电子商务的一个重要环节，尤其是在交易发生前，网络营销发挥着主要的信息传递作用。从这种意义上说，电子商务可以被看作网络营销的高级阶段，一个企业在没有完全开展电子商务之前，同样可以开展不同层次的网络营销活动。

电子商务与网络营销实际上又是密切联系的。网络营销是电子商务的组成部分，开展网络营销并不等于一定实现了电子商务（指实现网上交易），但实现电子商务一定是以开展网络营销为前提，网上销售被认为是网络营销的职能之一。

案　例

汽车网络营销的“Dell”之梦

目前汽车消费者的个性化需求越来越明显，个性化、小批量、柔性化的“量体裁衣”式生产正在成为现实。厂家必须和用户进行交互式的信息沟通，而这种个性化需求信息交互的实现，只有网络可以提供。

走一条汽车的“Dell”之路，这也许可以作为当前汽车网络营销最终实现的途径。

消费者可以在线订购一辆汽车，网络可以将订单送往工厂，再送到零部件供应商处，他们提供组装这种汽车所需的零部件，像买 Dell 笔记本电脑那样买一辆自己配置的汽车，自己来选择功能、款式、容量甚至 ABS 系统、安全气囊、助力转向、自动门窗等。

然而这一切的各种障碍不仅仅是技术上的。虽然汽车制造商正在高谈阔论他们要实现业务的全面转型，向 Dell 公司靠拢。然而如今的汽车工业距离这种“基于订单生产”的理想尚很遥远，尽管有关使用互联网可以使消费者在数天内就收到由其亲手配置的汽车，从而节省下数十亿美元的说法甚多，但许多新车经销商仍认为，最好的办法还是让新车安静地停在水泥地面上，等待客户亲临现场选购。不管新车是否卖得很快，汽车生产商只要将车送到经销商手中就能得到钱款。

10.3 我国汽车电子商务与网络营销

10.3.1 我国汽车电子商务与网络营销的发展现状

在我国的汽车市场上，不论是政府、网站还是汽车制造商、经销商和供应商，都对汽车电子商务给予了极大的关注，逐步形成了汽车电子商务良好而有序的发展环境。像大型企业利用自己的电子商务平台开展业务一样，中小企业也正利用第三方电子商务网站开展业务。

1．汽车网站日益增多

目前国内各大汽车企业如一汽、东风、上海大众等都建有自己的独立网站，基本上都具有了 ERP 管理系统和采购系统。随着汽车经济的发展，互联网上还出现了许多专门为汽车交易提供相关配套服务的网站，它们应用 B2B 或 B2C 电子商务模式，通过商务信息、市场推广、辅助交易和金融服务等方面，尽可能为消费者提供功能完善的个性化服务，为国内外汽车企业和广大汽车爱好者提供网上、网下紧密结合的专业信息平台。以下是几家提供汽车服务的网站。

中国汽车网：http://mall.chinacars.com

慧聪汽车在线：http://www.auto.hc360.com

中国汽车新网：http://www.qiche.com.cn

中国汽车交易网：http://www.auto18.com

案　例

案例 1

新浪网与北京亚非汽车连锁店共同拓展网上汽车销售和租赁（http://auto.sina.com.cn）业务，网站与网上浏览者直接接触，为其制订或推荐购车计划（包括分期付款计划）、办理相关手续并负责把车交给车主。

案例 2

北京阳光第一车网科技有限公司（http://www.iautos.com.cn）就是根据国际汽车电子商务交易体系的理念和经验，于 2005 年底推出“i 车卡”会员服务。它是国内第一家集新车购买、维修检测、保养快修、配件工具、汽车保险及驾校、代驾、陪练、救援等于一身的综合服务。

2．汽车电子商务正处于积极探索阶段

我国汽车企业在信息化发展基础和电子商务发展经验等方面与国外主要汽车制造商相比有些落后，在发展中遇到的问题也比较多。因此，我国的汽车电子商务正处于积极探索阶段。

3．汽车企业电子商务发展不平衡

在我国，一些实力规模比较强大的汽车制造商在电子商务发展方面已见成效，如一汽、上汽在网络营销等方面已经走在了国内汽车电子商务的前列；由国际著名汽车制造商在我国投资建立的汽车制造公司在电子商务方面基本做到了与国际同步，如上海通用的具有网上售车功能的“百车通”网站。但还有一些中小型企业因为其自身原因，还不能很好地应用电子商务。

10.3.2　我国汽车电子商务与网络营销存在的问题

1．对汽车电子商务的认识还不够深刻

我国的汽车企业无论是在以往推进信息化建设的过程中，还是在向电子商务努力的过程

中，往往对计算机、网络系统和应用软件等技术平台重视有余，而对革新企业管理思想和观念、推进先进的管理方式等深层次工作还不足，使汽车电子商务难以发挥作用。

2．汽车企业管理落后在一定程度上影响了汽车电子商务的发展

我国大多数汽车企业的管理水平相比国外还有很大差距，采购、生产和销售还相对独立的手工操作，难以适应电子商务各环节高效、协调、统一和即时的要求。

3．汽车电子商务的标准问题还没有得到很好的解决

缺乏行业标准或行业标准不统一将使高质量的汽车电子商务受到致命的限制。要保证信息及电子商务系统的可靠安全运行，研究适用于我国汽车行业的信息化发展，必须尽快出台汽车行业信息化及电子商务设计的各种技术规范、标准、测试和监测方法。

4．网络安全问题不容忽视

目前还没有一个完整的法律规范制约网上交易和网上支付，虽然最近制约电子商务发展的支付系统在不断完善，银行卡、在线支付等已经在大部分银行实现，但是从技术和方便易用性上讲，它还存在许多弊端和漏洞，还有待进一步完善。

5．消费者的观念有待进一步提高

要开展 B2C 的汽车电子商务交易，就必须要考虑消费者的观念问题。由于汽车消费在消费者的投资中占有较高的比重，许多消费者仍相信眼见为实，谨慎投资，仍希望购买汽车前亲自接触产品。亲身体会仍是众多购车者的首选购车方式。调查资料表明，经常光顾汽车网站的网民中，真正愿意体验网上购车者不到 5%。因此，要发展汽车电子商务，必须要转变消费者的消费观念。

10.3.3 我国汽车电子商务与网络营销的发展障碍

1．费用

上网费用高居不下，是我国推广电子商务的首要障碍。这个费用不仅包括软件、设备，还包括专线。较高的费用水平，制约了中小型企业的网络发展，而这些中小型企业不上网，产品的销售和渠道的管理就无法通过网络来实现。

2．硬件

无论是国际还是国内的互联网，其基本建设还都存在着稳定性、安全性、线路的宽窄和畅通与否及数据传输速度等问题，同时还有人员水平的不足、信息管理与分析能力的缺乏及经济的、技术的各种因素的制约，这些都直接影响了汽车电子商务的发展。

3．速度

（1）上网速度。虽然上网费用比较贵，但网络的速度却不尽如人意。

（2）应用开发的速度。电子商务需要相关的软件系统，然而开发研究这样的系统需要专业人才。我国开发软件的 IT 人才的缺乏及频繁流动，使软件开发速度也有待于提高。

4. 人才

网络人才近几年被炒得身价倍增。网络技术的迅速发展与应用造就了 IT 人才的高需求，对于汽车这样一个盈利有限的传统行业来说，很难负担优秀 IT 人才的昂贵费用。没有经济条件、优越的环境及时间培养这样的人才（还要考虑培养成功后的跳槽现象），成为制约汽车厂商推行电子商务的一大障碍。

5. 安全

泄密是企业担心的大问题。建立网络意味着缔造了一个信息交换平台，加上网络技术的不完善，很多企业对此顾虑重重。

6. 金融体系的信息化水平

电子商务需要支付与结算的手段。目前我国金融服务的水平和电子化程度不是很高，网上支付问题在很大程度上限制了电子商务的发展。

7. 市场机制

不规范的市场条件、不完善的工商管理体系及不正当的竞争手段等，都是阻碍电子商务发展的问题。

8. 观念

企业领导者对电子商务的认知程度是企业能否完善电子商务系统的关键。

案　例

smart 搭乘淘宝网购快车

2009 年网购市场的规模超过 2000 亿元。而来自艾瑞咨询发布的数据显示，2010 年 2 月以来，电子商务大类中的 B2C 商城服务日均覆盖人数持续增长。截至 8 月底，B2C 商城日均覆盖人数达到 1407.4 万人，累计增长 100.9%。市场规模的急剧暴增培养了一大批忠实熟练的消费者，消费者的成熟则对网购提出了更加多样化需求，从而使 B2C 行业迎来了新的发展契机。

2010 年伊始，团购网站风生水起，团购在消费者生活中无孔不入。沙发可以团购，衣服可以团购，零食可以团购……不过，听说过汽车也能从网上团购吗？不久前，淘宝聚划算团购平台就上演了一场汽车团购秀，这次团购的主角就是“全球最小汽车”——奔驰 smart。

原价 17.6 万，现在以 13.5 万的价格，就能买到奔驰 smart 硬顶 style 系列，这样极具诱惑力的价格，让消费者体验到团购的力量。

9 月 9 日上午 10 点，淘宝聚划算上的奔驰团购如期开团，在众多网友的关注下，出售件数直线攀升，24 秒售出第一辆，3 分钟售出 39 辆，37 分钟 99 辆，1 个小时 116 辆，2 个小时 143 辆……3 个小时 28 分的时候，最后一辆奔驰车被买家拍走。淘宝聚划算强大的销售力显然也出乎奔驰的意料之外。原本计划持续 21 天的团购活动，竟然 3 个多小时就销售一空。

对于此次合作，奔驰(中国)方面表示，“淘宝网有广泛的知名度和庞大的年轻时尚的客户群体，而奔驰 smart 是都市潮流的引领者、创意生活的代言，smart 希望通过搭乘淘宝网购的快车，以最 In 的方式走入车迷生活。奔驰与淘宝共同开创别具一格的汽车销售方式。”

艾瑞咨询分析师苏会燕则指出，淘宝拥有好几亿的用户数，对于厂商而言，聚划算平台的价值不仅是简单的团购平台，更是自我展示的最佳营销平台。这次团购活动也给汽车、奢侈品等等高端品牌的线上营销提供了很好的思路和范例。

本章小结

本章重点介绍了汽车电子商务的概念、特点、作用和模式，介绍了网络营销的概念、特点和模式，并介绍了两者的不同，应重点掌握；另外，本章还介绍了我国汽车电子商务与网络营销的大体发展情况，以及存在的一些问题。

思考题

1．什么是电子商务和网络营销？

2．简述电子商务和网络营销的不同。

3．简述网络营销的基本模式。

4．结合我国汽车市场发展状况，试论述我国汽车电子商务与网络营销的发展趋势。

实践训练

1．收集一些比较成功的网络营销案例，组织学生对其进行分组讨论，然后给出一指定汽车产品，让学生结合产品信息及汽车网络营销的特点，给该产品指定一个网络营销方案。

2．指导学生到某一网站进行一次网上购物，通过亲身参与网络购物，加深对汽车电子商务的了解。

第 11 章

汽车销售实务

【本章重点】

- 汽车销售人员的基本要求
- 需求分析的方法
- 产品介绍的方法及技巧
- 异议处理的方法及技巧
- 报价及成交的方法

【本章难点】

- 选择合适的方法对客户进行需求分析
- 对客户进行有针对性的产品介绍

汽车销售不仅仅是把车卖出去，它在满足客户需求的同时，还要达到销售的目的，既要让不同层次的客户满意，又要为公司赢得利润。汽车销售业绩直接决定着汽车企业的成败。汽车市场竞争激烈，汽车销售人员不规范的销售行为，无法获得客户的满意，会导致销售业绩不佳和客户流失。因此，制定规范的汽车销售流程，提高汽车销售人员的岗位技能，成为当今各汽车企业追求的目标。

11.1 汽车销售人员的基本要求

11.1.1 汽车销售人员的职责

汽车销售人员是联系汽车企业和汽车市场的纽带。对于一名现代的汽车销售人员，需要完成的工作已不仅仅是销售汽车产品，为了能更好地适应现代的汽车市场，成为一名合格的汽车销售人员，还需要承担更多的工作责任。

汽车销售人员的职责是指作为汽车销售人员必须完成的工作和承担的相应责任。汽车销售人员是汽车产品营销活动的主体，是汽车企业与客户联系的桥梁和纽带，他既要对企业负责，又要对客户负责。因此，汽车销售人员要承担的职业责任不仅仅是来源于汽车企业，还有来源于客户的方面。

1. 收集信息

汽车销售人员是联系汽车企业和汽车市场、汽车企业和客户的桥梁与纽带，容易获取多方面的信息，譬如说汽车产品的最新需求动态、竞争者状况及客户对汽车产品或汽车企业的评价意见等。这些信息可以为企业制定正确的营销策略提供可靠的依据，而且有助于销售人员提高自身的业务能力。因此，及时地获取与反馈这些信息是汽车销售人员的一项重要职责。汽车销售人员要自觉地充当汽车企业的信息收集员，深入到市场与客户之中，有意识地了解、收集市场信息。

通常，汽车企业要求汽车销售人员收集、总结的信息主要包括：①市场供求关系的现状及其变化趋势；②消费者特征、消费结构方面的情况；③客户需求的现状及变化趋势；④客户对产品的具体意见和要求；⑤客户对企业销售政策、售后服务等的反映；⑥同类产品的竞争状况。

2．协调关系

建立、维持、发展业务关系和人际关系，可以获得更多的销售机会。汽车销售人员运用各种管理手段和人际交往手段，建立、维护和发展与潜在客户及老客户之间的业务关系和人际关系，以便获得更多的销售机会，扩大汽车企业产品的市场份额，这也是汽车销售人员的重要职责。

汽车销售人员将产品销售出去，并不是营销工作的结束。客户在使用产品过程中，对产品会有一定的评价。这些评价会直接关系到汽车企业及产品的声誉，对老客户的再购买行为和新客户的购买行为产生极为重要的影响。销售成功后，能否保持和重视与客户的联系，是关系营销活动能否持续发展的关键。因此，汽车销售人员必须与客户建立一种长期的、友好的关系。巩固老客户，并通过与老客户的良好关系发展新客户。

3．销售商品

销售商品是指汽车销售人员将企业生产出来的商品，从生产者手中转移到消费者手中，满足消费者的需要，为企业再生产创造条件。这是汽车销售人员最基本的职责，也是销售工作的核心环节。

4．提供服务

商品销售活动本身就是为客户提供服务的过程。“一切以服务为宗旨”，是现代销售活动的出发点和立足点。在现代汽车市场上，缺乏服务的产品只是半成品。汽车销售人员不仅要为客户提供满意的商品，更重要的是为客户提供各种周到和完善的服务。未来企业的竞争日趋集中在非价格因素上，非价格竞争的主要内容就是服务。在市场竞争日益激烈的情况下，服务往往成为能否完成销售目标的关键因素。

汽车销售人员所提供的服务主要包括售前、售中和售后的服务。

（1）售前服务。其是指在正式销售工作之前为潜在客户所提供的服务。只有做好销售前的服务工作，销售才有成功的可能性。销售前的服务工作是指在商品未售出之前进行的一系列准备工作，它主要包括：调查了解客户的需要情况，为客户提供必要的产品样本和使用说明书，为客户的购买提供必要的咨询服务等。售前服务是成功推销的前提，是达成交易的基础。

（2）售中服务。其是指在销售商品的过程中，由公司或销售人员为客户所提供的服务，主要为客户在购买商品和运输方面提供方便条件。它主要包括：为客户提供运输、保管、装卸，以及融资、保险、运输等方面的帮助。售中服务是营销成功的关键，尤其是在产品差异和价格差别不大的情况下，客户会选择那些能提供额外服务的汽车企业产品。

（3）售后服务。其是指汽车作为商品被销售出去以后，由制造商、销售商、维修商和配件商等服务商为客户及其拥有的汽车提供全过程、全方位的服务。它主要包括：汽车金融服务、汽车维修服务、汽车保险服务、汽车配件服务、汽车美容装饰服务、旧车交易服务，以及汽车租赁、汽车停车、汽车信息等服务。任何客户在购买商品后，在使用商品的过程中都会对购买行为进行总结，对汽车企业及产品做出评价，这种总结和评价会对汽车产品以后的营销产生很大的影响。因此，只有搞好售后服务，消除客户的不满意，强化客户的满意，才能提高推销的知名度和美誉度，不断稳固老客户，开发新客户。

5．建立形象

汽车销售人员通过销售过程中的个人行为，使客户对企业产生信赖和好感，并促使这种信赖和好感向市场扩散，从而为企业赢得广泛的声誉，建立良好的形象。可以说，汽车销售人员的行为完全代表着企业的行为。汽车销售人员形象的好坏，直接关系到客户的购买行为。良好的形象不仅是营销成功的关键，更是企业成功的关键。

案　例

江铃汽车销售员岗位职责

1. 工作内容

（1）在指定的区域内进行用户走访，汽车销售业务。

（2）在指定的区域内掌握江铃品牌车的市场行情及动态。

（3）做好市场调查和预测工作，有计划地开拓经营区域和市场。

（4）严格执行江铃汽车销售的政策和价格。

（5）了解用户的意见和要求，及时反馈工作信息。

（6）每月写出工作总结，报告销售经理。

（7）接受公司指派的其他业务任务。

2. 责任与权限

（1）对违反区域销售负责。

（2）对违反价格销售负责。

（3）对公司指定其保管的重要资料安全负责。

（4）有权制止其辖区内违反江铃政策的行为。

11.1.2　汽车销售人员的能力

作为一名合格的汽车销售人员，除了要具备岗位要求的各项素质外，还应该有一定的能力要求。

1．观察能力

汽车销售人员必须具备敏锐的观察能力，这是汽车销售人员深入了解客户心理活动和准确判断客户特征的必要前提。没有敏锐的观察能力，就不可能使用有效的销售技巧。客户为了从交易过程中获得尽可能多的利益，往往掩盖自己的某些真实意图。客户的每一个行动背后，总有其特定的动机和目的；客户在交易过程中也会或多或少地使用各种购买技巧。只有具备敏锐的观察能力，才能透过表象，看到问题的实质。对于汽车销售人员来讲，只有具备敏锐的观察能力，才能更好地了解销售环境，更多更好地寻找客户，掌握购买者的行为特征，进而开展有效的销售活动。

2. 记忆能力

记忆能力是指对经历过的事物能记住，并在需要时回忆起来的能力。汽车销售人员的工作繁杂，需要记住的东西很多，如客户的姓名、职务、单位、电话、兴趣爱好；商品的性能、特点、价格、使用方法；对客户的许诺、交易条件、洽谈时间、地点；交通工具、车船时刻等。如果汽车销售人员在客户面前表现出记忆不佳，客户会对他产生不信任感。这无疑会为销售工作设置障碍，影响工作效率。

记忆能力的好坏固然与天赋有很大关系，但更重要的是后天的训练。能否取得充分的记忆效果，很大程度上取决于记忆技巧和不断地自我训练。只要持之以恒、坚持不懈地训练，是能够提高记忆力的。

3. 思维能力

思维是人的理性认识活动，就是在表象、概念的基础上进行综合分析、判断、推理等认识活动过程。汽车销售人员应具有的思维品质包括：思维的全面性，能从不同角度看问题，即立体思维、多路思维；思维的深刻性，站得高，看得远，能看透问题的本质；思维的批判性，不盲从，敢于坚持真理；思维的独立性，能独立思考，不受干扰，不依赖现成的答案；思维的敏捷性，反应快，遇事当机立断；思维的逻辑性，考虑问题条理清楚，层次分明。

4. 交往能力

交往能力是指人们为了某种目的而运用语言或者非语言方式相互交换信息，实行人际交往的能力。汽车销售人员在工作中要与各种各样的人打交道，有效的交往，会密切自己与客户的关系，增加获得信息的渠道，提高销售效率。

交往能力不是天生的，是在销售实践中逐步培养的。要培养高超的交往能力，汽车销售人员必须努力拓宽自己的知识面，做到天文地理、文韬武略都懂得一点；同时，要掌握必要的社交礼仪、礼节常识，如日常交往时、聚会时的礼貌、礼节等；汽车销售人员还应敢于交往，主动与人交往，不要封闭自己，应利用各种机会提高自己的社交能力。

5. 劝说能力

劝说是销售工作的核心。汽车销售人员应有良好的劝说能力，劝说能力的强弱是衡量汽车销售人员水平高低的一个重要标准。汽车销售人员要说服别人、说服客户，不仅需要有较好的说话艺术，更重要的是要掌握正确的原则。其中最重要的原则就是“抓住客户的切身利益，展开劝说工作”。也就是说，在销售商品的过程中，要重视对客户切身利益的考虑，而不要把说服的重点放在夸耀自己的产品上。

6. 演示能力

在销售过程中，汽车销售人员要使客户对所销售的产品感兴趣，就必须使他们清楚地认识到购买这种产品以后，会得到什么好处。因此，汽车销售人员不仅要在洽谈中向客户介绍产品的具体优点，同时，还必须向客户证明产品确实具有这些优点。产品演示是向客户证明产品优点的极好方法。熟练地演示所销售的产品，能够吸引客户的注意力，使他们对产品直接产生兴趣，这是一种“活广告”。如果可能，应尽一切努力做好演示工作。如果所销售的产品是不能随身携带的，汽车销售人员可以借助宣传材料、目录或其他工具，向客户宣传介绍所销售的产品。越来越多的产品信息，无法用语言准确地传递，而必须借助于产品演示，如果用语言准确地表述，专业性太强，汽车销售人员不一定能说清楚，客户也难以理解，产品演示就会使这个介绍过程既准确又明了。产品演示是一项专业销售技术，要求汽车销售人员必须掌握要点，形成自己独特的技巧。

7．核算能力

利用科学的方法和手段对销售工作绩效及销售计划执行情况进行必要的核算评估，是销售技术的重要组成部分。汽车销售人员必须有良好的核算能力。这是汽车销售人员提高工作效率的重要手段。通过核算，分析销售工作及业务的效果，并从中探索规律，总结经验教训，为进一步改进和制订新的销售计划做出科学决策。销售核算的内容很多，主要包括销售核算、利润核算及劳务核算等。

此外，销售工作还可以通过其他多种数量标准进行评估，如每日拜访次数、订车量、成交量、销售与拜访次数比、毛利、巡回时间等，这些数量标准都可以定量表示，很容易进行比较。

8．应变能力

应变能力是指在遇到意想不到的情况时，能使自己在不利的形势下扭转局势，或在遇到突发事件时能处乱不惊，以自己的果断和果敢挽救可能出现或已出现的失误。这要求汽车销售人员应有灵活的头脑，能冷静、果断地处理问题。在销售活动中，销售方法必须随客户的改变而改变，没有一种方法对任何客户都是绝对有效的。销售的商品也不是一成不变的，企业的发展必然使经营范围不断扩大，需求的变化也导致产品的更新换代，销售应该不断地适应这些变化。每次销售活动总是受各种因素的影响，如客户态度和要求的变化，竞争者的加入，企业销售政策的更改，对方谈判人员及方式的更换等，这些变化往往会使销售进程中出现意想不到的曲折，汽车销售人员对此必须采取灵活的应变措施，才能确保达到预定的目标。

11.1.3　汽车销售人员的素质

要想成为一名合格的汽车销售人员，必须具备与工作岗位相符的素质。它包括思想、心理、身体及知识等多方面的要求。

汽车销售人员的素质，是指汽车销售人员胜任营销工作的综合能力。汽车销售人员之间业绩的差距，主要是由其自身素质条件的差异决定的。具有了优秀的素质，才有可能拥有优秀的成绩。

1．思想素质

（1）具备现代的营销观念。营销观念是指汽车销售人员对营销活动的基本看法和在营销实践中遵循的指导思想。在营销活动中，汽车销售人员要摒弃“以企业为中心”的传统营销观念，树立和坚持“以客户为中心”的现代营销观念。

（2）热爱本职工作，有强烈的事业心。热情是汽车营销员最重要的品德之一，是成功的动力。强烈的事业心是成功的首要条件，它包括对工作满怀热情，富有进取心，为企业和客户的利益着想，有积极的人生态度和创业敬业精神。

一位专家说过：“所有优秀的营销员都有一个共同点——有成为杰出人士的无尽动力！”

日本企业界曾经做过调查，得出结论：成绩差的汽车销售人员都是因为不爱自己的职业，或不爱自己的企业，或不爱自己营销的产品，总之都是因为缺乏内在动力而造成的；成绩好的营销员都有一个共同点，即爱企业、爱工作、爱营销的产品。

一个优秀汽车销售人员应对自己的营销事业具有自豪感。这种自豪感源于严肃认真的责任感和充分发挥才能的强烈愿望，没有这种自豪感和事业心，就很难成为一个优秀的汽车销售人员。

2. 知识素质

俗话说："不怕口袋空空，就怕脑袋空空"。为此，汽车销售人员要具备丰富的专业知识。当然，这里所说的专业知识并不是仅仅指的与汽车相关的知识，它还包括企业知识、产品知识、市场知识、客户知识等多方面的内容。

（1）企业知识。作为汽车销售人员应熟悉所在企业的多方面情况，譬如说企业发展历史、企业的规模和生产能力、经营方针、企业的组织结构和领导层、企业的管理制度和企业文化等。

（2）产品知识。汽车产品是一种特殊的商品，其价格昂贵，技术含量较高，而且在使用过程中，还需要不断地投入费用以保证正常使用，随着使用时间的加长，汽车的价值发生贬损。因此，客户在购买汽车产品时，都是非常谨慎的，考虑因素较多，购买周期可能要比其他普通商品长。

汽车销售人员应了解汽车产品的基本构造和原理、规格、技术性能、维修保养知识、产品为消费者带来的价值、产品的品牌价值、性价比、产品的服务特征、产品的特殊优势（卖点）等。

（3）市场知识。主要包括以下内容。

① 客户信息。包括客户特征、经济状况、购物习惯，对商标、品牌、商店的偏好，对新产品的反应等。

② 市场供求信息。包括现有市场需求量、销售量、供求平衡状况；同行业竞争者在市场中的地位、作用及优劣势比较；国内外市场需求的变化发展趋势等。

③ 商品经营效果信息。包括包装的改变、价格的改变、销售渠道的变化等。

④ 同行业竞争对手的信息。包括对手的销售价格及竞争产品的更新状况；分销渠道及网点设置；竞争对手促销手法的变化；竞争对手目标市场及市场占有率的变化等。

（4）客户知识。了解客户的特点、兴趣爱好、职业、工作性质、购买动机、购买习惯、购买条件、购买决策等。

此外，与专业知识相关的还有法律方面的知识、财会方面的知识、人际关系方面的知识、经济地理方面的知识、市场情报学方面的知识等。

3. 心理素质

（1）健全的性格。作为一名优秀的汽车销售人员，其工作表现一般为待人热情、诚实可信、态度和蔼、性格外向、言辞流利、举止适当等。因此，汽车销售人员一定要注重对自己性格的培养，使自己具有一个适合营销工作的性格。要乐观面对在工作过程中出现的一些问题，譬如说旺季和淡季的收入落差、激烈的竞争状态等。

（2）坚强的意志。汽车营销是一项挑战性很高的工作。有人说，汽车销售人员要有三倍于常人的耐力和意志力。在工作过程中，汽车销售人员会碰到很多困难，如果没有坚强的意志去克服困难，就很难完成工作。尤其是汽车产品的价格较高，少则几万，多则几千万，在销售过程中，难度较大。

在营销工作中，最可怕的敌人不是竞争对手，而是自己。意志消沉，缺乏信心，才是阻碍成功的敌人。失败并不可怕，可怕的是在失败面前垂头丧气，怨天尤人。“有志者事竟成”才是汽车销售人员的正确心态。

4．身体素质

强健的身体是营销事业成功的基础和重要保证。在汽车营销工作中，汽车销售人员要开发新客户和维系老客户，奔波于路途中和各种交际应酬，要向客户解说，帮助客户购车和办理相关手续，工作强度非常大，因此必须要有健康的体魄和旺盛的精力，才能胜任这份工作。

11.1.4　汽车销售人员的礼仪

现代营销学要求销售人员在销售商品前，先要销售自己。只要销售人员能够成功地销售自己，给客户留下良好的印象，让客户愿意与自己接触，让客户喜欢欣赏，营销工作才会达到事半功倍的效果。而要成功地销售自己，销售人员就必须注重营销礼仪的运用。

良好的个人形象会对客户传递一种信息，即优质的产品与卓越的服务，而这种信息传递的结果就是客户信任度的明显提升。营销过程中对礼仪的正确运用，不仅能塑造汽车销售人员完美的个人形象，还会给客户留下良好的第一印象，使销售人员在一开始就赢得客户的好感，帮助其完成营销工作。

汽车销售人员在与客户交往时，第一印象十分重要。第一印象一旦形成，便很难改变。对汽车销售人员来说，第一印象犹如生命一样重要。第一印象往往决定了交易的成败，客户一旦产生好感，自然也会对销售的产品有好感。如何把握与客户初次见面的短暂时机，创造一个良好的第一印象呢？汽车销售人员的仪表、举止、谈吐等方面的表现就显得格外重要。

1．仪表礼仪

汽车销售人员在与客户见面之初，对方首先看到的是其仪表，如容貌和衣着。汽车销售人员能否得到客户的尊重、好感、承认和赞许，仪表起着重要的作用。要给人一个良好的第一印象，就必须从最基本的做起，首先要注意仪表给人的第一印象。

仪表不仅仅是汽车销售人员的外表形象问题，也是内在涵养的表现和反映，良好的形象是外表得体与内涵丰富的统一。当然，对汽车销售人员来说，注意仪表并不是非要穿戴什么名贵衣物不可，也不是要刻意讲究，一般要做到朴素、整洁、自然、大方即可。

汽车销售人员要定期理发，经常梳理，胡须要刮净，指甲要修剪，鼻毛应剪短，防止头皮屑的产生。要常洗澡，去除体臭，保持面部干净。总之，外貌整洁、干净、利落，会给人以仪表堂堂、精神焕发的印象。

对汽车销售人员来说，衣服与饰物穿戴搭配得体的话，会给客户留下美好的印象。汽车销售人员的服饰应以稳重大方、整齐清爽、干净利落为标准，遵循 T（时间）P（地点）O（场合）原则。首先要注意时代的特点，体现时代精神；其次要注意个人性格特点；再次应符合自己的体形。具体要注意的方面很多，比如，无论是穿西装或各种便服，在颜色、式样上要协调、得体，衣服干净、烫平，尽量不要把杂物、打火机等放入口袋，以免衣服变形。

对于饰品的佩戴，如项链、戒指、手镯、眼镜、皮带等要符合自己的身份，不需要太多，女性汽车销售人员尤其要注意不要戴太多的饰品等。

2．举止礼仪

无论是在什么场合，汽车销售人员都要做到不卑不亢、不慌不忙、举止得体、有礼节。

如果去拜访客户，进门前，先按门铃或先敲门，站在离门稍远一点的地方等候，无人或未经主人允许，不要擅自进入室内。见到客户时，要点头微笑致意。如果还有其他人员在场，应主动表示问候或点头示意。在拜访过程中，不可随意动客户的东西。汽车销售人员应等客户坐定后，方可坐下。坐下时，应坐在椅子上，身体稍往前倾。当客户起身或离席时，应同时起立示意。站立时上身稳定，双手安放两侧，不要背手。客户初次见面或告辞时，汽车销售人员应先向对方表示打扰的歉意，感谢对方的交谈和指教，离开时应诚恳地表示："非常高兴能够认识您！"

另外，要养成良好的卫生习惯，克服各种不雅举止，避免出现下列问题：①不停地眨眼；②摸鼻子、抠鼻孔；③眉梢上扬；④折手指发出声音；⑤咬嘴唇、舔嘴唇；⑥搔头；⑦挖耳；⑧耸肩；⑨吐舌头；⑩脚不停地抖动，或用脚敲击地面发出响声；⑪不停地看表；⑫面部表情给人不舒服的感觉，如太过严肃等；⑬东张西望，不听客户讲话；⑭手足无措，将东西掉到地上等。

3．谈吐礼仪

作为一名汽车销售人员，说话清楚流利是最起码的要求，而要成为一名优秀的汽车销售人员，必须掌握一些基本的交谈原则和技巧，遵守谈吐的基本礼仪。在拜见客户或其他一些交际场合中，汽车销售人员与客户交谈时态度要诚恳热情，措辞要准确得体，语言要文雅谦恭，不含糊其词、吞吞吐吐，不信口开河、出言不逊，要注意倾听，要给客户说话的机会，"说三分、听七分"，这些都是交谈的基本原则。具体要注意以下几个方面：说话音量要适当，要注意交谈时的眼神及动作，交谈中要给对方说话的机会，以及要注意对方的禁忌。

4．日常交往礼仪

（1）遵守时间，不得失约。这是汽车销售人员在与客户交往中极为重要的礼节。应严格按照约定的时间准时赴约，迟到或过早都不好。特殊情况迟到，应表示歉意。尽量不要失约，失约是非常失礼的行为。

（2）介绍礼仪。介绍是销售交际中常见的环节，介绍的礼节是通往交际大门的钥匙，是社交场合中相互了解的基本方式，它包括为他人作介绍或相互之间的自我介绍。

为他人作介绍时，有一个基本原则，即应该受到特别尊重的一方有了解权。因此，为他人介绍的先后顺序应当是先向身份高者介绍身份低者；先向年长者介绍年幼者；先向女士介绍男士等。汽车销售人员使用自我介绍的情况较多。自我介绍一般包括姓名、职业、单位、籍贯、经历、年龄、特长和兴趣等内容。汽车销售人员与客户初次见面时，为使谈话很快进入正题，介绍前三项就足够了。

（3）握手礼仪。握手是社交场合中运用最多的一种礼节。汽车销售人员与客户初次见面，经过介绍后或介绍的同时，握手会拉近汽车销售人员与客户间的距离。但握手是有讲究的，不加注意就会给客户留下不懂礼貌的印象。

一般情况下，握一下即可，不必用力。握手的顺序应由主人、年长者、身份高者、女士先伸手。汽车销售人员在与客户握手时，要主动热情、自然大方、面带微笑，双目要注视客户，切不可斜视或低着头，可根据场合，一边握手，一边寒暄致意，如“××您好”、“谢谢”、“再见”，等等。对年长者和有身份的客户，应双手握住对方的手，稍稍欠身，以表敬意。

（4）电话礼仪。电话是汽车销售人员与客户交往中常用的工具，汽车销售人员应最大限度地利用电话。在使用电话时应注重礼节。首先要注意自己讲话的音量和音质，尽量给人以愉快的感觉，要饱含感情，不能与对方争吵。其次要注意，打电话的关键是要掌握如何说、怎么说、说些什么，这里面是有学问的。打电话要牢记“5W1H”，即 When：什么时候；Who：对象是谁；Where：什么地点；What：说什么事情；Why：为什么；How：如何说。电话拨通后，要简洁地把话说完，尽可能省时省事，否则易让客户产生厌恶感，影响通话的质量甚至与客户的关系。

（5）名片使用礼仪。名片是汽车销售人员必备的一种常用交际工具。汽车销售人员在和客户面谈时，递给客户一张名片，不仅是很好的自我介绍，而且与客户建立了联系。这种方式既方便又体面，但不能滥用，要讲究一定的礼仪。否则，会给人留下草率、马虎的印象。

一般来说，汽车销售人员初次见到客户，首先要以亲切的态度打招呼，并报上自己的公司名称，然后将名片递给对方。名片夹应放在西装上衣里面的口袋里，而不应从裤子口袋里掏出。接、递名片时最好用双手，或右手递，左手接。递名片时，名片的正面应对着对方，名字向着客户，最好拿名片的下端，让客户易于接。接过对方的名片后，应认真看一遍，然后放入口袋或公事包里。在接、递名片时，要面带微笑。

综上所述，汽车销售人员的礼仪与营销效果有着密切的联系，汽车销售人员只有时刻注意自己的仪表、举止、谈吐及日常交际的理解要求，才能保证营销活动有个良好的开端并顺利进行。

11.2　汽车 4S 店销售流程

汽车 4S 店是目前汽车市场上最常见的一种销售模式。能提供规范的、有质量的汽车销售服务是汽车 4S 店的特点，这也是吸引客户到汽车 4S 店购车的主要因素。所以，规范的汽车销售流程是汽车 4S 店致力于建设的重点内容。一般来讲，汽车销售流程可以分为以下八个步骤，如图 11.1 所示。

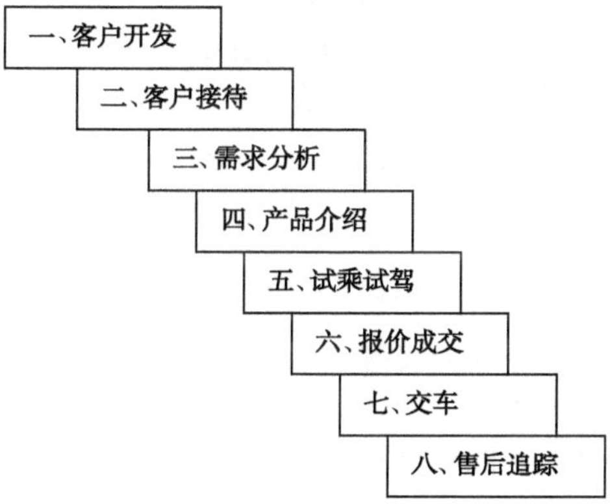

图 11.1　汽车销售流程

11.2.1 客户开发

客户开发是汽车销售的开始，俗话说“万事开头难”，怎样去开发客户是比较难的一件事，“好的开始是成功的一半”，客户开发对整个汽车销售有着极其重要的作用，没有客户，后面的环节就无从谈起。客户开发主要是挖掘潜在的客户。众所周知，汽车市场的竞争越来越激烈，原来的坐店销售已不能适应当前的市场形势，“走出去”已成为汽车4S店销售人员的必修课。人海茫茫，哪些是我们的客户，又怎样去开发客户呢？首先，汽车销售人员应该懂得利用一定的方法和手段找到潜在的客户。

1．寻找潜在客户的方法

寻找客户的方法比较多，我们以以下几种比较常见的方法为例。

（1）展厅等待。主要是针对主动打电话或主动进入展厅的客户。这是现在汽车销售人员使用最多的一种方法。寻找过程比较简单，主要是在展厅等待。对于此类客户，汽车销售人员可以主动邀请他进入下面的环节。

（2）他人介绍。主要指的是利用他人的介绍或提供的信息进行寻找。譬如说可以从周围亲戚朋友，以及他们所认识的人中进行挖掘，再者已有的老客户也可以为汽车销售人员介绍新客户，这是现在汽车销售人员都会使用的一种方式，而且这种方式的成本比较低，省心省力。所以，一定要认识到老客户对于企业的重要性。

（3）开展或参加相关活动。主要指的是利用一些汽车产品的相关活动，吸引有兴趣的消费者前来参加，从而寻找客户的方法。譬如投放各种形式的广告（可以在媒体上刊登或播放，也可以邮寄广告或电话广告等）、参加车展、召开新闻发布会、进行新车介绍、进行小区巡展、参加各类汽车文化活动、成立车友会或汽车俱乐部、进行市场调研，以及参与政府或一些企业的招标采购等。

（4）与其他单位进行协助合作。譬如媒体、保险公司及银行等单位，作为汽车4S店，与此类单位都有着重要的合作关系，它们都是汽车销售人员可以借助的资源，可以委托此类单位帮助寻找客户。

（5）随机寻找。生活为汽车销售人员提供了非常丰富的客户资源。譬如说我们经常接触的网络，可以为汽车销售人员提供多种寻找客户的渠道。如汽车门户网站、汽车群、汽车社区等；汽车销售人员还可以参加各种各样的聚会、开展地毯式的搜寻，等等。

汽车销售人员可以根据自己的情况，结合企业和产品的特点，选择合适的方法去寻找潜在客户。寻找到客户，只是完成了客户开发的第一步。为了使潜在客户进入下一个销售环节，汽车销售人员必须要对找到的客户进行追踪。

2．追踪潜在客户

（1）追踪技巧。

① 对已获取信息的客户进行分类管理，确定优先次序，分批次、有策略的去联系。

② 客户联系要持续并有所递进，但不要太功利。

③ 要为每一次追踪找到合理漂亮的理由。

④ 在追踪、拜访客户之前，一定要做好准备工作，不打无准备之仗。

⑤ 要详细记录每一次追踪情况，建立一份档案。

⑥ 和客户交谈时，鼓励客户说出他们的顾虑，但不要轻易向客户许诺。

（2）追踪与成交的关系。不要轻视潜在客户的追踪，它对销售的最终结果有着至关重要的影响作用。

有数据表明：2%的销售是在第 1 次接洽后完成的；3%的销售是在第 1 次追踪后完成的；5%的销售是在第 2 次追踪后完成的；10%的销售是在第 3 次追踪后完成的；80%的销售是在第 4 至第 11 次追踪后完成的。

11.2.2　客户接待

汽车销售人员对客户的接待一般都是在汽车 4S 店的展厅进行的。对于客户接待的学习，主要以展厅接待为主。

首先，汽车销售人员必须要明确，进行客户接待的目标是什么？

1．客户接待的目标

汽车销售人员的接待工作主要是为了塑造完美的第一印象。对于客户，他在选择一辆车之前，肯定会先选择一个他喜欢的汽车销售人员，第一印象的好坏就直接影响着客户是否愿意与接待他的汽车销售人员继续接下来的环节，也决定了客户销售后期对汽车销售人员的信任。第一印象的建立是不容易改变的，而且只有一次。所以，为了使汽车销售人员能在客户的心中产生一个美好的第一印象，在正式接待客户前，必须要做好一些准备工作。

2．接待前的准备

汽车销售人员在接待客户之前需要做的准备工作如表 11-1 所示。

表 11-1　接待前的准备工作

准备项目名称	准 备 内 容
店面准备	展厅布置与卫生；车辆摆放与整洁；洽谈室和休息室布置温馨（纸杯、面巾纸、装饰品及烟灰缸等）；洗手间保持整洁卫生
接待工具准备	公司宣传册、产品资料、产品价目表、购车协议、相关表格、金融产品（贷款）资料、名片（夹）、计算器、笔和记事本、打火机（烟）及小礼品等
知识准备	汽车专业知识、所销售汽车产品知识、竞品知识、产品库存和价格信息、一条龙服务及销售流程等
形象准备	仪容仪表及情绪态度等

3．客户接待标准

（1）客户进入展厅时。当客户进入展厅时，汽车销售人员应该及时地意识到客户的到来（如一汽大众要求是在 30 秒之内必须意识到客户的到来），主动与客户的目光相遇，点头示意，并微笑，打招呼的时间不宜间隔太长，2 分钟内应该主动打招呼、自我介绍、递上名片并进行交流。如果客户是第二次来展厅，汽车销售人员应该认出对方。

（2）客户自行参观时。当客户参观时，按客户意愿进行，请客户自由参观浏览，明确告知销售人员在旁随时候教；与客户保持适当的距离（如别克要求是 5 米内），在客户目光所及的范围内关注客户动向和兴趣点；客户表示想问问题时或对商品有兴趣时，销售人员主动趋前询问。

（3）客户入座时。当客户入座时，销售人员应主动邀请客户就近入座，先给客户递上车型资料，然后主动提供可选择的免费饮品（2种以上），座位朝向客户可观赏感兴趣的车辆，尽可能多地收集潜在客户的基本信息，在交谈过程中，最好涉及一些对方感兴趣的其他话题，要多使用推销工具。

（4）客户离开时。当客户离开时，汽车销售人员应陪同客户走向展厅门口，提醒客户清点随身携带的物品，并预约下次来访的时间或事由，记住要向客户真诚的致谢，最后微笑、挥手、目送客户离去（至看不见为止）。

（5）客户离开后。当上一个客户离开后，千万不要太过于放松，因为下一个客户随时可能来到，所以应尽快做好衔接工作。例如，将使用过的展车进行调整及保洁；对用过的洽谈桌区域进行清理、清洁；整理已接待的客户信息；调整着装、情绪达到最佳状态，准备迎接其他客户的到来。

案　例

别克4S店的展厅接待话术

"我是这里的销售人员××，这是我的名片……请问您如何称呼？"

"××先生，请您坐在这边，这里方便看车。"

"××先生，我们这里免费提供茶水、饮料，您看您来点什么？"

"这是这款车的资料，您先看一下，我去给您倒饮料，请稍等。"

"××先生，您看我坐在您的旁边给您介绍，可以吗？"

11.2.3 需求分析

需求分析是汽车销售流程中非常重要的一个环节，是保证以后的产品介绍是否具有针对性的前提，需求分析是否准确可以直接决定交易的成败。所谓的需求分析就是要了解客户的需求，通过适当的提问鼓励客户发言，使客户感受到"被尊重"，充分自主地表达他的需求。

1．需求分析的作用

（1）通过需求分析，汽车销售人员可以找准客户的需求，在以后的车辆介绍时可以有的放矢地有选择性地重点介绍。

（2）汽车销售人员主动去询问客户的需求，可以体现出对客户的关心，是努力服务的象征。

（3）需求分析可以为将来的价格谈判提供更多的信息支持。

2．需求分析的内容

需求分析是通过与客户的交流来了解客户需求，明确客户信息，通过有技巧的提问，从而刺激客户对车辆需求的意愿。那么，汽车销售人员与客户交流过程中，应该去了解客户的哪些信息才能完成需要的需求分析呢？表11-2列出了需求分析的主要内容。

表 11-2 需求分析内容

了 解 项 目	了解信息内容	分 析
个人信息	姓名、联系方式	—
	职业、职务	品牌/车型
	兴趣爱好	品牌/车型
	家庭成员	—
购买愿望	对车辆造型、颜色、配置/预算的要求	品牌/车型
	主要用途/年行驶里程	品牌/车型
	使用者是谁	品牌/车型
	对我们品牌车的了解程度	品牌倾向
	选购车时考虑的主要因素	购买动机
用车经历	品牌、车型	品牌/车型
	当初选购的原因	—
	不满意的地方	品牌/车型
购买时间	—	重要程度

如表 11-3 所示为一汽大众的客户洽谈卡，这种表格工具可以帮助工作经验不是很丰富的汽车销售人员更好地完成需求分析。

表 11-3 一汽大众客户洽谈卡

建档日期：____年____月____日

销售人员：

客户姓名		□男□女	出生年月日		电话		
职业		职务		方便联系时间		E-mail	
住址		兴趣爱好		客户类型	□私人□公务		
客户来源	□展厅□介绍□活动□协作□随机	信息来源	□电视□报纸□广播□杂志□展会□活动□朋友				
曾驾驶过的品牌/车型		□新购□二手车置换□增购	意向车型				
预购时间	□一个月内□三个月内□六个月内	付款方式		二手车车型			
使用年数		行驶里程	万千米	竞争车型	①	②	

公司名称		负责人		电话		
地址		职务		兴趣爱好		
联系人		电话		总保有量		□新购□二手车置换□增购：
预购时间	□一个月内□三个月内□六个月内	意向车型		竞争车型①	②	

信息已录入 CRM 系统 □	录入人签名： 日期：

3. 需求分析的方法

汽车销售人员可以根据实际情况选择适合的方法对客户进行需求分析。常用的需求分析方法主要有观察法、询问法、倾听法、综合与核查法等。

（1）观察法。观察法是指通过对客户外在表现的观察（如面部表情、肢体语言等）来获得某些信息的方法。汽车销售人员在利用此种方法时，可以下列几个方面为参考。

① 观察客户对什么车型比较感兴趣。

② 如果不止一人参与购车，观察他们之间的关系，这样可以分辨出谁是购买者，谁是决策者及影响者。

③ 观察客户及陪同人的外表/衣着。客户的外表一定程度上反映了他的经济能力、品位、职业及喜好等，譬如说客户穿着很正式，西装西裤白衬衣，那他的购车意向可能偏向于成熟稳重型的产品等。

④ 观察客户及陪同人员的谈吐。谈吐高雅的客户，可能更倾向于选择比较有档次、能体现自身价值的产品等。

⑤ 对潜在客户做出预测。汽车销售人员可以根据自己对潜在客户已有的印象，对客户做出某些方面的预测。

（2）询问法。常用的询问方式主要有开放式询问和封闭式询问两种。

① 开放式询问。所谓开放式询问主要包含了“5W2H”问词的提问方式，如表11-4所示。

表11-4 开放式询问

5W	2H
谁（who）；什么时候（when）；哪里（where）；什么（what）；为什么（why）	怎么样（how）；多少钱（how much）

开放式询问是用来收集信息的，能使客户谈论他自己的情况、生活和需求等，有助于汽车销售人员更好地评估客户的需求。例如：“您打算什么时候购车呢？”

② 封闭式询问。封闭式询问指的是对于提出的问题的答案是固定的，譬如说“是否”，“是不是”，“A或B”等类型的提问。例如：“您打算全款购车还是分期付款呢？”封闭式询问是用来获得特定的信息的，对理解、确认、阐明主体十分有用。

③ 询问的技巧。汽车销售人员在对客户进行主动询问时，应根据实际情况适当地运用一些技巧使询问更加有效。主要内容如下。

a．用开放式的询问来鼓励客户表达。这样有利于汽车销售人员获得更多有价值的信息。

b．利用客户的兴趣点、担忧点及好奇点引导谈话的方向。从这几点出发，可以使客户更有兴趣继续交谈下去，也有利于客户表达更多的信息。

c．利用客户的观点、评价及经历来发现客户需求的信息。

d．询问的问题中要带有对客户的关心（利益点）。例如：“××先生，您也提过，车内的音响常被偷，我们车内的音响安装后，需要输入个人密码才能启动，那么，平常的车内音响上有提示灯闪烁不灭，小偷只要看到是我们的音响，绝对会知难而退的，您再也不用担心车内音响遭窃的问题了。”这样的询问，既能体现出对客户的关心，也恰好把所销售的汽车针对客户的利益点给表述了出来。

e．利用封闭式询问得到确切答案。对于一些答案比较固定的问题，汽车销售人员可以通过封闭式的询问直接获得答案。

f．一般问题，直接询问；敏感问题，巧妙询问。在询问客户时，尤其是一些涉及个人隐私等的敏感问题，不能直接问，一定要讲究提问的技巧。

④ 询问应注意的问题。

a．按照从“过去”到“现在”到“将来”的顺序提问。

b．不急于在短时间内问客户 n 个问题。

c．不要同时向客户提两个以上的问题。

d．封闭式问题和开放式问题相结合。

e．要学会认同和赞美客户的回答和观点。当客户的观点与汽车销售人员不同时，汽车销售人员切记不要立刻否定客户的观点，而应该学会认同和赞美。例如，当客户认为竞品的外观比较有优势时，汽车销售人员可以这样来回答：“您说的不错，我个人也认为它的外观挺时尚，但我们的产品……”

f. 要合理运用提问所获得的信息。

（3）倾听法。汽车销售中的倾听是积极式倾听，即积极主动地倾听客户所讲的内容。既能鼓励客户继续说下去，又能保证汽车销售人员理解客户所讲的内容，是一种非常好的回应方式。

汽车销售人员利用积极式倾听时，可以遵循以下技巧。

① 忘掉自己的观点。这样才能更投入地倾听客户的谈话，获得更多的有用信息，避免打断客户的谈话甚至是与客户因观点不同而产生争执等。

② 要积极的回应。汽车销售人员可以利用一些简单的口头语言（如“是的”、“我也是这么想的”等）或肢体语言（如点头）等来表示对对方的回应，这样可以使客户感觉到被尊重，认为你确实在认真听他谈话，有利于良好关系的建立。

③ 适度的提问与复述。汽车销售人员可以针对客户刚才所说的话题（如不理解的或比较关心的）进行提问，可以获取更多的信息。例如：“关于这一点，您能再讲讲吗？”复述是将听到的信息再反馈给客户并表达你对其的理解。这样可以使客户感到自己被理解了，并愿意就这个话题展开进一步的讨论。例如：“您刚才的意思是说您对原来的车很失望？”但要注意的是，提问和复述都不宜频繁。

④ 不急于打断客户。汽车销售人员要让客户表达完后再适当插话，随意打断客户，可能会使客户不愿再继续谈话，一些有用的信息可能就获取不了。

⑤ 边听边记。汽车销售人员要养成做笔记的习惯。在与客户交谈的过程中，汽车销售人员不可能把所有的信息都记住，听到有用的信息，应赶紧记在本子上，便于以后对客户信息的整理和使用。

（4）综合与核查法。这指的是根据对客户的观察、询问和倾听，总结客户的主要需求，并用提问的方式确认自己所理解的是否正确。这是汽车销售人员对自己之前所获得信息进行加工整理后，将结论进行确认的方法。它可以帮助汽车销售人员有效地完成需求分析这一环节，为接下来的产品介绍打好基础。

4．针对性地推荐车型

汽车销售人员对客户进行需求分析后，应适时向客户有针对性地推荐车型。

（1）主动性的需求了解。汽车销售人员应主动了解客户的预算水平、车辆用途、客户偏好等方面情况，并在需求分析过程中，不能给客户造成反感和压力。

（2）实用性的推荐。汽车销售人员要根据对客户的需求分析向客户推荐适合的车型和最需要的配置等。

（3）配置附件质量保证。汽车销售人员向客户推荐的配置和附件（包括赠送的）应是有质量保证的，对于产品说明书上提到而实际中并没有的配置，应坦诚地向客户解释清楚。

上述三方面都是能够提升客户满意度的关键因素，汽车销售人员应该重视。

11.2.4 产品介绍

产品介绍是基本把握客户需求前提下的有针对性的沟通和说服，让客户自我意识并认同该车型是最能满足其主要需求的理想选择。在产品介绍过程中，车辆是展示在客户面前的，所以，为了使客户对产品产生一个良好的印象，就要对展厅的样车做好准备工作。

1. 车辆展示准备

（1）车辆方向盘应置于最高位置。这样便于向客户介绍方向盘时的位置调节。

（2）车辆所有的靠背都要放直。

（3）车内要在相应的位置放置脚垫。

（4）车内座椅的高度调到最低位置。

（5）调节收音机，准备好 CD。有的客户比较注重音响的效果，准备好合适的 CD，客户有需求时可以播放音乐，感受效果。

（6）车辆轮胎的标志朝上。

（7）清洁车辆，保持车辆的卫生情况。

这些是展厅的样车每天都必须具备的状态，只有这样，才能在产品介绍过程中，最大限度地提升客户的满意度。

2. 产品介绍的方法

一名优秀的销售人员，必须做到能够根据客户的需求，运用合理有效的方式方法，有重点地向客户介绍汽车产品，并达到最终签单成交的目的。

（1）产品介绍方法——六方位绕车介绍。六方位绕车介绍法指的是汽车销售人员主要以车辆的六个方位为介绍重点，按照一定的顺序向客户介绍车辆的方法，六个方位介绍完正好绕车一周。这六个方位包括：①车辆左前方；②车辆发动机室；③车辆正右侧；④车辆正后方；⑤车辆后排座；⑥车辆驾驶室，如图 11.2 所示。汽车销售人员应该了解在每一个方位要介绍哪些内容，做到条理清晰、有条不紊，让客户能充分了解产品，并感受到汽车销售人员的专业性。具体内容如表 11-5 所示。

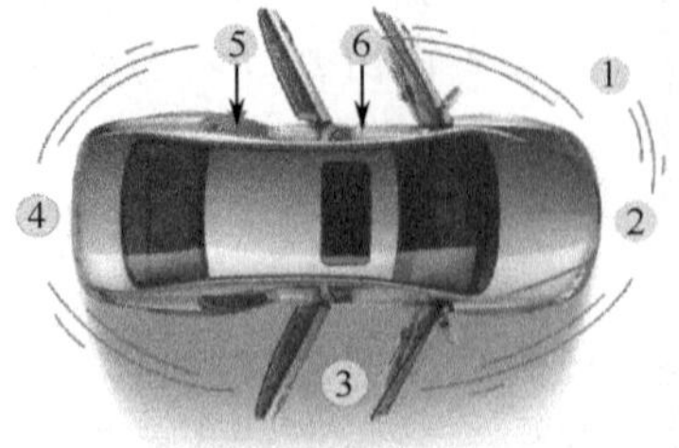

图 11.2 六方位绕车介绍方位

表 11-5　六方位绕车介绍

方　位	介绍内容	注意问题
车辆左前方	主要是以车辆的总体介绍和产品定位为主。如产品的外观（前脸、大灯、品牌标志及前保险杠等）、风格、设计理念及产品的发展历史等	汽车销售人员立于车左前方45度左右进行介绍；要营造一个轻松愉快的氛围
车辆发动机室	介绍发动机室盖的开启方法，并请客户亲自操作，重点介绍车辆的经济性、动力性、室内布置形式、排量、基本参数、发动机技术及车身材料与新工艺等	汽车销售人员要注意专业用语的通俗化
车辆正右侧	全面地将车辆的细节详述给客户，包括车身制造工艺、油漆质量、车身附件、底盘及轮胎轮毂等，对于车辆的安全性能与安全配置的相关问题也能在这段介绍中得到答案，如高强度乘客仓、A/B/C 柱、车门防撞加强梁等	汽车销售人员要注意调动客户的积极性
车辆正后方	主要介绍车辆尾部的造型特点（如整体造型、车标等）、车身附件（如后挡风玻璃、后保险杠及尾灯等）、后备箱（开启方式、容积等）	汽车销售人员可以鼓励客户亲自进行相关操作
车辆后排座	主要介绍后排座椅的舒适性、车辆内部空间、安全设计及内饰设计等	汽车销售人员要鼓励客户进入车内进行感受
车辆驾驶室	该位置的介绍是客户直观体验车辆的一个过程。主要介绍座椅和方向盘、仪表（如显示清晰度、布局合理性等）、配置（安全、舒适、操控及其使用功能等）及其他所有人性化设计（如储物盒、眼镜盒、杯架及遮阳板等）等	汽车销售人员要鼓励客户坐到驾驶座上并亲自操作，加深客户对车辆的印象

采用六方位绕车介绍时，汽车销售人员需要注意以下问题。

① 在实际的产品介绍中，不一定非要按照六方位绕车方法介绍车辆，这主要取决于客户。如果客户对产品有明显的感兴趣点，汽车销售人员应该先从客户的兴趣点开始介绍车辆；如果销售的车辆是销售一年以内的新车，客户没有明显的兴趣点，汽车销售人员可以利用六方位绕车介绍法介绍产品。

② 六方位介绍时眼睛要多注意客户，要知道绕车介绍时客户才是主角，要注意客户眼睛中散发出来的购买信号，善于抓住客户的购买心理。

③ 一定鼓励客户动手操作，并鼓励客户尽可能多地接触车辆，遵循“别无我有、别有我新”的理念，有重点地进行介绍。

④ 六方位介绍旨在让客户了解产品，认同产品，若在介绍中发现客户已经认同产品时，即可停止六方位介绍，设法引导客户进入试乘试驾阶段。

是不是汽车销售人员只要掌握了六方位绕车介绍法就能把产品成功地介绍给客户呢？我们可以试想一下，如果汽车销售人员只是机械地引领客户走到六个方位，然后把汽车产品的相关信息生搬硬套地背给客户听，客户会有什么样的感受？肯定会觉得枯燥无味，甚至是如听天书一般，只是单纯地了解了产品，但却感觉不到产品与他自己之间的联系，不能确定产品是否适合他，是不是他应该购买的。为了避免出现这样的情况，使汽车销售人员对产品的介绍更生动，更能使客户融入其中，并感受到产品是适合他的，是他应该购买的，我们再来了解一种产品介绍方法——FAB 法。

（2）FAB 法。FAB 的意思是在产品介绍中，将产品本身的特点、产品所具有的优势、产品能够给客户带来的利益有机地结合起来，按照一定的逻辑顺序加以阐述，形成完整而又完善的销售语言。

F 指的是产品设计上给予的特性及功能，可从各种角度发现产品的特性。如从材料、制造工艺、功能及式样等方面着手。

A 指的是产品的特性带来的优点或优势。

B 指的是产品的优点或优势可以带给客户的利益，能够满足客户的需求。

FAB 法就是把产品的特性（F）转化成优点（A），再把优点转化成客户利益（B）的过程。常见的转化表达方式如下。

这对您来说意味着……

这能给您节省……

这能为您减轻……

短期内这意味着……长期会给您带来……

这会给您带来……

这简化了……

对此您能得到……

……

汽车销售人员向客户介绍产品时，所涉及的车辆的每一方面，都可以利用 FAB 法的利益转化方式进行表达，以强化产品带给客户的利益。

案 例

帝豪 EC718“菱形晶钻组合大灯”FAB 话术（见表 11-6）。

表 11-6 帝豪 EC718“菱形晶钻组合大灯”FAB 话术

F：特性	A：优点	B：利益
● 法国法雷奥品牌供应商（奥迪、丰田皇冠供应商）； ● LED 转向灯配置； ● 智能感应自动调节； ● 自动寻车灯与灯光延时； ● 高度可调节	● 3 倍亮度，遇弱则强，遇强更强，10 倍寿命但只要一半耗电； ● 大灯可依四周环境的明亮度而智能感应； ● 自动寻车功能方便客户在夜间及时地寻找到自己的爱车； ● 灯光延时功能方便车主在夜间停车回家	● 中级车的价格享受高级车的配备价值。 ● 设想在雷雨交加的夜晚，四处黑暗，突然有两道白光伴您回家会不会更感安全和温馨？而在车辆众多的停车场，不费力气，轻松地就能找到自己的爱车会不会觉得很得意呢

3．产品介绍的技巧

（1）汽车销售人员介绍车辆时应集中在客户关心的问题上。

（2）汽车销售人员的介绍要让客户听懂，并要做到因人而异。

（3）汽车销售人员在介绍车辆时要形成与客户的良性互动。不能光汽车销售人员干巴巴地不停地讲，可以适当地运用反问来征求客户的意见，鼓励客户表达，让客户亲自动手进行某些操作等，都是很好的互动方式。

（4）汽车销售人员要设法使客户全面参与到了解车辆中，不光要看、听，还要动手操作，来加深对车辆的了解。

（5）如果前来购车的不仅是客户一人，汽车销售人员在与客户接触的全过程中，一定要照顾到在场的所有人。陪同客户前来购车的人中，可能会有此次购车行为的影响者、决策者等，他们的意见对客户的最终决定有着很大的影响作用，所以汽车销售人员不仅要让客户感到满意，也要让陪同者感到满意。

（6）汽车销售人员在介绍产品时，要利用 FAB 法来强化客户利益。

4．异议处理

（1）异议的概念。客户异议是指客户对销售的汽车产品、销售人员及销售方式和交易条件等产生的怀疑、抱怨，并进而提出否定或反面的意见。无论汽车销售人员多么努力，客户还是可能有异议。客户的异议总是让人感到不愉快，但是如果销售人员能理解异议的必然性，心境也许就会平和许多。销售的过程本来就是一个从“异议—同意—异议”的循环过程，每一次交易都是一次“同意”的达成，而合作必然会带来新的问题和额外的要求，这就是异议。解决异议、满足需求，不仅是争取客户并同其建立良好关系的绝佳机会，还能创造新的销售机会。

链接：关于异议的经典理论

- 异议是显示客户内心想法的最好指标。
- 异议的成功处理能缩短销售周期，而争论则会拖延甚至促成销售失败。
- 没有异议的客户是最难应对的客户。
- 不可用夸大不真实的话来处理异议，当你不知道答案时，要坦诚相告，并尽快找到答案。
- 异议表示客户对产品感兴趣。

（2）产生异议的原因。客户异议的产生是存在多种原因的，大体可分为以下几个方面。

① 客户方面。拒绝改变原有的观点；没有购买需求（或没有被激发出兴趣）；没有支付能力；客户的借口，如客户为了达到降价的目的，虚张声势；客户的情绪，如习惯性的抗拒心理，排斥销售人员；客户真正对某方面存在不同理解等。

② 汽车销售人员方面。提供的服务没能使客户感到满意；言谈举止不能获得客户的好感；有欺瞒客户的现象；使用了过多的专业术语，客户无法理解；沟通方式不恰当，如说的太多，听的太少，以至于没有弄清楚客户的真实需求；产品介绍环节出现疏漏或有未说清楚的地方；销售人员姿态过高，总认为自己是对的，要让客户听从，迫使客户感觉不愉快而产生许多主观的异议等。

③ 产品方面。产品价格过高；产品的品质、功能、服务方面不能让客户感到满意；产品无法满足客户的需求等。

④ 经销商方面。汽车经销商的服务没有达到汽车生产厂家的标准；售后服务水平较低等。

（3）客户异议的分类。客户的异议有很多种，但总的来讲，可分为以下两类。

① 真实的异议。客户由于目前暂时没有需要或对销售的汽车不满意或抱有偏见而表达出来的“异议”。这些异议主要体现在：价格太高、质量问题、售后服务担心、交易条件、对汽车生产厂家或经销商不满及对汽车销售人员不满等。

② 虚假的异议。客户用借口、敷衍的方式来应对销售人员，目的就是不想和销售人员进行实质的洽谈，不想真心实意地介入到销售活动中来；客户可能提出很多异议，但是这些异议不是他们真正在乎的地方，如“这车的价格太贵了”，“这车的外观不够时尚”，“提出非常过分的要求”等，属于客户的隐形异议，通常表现在“不愿说”或“坚持自己的错误观点”，等等。这些情况，虽然听起来是异议，却不是客户真正的异议。这类客户大多数是有购车的

愿望的，但是，由于车的价格超过了自己的预算，或对所要购买的车型信心不足，还需要再比较比较，或还有其他什么原因（包括个人隐私的原因）暂时不能买车的。当然也有那种非常想圆汽车梦但又无力购买的、纯粹是赶来“过过瘾”的人。

（4）客户异议的处理。客户异议的正确处理，可以促进交易的完成；反之，则可能使交易陷入僵局，甚至失败。汽车销售人员对客户异议的处理，可以从以下三个方面进行。

① 先发出理解的信号，对客户表示赞同。例如：您提到的这个问题的确很重要；我以前也经常这么想；不少人也问到了这样的问题；您考虑的确实非常细致、专业；我明白您的想法了等。

② 再使用有效的方法应对。主要方法如下。

a．忽视法。对于客户提出的无关紧要的异议或客户并不是真的想要获得解决或讨论时，汽车销售人员只要满足了客户表达的欲望，就可采用忽视法迅速引开话题。常见的方式有微笑点头（表示“同意”或“听了您的话”），或说“您真幽默。”“嗯，高见！”等。

b．反问法。对于客户提出的异议，汽车销售人员可以针对某方面进行反问。此种方法的优点在于：通过反问，客户回答后，汽车销售人员可以获得更加精确的信息；可以赢得更多进行应对的时间；可以判断异议是不是由客户自己所造成的；可以引导客户自己否定自己的异议等。但在反问时一定要注意用词的委婉和态度的礼貌。

例如：客户：“我对你们的车还是不太满意。”

销售人员：“您能具体说一说不满意的方面是什么吗？”

客户：“我要好好想一想！”

销售人员：“我很欣赏您这种办事严谨的态度，我们一起来讨论一下您关心的问题，您的问题是？”或“您需要时间考虑，我很理解！如果您能简述一下您关心的问题，我或许能够为您提供更有价值的意见供您参考！”

c．缓冲法。又称“是的……如果……”法。没有客户会愿意去接受一个与他自己相对立的观点，汽车销售人员最好不要直接发表与客户相悖的意见，尽量用“是的……如果……”的方式来对客户的观点进行延伸和补充。

例如：客户：“我听说你们的车油耗比较高。”

销售人员错误的应对：“我们的车油耗一点都不高……”

销售人员较理想的应对：“看来您已花了一些时间去研究我们的车，我非常理解您这么说，如果我给您做个测试，您也许就不会有这种想法了……”

d．转化法。汽车销售人员把客户提出的负面异议，转化成正面的观点。

例如：客户：“这辆车的轮胎好像窄了一点。”

销售人员：“在抓地力足够的前提下，轮胎窄可以更省油啊。”

e．预防法。指的是汽车销售人员为了预防可能出现的异议，主动把问题提出来，做到防患于未然。例如：“车身重开起来当然更平稳，但您一定担心耗油会增加，是吧？”

f．补偿法。当客户提出异议并有事实依据时，汽车销售人员应该承认并欣然接受，但要积极地用自己产品的其他优势来弥补，让客户获得心理上的平衡，即让客户产生两种感觉：一是产品的价格与售价一致；二是产品的优点对客户很重要，产品没有的优点对客户来说不太重要。补偿法能有效地弥补产品本身的缺点。例如：客户嫌车身过短时，汽车销售人员可以告诉客户“车身短能让您停车非常方便，若您是大型的停车位，可同时停两部车”，“虽然缝隙稍大一点，但这款车的隔音做得很好，您不妨试试看……”等。

g．证明法。汽车销售人员通过陈述第三者对产品的评价和观点，利用客户的从众心理进行异议处理的方法。例如："您可以向我们已购车的客户了解相关情况。"

h．主动法。汽车销售人员为了了解客户对产品的看法和评价，从而发现问题，故意激起客户的异议或主动提出客户肯定会提出的异议的方法。例如，"您是否对我们产品的质量还有些不放心呢？"

i. 延缓法。客户的异议可能是在以后的环节中能更好地解决或者说是不便于当时回答的，汽车销售人员可以采用延缓法。给出延缓的理由并向客户表示已经注意到了他的异议。

例如：客户："价格是我买车考虑的唯一因素，你们的车价格有点贵。"

销售人员："价格当然很重要，但您更应该选个您喜欢的车，等您真的认为这车适合您的时候，我们再详细谈谈价格，您看好吗？"

③ 坚决避免典型错误。不管汽车销售人员采用什么方法处理客户的异议，一定不能出现以下三种情况。

a．直接反驳。当客户的意见被汽车销售人员直接反驳时，客户内心会感到不快，甚至恼火，就算汽车销售人员说的都对，而且也没有恶意，但也会引起客户的反感。因此，汽车销售人员最好不要开门见山地直接反驳客户，尽量不要出现以下形式的表达："不"，"那是不正确的"，"我闻所未闻"，"让我来告诉您事实是怎样的"，"您这样看问题的方法是错误的" 等。

b．无端指责客户或教训客户。客户是上帝，作为汽车销售人员是为客户提供服务的。如果无端指责客户或教训客户，会让客户感到不被尊重，产生放弃继续交易的想法。所以汽车销售人员尽量不要出现以下形式的表达："您应该更仔细地阅读用户手册"，"如果我是您，我会再看看说明书"，"如果您是内行，您就应该知道……" 等。

c. 诋毁竞品。客户处于选择的过程时，会有关于竞品间的比较疑问，这是很正常的现象，体现了客户对销售人员的信任。客户希望销售人员能告诉他一个正确的建议。因此，当客户提及竞品车型时，汽车销售人员千万不要随意地去评价竞品车型，更不能贬低对手或与客户争论，这样只会使客户对你及产品产生怀疑，从而失去信心。

案　例

新福克斯与竞品科鲁兹的对比异议处理

当客户针对科鲁兹的优点提出异议时，作为新福克斯的销售人员应该用什么样的话术去处理客户的异议呢？应如表 11-7 所示进行应对。

表 11-7　新福克斯的应对话术

科鲁兹的宣传亮点	应 对 话 术
WTCC 赛车级运动底盘	科鲁兹采用 WTCC 赛车级运动底盘，而新福克斯的底盘完全继承了 WRC 的冠军血统，经历了严苛的耐久性测试，更加平稳顺畅、安定舒适
Ecotec DVV 发动机	科鲁兹采用 DVVT 技术的发动机，具有高效、节能、环保等特点。新福克斯的发动同样采用了进排气可变气门技术，可以独立控制进、排气门的开闭时间，使发动机燃油的经济性更高，废气排出更彻底，发动机的动力更强劲
六速手自一体变速箱	科鲁兹采用六速手自一体变速箱，操作舒适，但油耗相对较高，新福克斯采用 Power Shift6 双离合变速箱，换挡平顺无冲击，燃油经济性高，同时具备了手排的经济性和自排的舒适性

续表

科鲁兹的宣传亮点	应 对 话 术
安吉星智能行车伙伴	安吉星智能行车伙伴不仅能导航，还有其他功能，但每年需缴纳上千元的费用，是一笔不小的开支。新福克斯拥有 SYNC 车载多媒体通信娱乐系统，兼顾通信与娱乐，为客户带来轻松、智能、安全的行车体验
Delta 轿车平台	科鲁兹由通用全球最新的 Delta 平台打造，借鉴了大量欧宝技术，旨在提升车辆操控性及乘车舒适性，新福克斯与 Volvo S40 共用平台，并经过严苛测试，无论是操控性还是舒适性，都更胜一筹
BFI 车架一体化结构	科鲁兹采用 BFI 车架一体化结构，提高了驾乘人员的安全，新福克斯采用超高强度合金钢，强度比普通钢材高 4～5 倍，车辆在发生碰撞时可以最大限度地保障车内人员的安全
强化的 A 柱设计	科鲁兹有强化的 A 柱设计，新福克斯不仅 A 柱采用超高强度的硼钢，更采用了创新的特质滚压工艺 B 柱设计，侧面保护安全周到，更胜人一筹

11.2.5 试乘试驾

试乘试驾是产品介绍的延伸，是让客户动态地了解车辆有关信息的最好机会，通过切身的体会和驾乘感受，客户可以加深对汽车销售人员口头介绍的认同，增强其购买信心。

1．试乘试驾的目的

试乘试驾是汽车销售流程中很重要的一个环节，它主要有两个目的。

（1）对人。通过试乘试驾中和客户的一系列接触，汽车销售人员可以创造机会，获得客户对自身服务态度和能力的认可。

（2）对车。试乘试驾可以促使客户产生拥有的感觉，提高客户对产品的高度认同，增强客户对品牌的信任。

2．试乘试驾的准备工作

在客户进入试乘试驾之前，有些工作是需要提前做好的，具体如表 11-8 所示。

表 11-8 试乘试驾准备工作

准 备 项 目	准 备 内 容
资料准备	车辆行驶证、保险单、试车预约记录单、试驾协议书、意见调查表等，这些都是必备的资料
车辆准备	提供专门的试乘试驾车辆； 保证车况良好并加好油； 车辆整洁清新、无异味；车内不放其他物品；靠椅带座套，车内有脚垫； 车辆调整到规定位置和状态； 准备 CD、纸巾、水等
路线准备	行驶路线应该能充分地展示汽车的性能和特色； 提前实地查看确认路况是否有变化，如修路、改道； 将试乘试驾路线制成路线图
客户准备	确定时间、提醒带驾照、穿运动鞋等； 询问有何特殊要求，是否要带家人同来； 核实驾驶者的驾驶技能

3. 试乘试驾流程（见图 11.3）

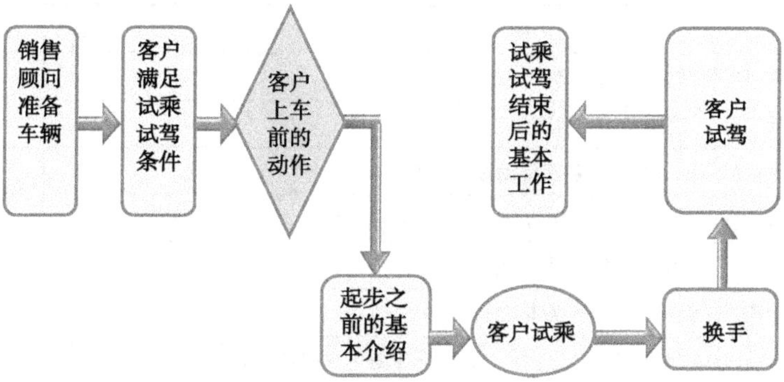

图 11.3　试乘试驾流程

试乘试驾时要做好以下工作。

（1）客户到达前的准备。汽车销售人员要在客户到达之前检查试乘试驾车是否经过美容，保持整洁，并有足够的燃油。

（2）客户到达时。①向客户做概述，大体介绍本次试乘试驾活动；②询问客户是否愿意亲自驾驶；③按图 11.3 的流程解释活动过程，并说明试乘试驾安全注意事项；④请客户出示驾驶证件并进行登记；⑤请客户在“试乘试驾协议书”上签字；⑥告知客户活动结束时请协助填写意见表。

（3）试乘试驾前对车辆的介绍。①汽车销售人员引领客户在副驾驶座和后座（多人）就座；②针对试驾人员简要说明车辆的主要操作；③根据客户需求说明试乘体验的重点。

（4）客户试乘时。全体试车人员佩戴安全带，汽车销售人员按既定路线展示正确的驾驶方式，并进行动态的介绍。

（5）换手时。汽车销售人员在安全地点停车，邀请客户试驾。换手时依照客户情况，调整各项配备并适当说明。汽车销售人员可以提供不同类型的音乐 CD 供客户选择，并建议客户试听音响效果。在客户试驾前，汽车销售人员再次提醒试乘试驾和安全驾驶事项。

（6）客户试驾时。在此过程中，汽车销售人员要让客户充分体验试乘试驾，避免过多的说明，但要适当指引路线，点明体验感觉。除此之外，汽车销售人员还要注意观察客户驾驶的方式，控制客户驾驶的节奏，若客户做出危险驾驶动作时，要及时提醒并在必要时进行干预。在客户驾驶过程中，汽车销售人员要适时介绍车辆的性能和优点。

（7）试乘试驾后。汽车销售人员要询问客户是否喜欢该车辆，请客户填写意见调查表（见表 11-9），并总结试乘试驾经验。在回展厅的路上，汽车销售人员可以带客户参观售后服务部门。在试乘试驾结束后，汽车销售人员可以再次强调客户的需求重点及回答客户需确认的事项，寻求与客户的共识。还有比较重要的一点，在试乘试驾结束后，汽车销售人员一定要尝试导入成交。可以采用对客户付款的方式，车辆颜色的选择，汽车装饰，车辆保险等问题来探询客户的购买信号，当客户对以上问题表现出较高的关注度时，销售人员此时可进行成交邀约。

试乘试驾结束后，汽车销售人员可以引导客户进入报价的环节。在正式报价前，汽车销售人员可以向客户做一些暗示铺垫，避免直接报价让客户感觉太突然而产生反感。

表11-9 试乘试驾意见调查表

项 目	评 估 标 准	是	否	备 注 说 明
试乘试驾执行	是否向客户提供试乘试驾车辆			
	试乘试驾车是否经过清洁美容，并有足够燃油			
	是否按照图11.3的流程解释活动过程及安全事项			
	是否检查客户证、照，并请客户签署“试乘试驾协议书”			
试乘试驾中	是否针对客户需求安排试乘试驾的重点			
	是否随时注意行车安全有关事项			
	是否有汽车销售人员示范驶出，中途才还手给客户试乘试驾			
试乘试驾后	是否请客户回商谈区，填写试乘试驾意见表			
	是否立刻邀请客户考虑签约成交			

11.2.6 报价成交

1. 报价前的暗示铺垫

汽车销售人员可以按照表11-10中的步骤进行报价前的暗示铺垫。

表11-10 报价前的暗示铺垫

步 骤	暗 示 内 容
第一步：车价暗示	（1）我们是一家诚信专业、有服务保障的经销商； （2）主动透露暗示出最近客户的成交价； （3）充分体现自己关心客户利益的形象
第二步：重温熟悉感	（1）在客户进店的时候就叫出客户的姓（名），并记得客户的关注车型； （2）再次总结提示客户对车的最关注要点与需求； （3）提示前几次来访时的情景（第一次的天气、陪同人员、试驾插曲、特殊情况等）
第三步：简单提示近期变化	（1）车市的变化（货源与价格——最近货源情况、车价变化等）； （2）4S店的变化（销量与活动——您看上的那款车又卖出去三台/最近的厂家活动）； （3）个人的变化（业绩——我这个月的销售业绩不错）； （4）客户的变化（行业变化、个人精气神等——行业景气程度/越来越精神了/换发型了/苗条了等）

在向客户暗示了上述信息后，汽车销售人员可以进行以下工作。

（1）确认客户所购车型，以及保险、装饰、按揭、上牌等代办意向等。

（2）销售人员应适当提醒客户加装配置或精品，并讲解其带来的好处。

（3）根据客户需求填写报价单，并给予讲解。

2. 报价的方法

当客户询问价格时，如果汽车销售人员很直接地把数字报给客户，可能会导致客户更多的价格异议，所以，为了避免客户对产品价格产生太多异议，汽车销售人员在报价时需要讲究一定的方法。主要如下。

（1）“三明治”报价法。“三明治”式的方法分为三个步骤（见图11.4）。

① 总结出你认为最能激发出客户热情的针对客户的益处，这些益处应该能够满足客户主要的购买动机。

② 清楚地报出价格。

③ 强调一些你相信能超过客户期望值的针对客户的益处。

图 11.4 “三明治”报价法

（2）TMD 方法。在客户询价时，汽车销售人员先不要急于报价，可以采用 TMD 方法和客户进行一个价格谈判。内容如下。

Time：指的是客户确定购车的时间。例如：“您今天能定下车吗？我为您申请的只是今天的价格，您要是今天能定下，我就为您争取最后的价格！我回来给您报的价格就是我们的最终成交价，没有任何商量的余地，您就不要再为难我了，好吗？”

Money：指的是客户是否交付车款。例如：“您今天能交车款吗，或者是交定金？要是能的话，我就为您争取最后的价格！”

Decision maker：指的是最终决定购车的人。例如：“您自己就能决定吗？您要是自己能做主的话，我就为您争取最后的价格！”

（3）差异化法。指的是强调产品与其他产品不同的地方。当客户认为价格偏高时，尤其是认为与竞品相比价格较高时，可以采用此种方法。

例如：“我们的车子有××不一样的地方”；

“我们的装具有××不一样的地方”；

“我们的公司有××不一样的地方”；

“我们的服务有××不一样的地方”；

……

“所以价格自然会有一定的不同。”

（4）细分化法。当客户要求的折扣不能立刻满足时，汽车销售人员可以将客户所要求的折扣，以 10 年、5 年或一定期限来分摊，成为每天一个小小数额，降低其价值感。

例如：客户要求多便宜 5000 元，将其除以 7 年每年为 700 多元，700 元除以 12 个月等于每个月将近 60 元，除以 30 天等于每天 2 元，汽车销售人员可以告诉客户：“每天多花 2 元即可开一部好车，根本没有您想象的差价那么大！”

3．报价的注意问题

（1）客户一般不会在销售人员的第一次报价后就同意购车。

（2）不要先主动提出任何让价。

（3）报价的范围要合理，先建议以售价为出发，再提供公司的促销价格，最后才考虑其他的让价或提供赠品。

（4）在和客户进行价格协商时，让步不能超过两次，同样的方法不要重复使用。让步次数过多，会让客户认为汽车销售人员提供的价格或优惠不是最低，还能有商量的余地。

（5）适时强调物有所值。如：产品能很好地满足客户需求，售后服务完善可以消除后顾之忧，自身4S店的信誉和地位优势等。

（6）适时采用转移法。例如，如果客户在价格上要挟，就和他们谈质量；如果客户在质量上苛求，就和他们谈服务；如果客户在服务上挑剔，就和他们谈条件；如果客户在交易条件上逼近，就和他们谈价格。

（7）适度的压力销售，促使客户让步。例如，短缺压力：产品、颜色、配置的短缺；制造竞争氛围：已经被人订了；人性弱点的压力：客户有面子，不便宜；从众压力：越来越多的人喜欢了；优惠政策的压力：时间有限等。

（8）适时引用权威报道，显示客观诚信。这些报道应该是关于产品优点的，可以是用户提供的、媒体公布的或是行业专家的专业评语，都可以在需要的时候告诉客户，以表明产品是公认的好，而不是经销商或销售人员自己的宣传。

4．成交

汽车销售人员在与客户接触过程中，客户随时会产生想成交的意愿，所以，一定要把握好机会，尽快与客户签订购车合同，完成交易。要注意以下问题。

（1）成交的信号。当客户产生想成交的意愿时，会有一些信号表现出来，如表11-11所示。

表11-11　客户成交信号

方　　式	具 体 表 现
语言信号	客户问及使用方法及售后服务；询问货款支付方式；询问提车时间及应办的手续；请教买车后的相关事宜；保养车、使用注意事项；询问车内装饰、上牌照需要的时间；要求看新车（而不是展车）；要求找经理谈谈；询问能否帮助其要个好车号……
行为信号	再次坐在驾驶座位，握住方向盘，设想驾驶的感觉；再次观看车辆、查看车的一些细节部位；向后仰，靠在椅背上舒展身体；多次来展厅，后又带亲属、朋友一起来；关注新车的里程；表现焦虑不安；不断地吸烟，不断地开关车门；对车的细微部分比较关注；打电话……
表情信号	紧锁的双眉舒展分开并上扬；眼睛转动加快，好像在想什么问题；眼睛好像要闭起来一样，或是不眨眼；嘴唇开始抿紧，好像在品味什么东西；神色活跃起来；随着说话者话题的改变而改变表情；态度更加友好；客户的视线随着你的动作或所指的物品而移动；原先做作的微笑让位于自然的微笑……

（2）成交的方法。当汽车销售人员捕捉到客户流露出的成交信号后，就可以采用一些方法引导客户进入到成交环节。

① 直接请求成交法。直接请求成交法又称开门见山法，是指销售人员直接向客户询问是否购买。直接请求成交法往往需要销售人员的勇气和信心。只有充分地相信客户会购买，销售人员才会明智、有勇气地提出成交的要求。实际上，优秀的销售人员最讲究直接成交法，一经克服任何异议后水到渠成，就直接向客户请求决定产品购买数量和类型。

② 假定成交法。假定成交法是指销售人员假定客户已做出了成交的决策，只是对某些具体问题要求做出答复，从而促成成交的方法。例如："这款车非常适合您的使用，您看我是不是给您做一下装饰？""假如您购买了这款车，您打算把它停放在哪里呢？"

此法对老客户、熟客户或个性随和、依赖性强的客户适用，但不适合自我意识强的客户。

③ 保证成交法。保证成交法是指以向客户提供售后服务的保证来促成交易。采取此办法要求销售人员必须“言必信，行必果”。

④ 选择成交法。选择成交法是指提供给客户三个可选择的成交方案，任其自选一种。这种办法是用来帮助那些没有决定力的客户进行交易。汽车销售人员将选择权交给客户，没有强加于人的感觉，利于成交。

⑤ 利益汇总法。利益汇总法是指销售人员把所销售的车型将带给客户的主要利益汇总，提供给客户，有利于激发客户的购买欲望，促成交易。但此办法必须准确地把握客户的内在需求。

（3）成交的注意问题。不管成交与否，汽车销售人员一定要感谢客户。尤其是成交失败后，汽车销售人员应该记住以下几点。

① 买卖不成仁义在——“谢谢”、“欢迎再次光临”。

② 一次交易失败不等于销售失败——销售中真正推销的是个人而不仅是产品。

③“不”代表新的开始——新的尝试努力；寻找新的客户。

④ 反省和提高、收获与成长——每次拒绝都是一种经历、一次收获。

11.2.7　交车

交车是销售过程中非常重要的一个环节，因为前期汽车销售人员对客户的承诺在这个环节开始时必须一一兑现。如果说成交是汽车销售人员最兴奋的时刻，那么交车便是客户最兴奋的时刻。其重要性体现如下。

（1）对于大多数客户来说，车辆的交付是决定、等待和期望过程的高潮，车辆的交付是一段值得纪念的经历。

（2）交车过程能创造客户的热情，提升客户满意度，是营造忠诚客户的重要时刻。当交车过程使客户感到满意时，他才能主动介绍新客户。

1. 交车前的准备工作

为了使客户对交车过程感到满意，汽车销售人员应在交车进行之前做好相关的准备工作。

（1）有很多汽车产品不可能当天提走，交车期较长，在这段时间里，汽车销售人员要让客户随时了解关于所购车的信息。

（2）对于交车当天的一些工作的确认。一是确定交车时间，最好是安排客户方便的时间；二是确认交车时客户与谁同来；三是告知客户交车过程大约需要多长时间；四是协调预约交车时所需的展厅（交车区）位置。

（3）交车环节的细节准备。

① 提前准备好需要签字的各种文件。

② 对新车进行 PDI 检查。所谓的 PDI（Pre Delivery Inspection）指的是车辆的售前检查。它一般是由厂家发货到 4S 店后，由 4S 店的技术人员来完成的，目的就是检查新车各种功能是否达到原厂要求，确保到店车辆的安全性能和驾驶的舒适性。

链接：PDI 检查的具体项目

- 检查发动机号、底盘号、车辆标牌是否清晰，是否与合格证号码相符。
- 检查发动机号、底盘号、车辆标牌是否符合交通管理部门的规定。
- 核对随车文件（与上牌照相关文件）是否正确。

- 目视检查发动机舱（上部和下部）中的部件有无渗漏及损伤。
- 检查发动机机油油位，必要时添加机油。
- 检查冷却液液位（液位应达到Max.标记）。
- 检查制动液液位（液位应达到Max.标记）。
- 检查助力转向液压油油位（油位应达到Max.标记）。
- 检查蓄电池状态、电压，电极卡夹是否紧固。
- 检查前桥、传动轴、转向系及万向节、防尘套有无漏油或损伤。
- 检查制动液储液罐及软管有无渗漏或损伤。
- 检查车身底板有无损伤。
- 检查轮胎、轮毂状态，调整轮胎充气压力至规定值。
- 检查车轮螺栓及螺母拧紧力矩。
- 检查底盘各可见螺栓拧紧力矩。
- 检查车身漆面及装饰是否完好。
- 检查风窗及车窗玻璃是否清洁完好。
- 检查座椅调整功能及安全带功能。
- 检查内饰各部件及行李箱是否清洁完好。
- 检查所有电器、开关、指示器操控及操纵件功能。
- 检查刮水器各挡位功能及调整清洗液喷嘴喷射角度。
- 检查车内外照明灯、警报灯、指示灯及喇叭功能。
- 检查电动车窗玻璃升降、中央门锁及车外后视镜调整功能。
- 检查收音机功能；校准时钟。
- 检查空调功能。
- 查询各电控单元故障存储。
- 检查随车文件及工具是否齐全。
- 装上车轮罩及点烟器。
- 试车：检查发动机、变速箱、制动系、转向系、悬挂系功能。
- 除去车内各种保护套、垫及膜。
- 除去车门边角塑料保护膜。
- 填写《保养手册》内的交车检查证明，加盖经销商PDI公章。

③ 检查车辆是否清洁卫生。

④ 将车辆放在适当的位置，并布置交车现场。

⑤ 协调好售后服务部门的人在交车时到场。

⑥ 特殊物品的准备（如相机、鲜花、小礼物等）。

2. 交车流程（见图11.5）

案 例

三张名片的使用

交车完毕与客户合影后，给客户再次送上两张自己的名片，告知客户：“我一共给了您三张名片，一张是我们售后维修接待人员的，另外两张是我的，请您将我与售后接待人员的各一张名片与保养手册一起放于车内的手套箱里，随车携带。如车辆在使用中出现问题，请您及时与我们联系。”

“车辆磨合期间最好能专人驾驶，这样才能使车辆在今后的使用中更加顺畅，寿命更长。可您买了车回去，一定会有同事、朋友来看车，但是请您最好不要让他们在这个阶段使用，他们如果想对您的车做进一步的了解或想试乘试驾，您可以将这张名片（第三张）给您的朋友，并告知其可以来找我，我会为您的朋友提供让他满意的试乘试驾服务。”

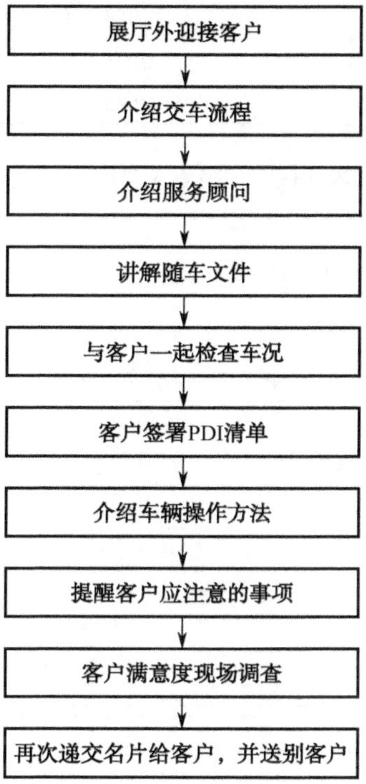

图 11.5　交车流程

11.2.8　售后追踪

乔•吉拉德说过：“销售活动真正的开始在成交之后，而不是之前。”而所有的客户都希望在离开汽车 4S 店之后，仍能感受到经销商的关心。这说明了售后追踪在整个销售流程中的重要地位。售后追踪也即保持与客户的联系，定期进行回访。其目的之一是进行老客户的维系，其二是进行新客户的开发。

有数据表明：一个满意的客户至少会向其他 3 个人讲述他的经历，而一个不满意的客户会向其他 15 个人讲述他的经历，3 次不愉快经历造成的不好影响，需要 7 次愉快的经历来消除；开发 1 个新客户的成本是维持 1 个老客户的 6 倍等。

定期进行售后回访，与客户保持长期的友好联系，是提升客户满意度的重要因素。

1．售后回访的流程（见表 11-12、表 11-13）

汽车销售人员对客户的售后回访很重要，回访时的内容主要集中在以下几点。

（1）交车后要致电客户表达关心。一般是在提车当天估计客户到家时进行。

表 11-12 售后回访流程表

流　　程	支 持 工 具	责 任 部 门
交车当天现场满意度调查	现场满意度调查表 现场满意度调查计算卡	客户服务部
销售人员一周内回访	销售人员回访模板（见表 11-13）	销售部
一月内客户服务部回访	CRM 系统 客服回访模板	客户服务部
每月满意度分析与总结	CRM 系统 销售回访结果统计报表	客户服务部

表 11-13 销售人员回访模板

示例： ××先生/女士：您好！我是××公司的销售人员×××，您的车已经提了一段时间了，现在我要对您的××轿车做跟踪回访，需要打搅您几分钟的时间，您现在方便吗？ 1．您对购买的车辆是否满意？□ 是□ 否 否的原因：__________ 2．您对车辆的基本操作是否熟悉？□ 是□ 否 3．您还有什么问题需要我们帮助解决？□ 是□ 否 出现的问题：__________ 4．我们的交车流程您是否满意？ □ 是□ 否 否的原因：__________ 5．您还有什么意见和建议： __________ __________

（2）要定期了解客户产品使用状况。如提车当天对客户进行致电时，可以询问新车操作情况等。

（3）要始终帮助客户解决在使用产品过程中所出现的问题。这点是很重要的，很多客户都担心销售人员把车卖出去了就不管以后的事情了，作为现代的汽车销售人员，要做到始终为客户服务，尽心帮助客户解决问题，只有这样才能让客户满意。

（4）要听取客户的意见和建议。在客户使用产品过程中，可能会有一些对产品或企业的意见或建议，当客户把这些意见或建议反馈给汽车销售人员时，销售人员一定要虚心接受，客户的这些意见或建议是产品不断完善、企业不断进步的有力工具。

（5）要在售后回访中，建立与客户的进一步联系。维系客户关系是售后回访的主要目的，在回访时，汽车销售人员要让客户乐于接受回访，而不是厌烦，只有这样才能保证客户关系融洽。因此，汽车销售人员应该为每次的客户联系找出合适的时机及理由，这也是维护客户关系的一种技巧。

例如：① 关于产品的理由——首保、年检及更新换代等。

② 关于客户的理由——客户的生日或是节假日等。

③ 关于生产厂家的理由——开展免费检测或车展等活动。

④ 关于经销商的理由——举办汽车俱乐部、自驾游或车友会等活动。

2．售后服务的内容

（1）整理客户资料、建立客户档案。客户送车进厂维修养护或来公司咨询、商洽有关汽车技术服务问题，在办完有关手续或商谈完后，业务部应于两日内将客户有关情况整理制表并建立档案，装入档案袋。客户有关情况包括：客户名称、地址、电话、送修或来访日期，送修车辆的车型、车号、车种、维修养护项目，保养周期、下一次保养期，客户希望得到的服务，在本公司维修、保养的记录等。

（2）根据客户档案资料，研究客户的需求。工作人员根据客户档案资料，研究客户对汽车维修保养及其相关方面的服务的需求，找出“下一次”服务的内容，如通知客户按期保养、通知客户参与本公司联谊活动、告之本公司的优惠活动、通知客户按时进厂维修或免费检测等。

（3）与客户进行电话、信函联系，开展跟踪服务。工作人员通过电话联系，让客户得到以下服务。

① 询问客户用车情况和对本公司服务有何意见。

② 询问客户近期有无新的服务需求需我公司效劳。

③ 告之相关的汽车运用知识和注意事项。

④ 介绍本公司近期为客户提供的各种服务，特别是新的服务内容。

⑤ 介绍本公司近期为客户安排的各类优惠联谊活动，如免费检测周，优惠服务月，汽车运用新知识晚会等，内容、日期、地址要告之清楚。

⑥ 咨询服务。作为客服人员，要主动咨询客户需要提供哪些服务。并且在公司提供新的服务时，要及时通知客户。

⑦ 走访客户。在特殊节日，可以先通过客户的允许之后，对客户进行拜访，或者是公司近期举办的活动，需要对客户进行拜访。

3．客户投诉的处理

在汽车销售过程中，以及汽车售后服务过程中，客户表示出不满或进行投诉是正常的现象，关键要看怎样去处理这些不满或投诉。如果处理得当，客户会对我们表示出更强的信任，我们与客户之间的关系会更融洽。所以，有人说，对客户抱怨或投诉的处理是经销商的第二次表现机会。客户不满或投诉的处理流程如图 11.6 所示。

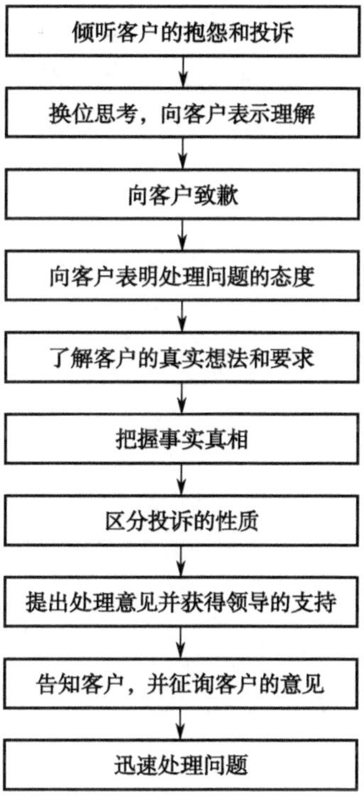

图 11.6　客户投诉处理流程

本章小结

本章是学习本教材的重点，介绍了汽车 4S 店对汽车销售人员的基本要求和汽车 4S 店的一般销售流程。从职责、能力、素质和礼仪四个方面阐述了汽车销售人员应该达到的基本要求；把汽车 4S 店的销售流程分为客户开发、客户接待、需求分析、产品介绍、试乘试驾、报价成交、交车和售后追踪八个环节，并对每一个环节中的重点做了阐述。

思考题

1．汽车销售人员的职责是什么？
2．汽车销售人员应具备哪些基本能力？
3．简述汽车销售人员应具备的素质。
4．简述汽车销售人员应掌握的礼仪。
5．汽车销售流程包括哪些环节？
6．需求分析的方法有哪些？
7．简述六方位绕车介绍法和 FAB 法。
8．什么是“三明治”报价法？

实践训练

1．以某一车型为例，结合六方位绕车介绍法和 FAB 法进行产品介绍。
2．场景：客户李先生和夫人下午到展厅看车，准备购置家用第一部车。
要求：根据所学内容进行客户接待及需求分析。

参考文献

[1] 陈永革．汽车市场营销．北京：高等教育出版社，2012
[2] 裘文才．汽车营销．上海：华东师范大学出版社，2012
[3] 吴开诚．汽车营销革命．北京：机械工业出版社，2008
[4] 陈　聪．汽车营销学．北京：电子工业出版社，2009
[5] 林绪东．汽车销售实用教程．北京：机械工业出版社，2013
[6] 张发明．汽车营销实务．北京：机械工业出版社，2013
[7] 王海鉴．汽车营销．北京：化学工业出版社，2013
[8] 刘志忠．汽车营销．北京：清华大学出版社，2013
[9] 刘亚杰．汽车营销实务．北京：清华大学出版社，2012
[10] 罗文准．汽车营销．北京．机械工业出版社，2014
[11] 张南峰．二手车评估与交易．北京．人民邮电出版社，2010

读者意见反馈表

书名：汽车市场营销（第 2 版）　　主编：陈聪 窦肖菲　　责任编辑：陈虹

感谢您购买本书。为了能为您提供更优秀的教材，请您抽出宝贵的时间，将您的意见以下表的方式（或发 E-mail 至 chitty@phei.com.cn）及时告知我们，以改进我们的服务。

个人资料

姓名________ 电话________ 手机________ E-mail________

学校________ 专业________ 职称或职务________

通信地址________ 邮编________

所讲授课程________ 所使用教材________ 课时________

影响您选定教材的因素（可复选）

□内容 □作者 □装帧设计 □篇幅 □价格 □出版社 □是否获奖 □上级要求

□广告 □其他________

您希望本书在哪些方面加以改进？（请详细填写，您的意见对我们十分重要）

____

____

____

____

____

您希望随本书配套提供哪些相关内容？

□教学大纲 □电子教案 □习题答案 □无所谓 □其他________

您还希望得到哪些专业方向教材的出版信息？

____

您是否有教材著作计划？如有可联系：010-88254470

____

您学校开设课程的情况

本校是否开设相关专业的课程 □否 □是

如有相关课程的开设，本书是否适用贵校的实际教学________

贵校所使用教材________ 出版单位________

本书可否作为你们的教材 □否 □是，会用于________课程教学

谢谢您的配合，请将该反馈表寄到下面地址，或发 E-mail :chitty@phei.com.cn 索取电子版文件填写。

通信地址：北京市万寿路 173 信箱　陈虹　收　电话：010-88254470　邮编：100036

反侵权盗版声明

举报电话：（010）88254396；（010）88258888

传　　真：（010）88254397

E-mail：　dbqq@phei.com.cn

通信地址：北京市万寿路 173 信箱

电子工业出版社总编办公室

邮　　编：100036